초 씨 역 림 384

지은이 초연수
엮은이 최해성

신 지 평

초씨역림 384

초판 펴낸날 • 2008년 1월 26일
지은이 • 최해성
펴낸이 • 김종현
펴낸곳 • 도서출판 신지평
인쇄 • 대원문화사
제본 • 기성제책
전화 • 02-338-4168
팩스 • 02-6442-4168
e-mail • kj9694@hanmail.net
주소 • 경기도 고양시 일산구 대화동 1946-12
등록 • 1991년 12월 23일(제10-653호)

정가 25,000원
ISBN-10 89-85535-40-4 13150
ISBN-13 978-89-85535-40-3 13150

초씨역림 384

신지평

추 천 사

상수역의 비급인 『초씨역림384』가 드디어 출간되었다.

먼저 『초씨역림384』를 분류 해설한 '대동 역학교육원' 원장의 실력과 노고에 찬사부터 보낸다. 내가 오래 전에 원본 『초씨역림』을 살펴 본 기억으로는 원문 해독과 분류가 쉽지 않아 보였다. 그럼에도 불구하고 젊은 나이에 연구하기 어려운 분야에 심오한 결과를 이루어냈다는 것은 찬사를 보내야 할 일이며 역학계의 경사라 하겠다.

오래 전부터 『초씨역림』이 신묘하다는 말은 들었으나 염두에 두기 어려웠는데, 도혜 선생의 해설 발간으로 인해 실용적이고 대중적인 『초씨역림384』를 만나볼 수 있게 되었으니 천만 다행이 아닐 수 없다. 젊고 지혜로운 분들이 역학분야의 모든 학문에 관심을 갖고 정진해 나간다면 역학계 인물들은 크나큰 자부심을 갖게 될 것이다.

이 책 『초씨역림384』는 역학 분야의 초보자나, 전문가를 막론하고 반드시 구입해서 일독이 아닌 소장본으로 탐독하면서 책자의 비급을 깨우쳐 보는 것이 매우 바람직할 것이다.

아무쪼록 많은 독자들의 사랑을 받는 책이 되기를 빌면서 『초씨역림384』를 분류 해설한 최해성 선생의 앞날에 영광이 있기를 기원한다.

2008년 한겨울에 白愚堂 한중수 拜

추천의 말

하늘이 열린 이래 여러 신기한 글이 있다 한들 어찌 『초씨역림』에 비할 수 있으랴!

일찍이 『초씨역림』은 천기누설이라 하여 모두가 겁을 먹고 손을 댈 수 없었다. 그런데 오늘날 원전 『초씨역림』에 이어 『초씨역림 384』까지 나왔으니 상수역의 쾌거라 아니할 수 없으며 도혜 최해성 선생이 아니면 누구라 감히 엄두를 낼 수 있었겠는가?

생각을 말로 다 할 수 없고 말을 글로 다 옮길 수 없는 법인데, 말로도 글로도 다할 수 없는 부분을 효사로서 깨우쳐 주는 책이 바로 『초씨역림 384』인 것이다. 이처럼 신비한 비서 『초씨역림384』가 이제 도혜 선생의 노고로 출간된 것을 보면서, 하늘은 사람을 따로 점지해 놓으심을 의심할 수 없을 것이다.

더구나 우리가 살아가는 '여기 지금(Hear and now)' 에서는 방대한 분량의 원전도 중요하지만, 간추려 핵심만을 나타낸 『초씨역림384』 역시 실용적이고 대중적이므로 기쁜 마음으로 권유할 수 있는 것이다.

실전을 하시는 선생님들이나 연구하시는 학인들께서는 의심없이 곁에 두고 참고하여도 기대에 어긋나지 않을 것이다.

나아가 일반인들도 생활하는 데 갈등이 있을 때 수행하는 자세로 스스로 가다듬으며 신중한 선택을 할 수 있도록 비서(秘書)로 반드시 구비해 두는 것이 훨씬 의지가 될 것이다.

본인 역시 상수역에 관심이 많았으나 혼자서는 모든 것을 다할 수 없어 부족한 부분이 너무도 많았는데, 이제 후배들의 채움으로 인하여 역시 완성되어지니 가슴 한켠 든든한 믿음으로 자리매김함을 기쁘게 생각한다.

이 책 『초씨역림384』가 세상에 빛을 보는 무자년은 우리 모두에게 새로운 희망을 안겨 주는 해가 되기를 바라며, 이 책을 쓰시느라 많은 고생을 감내하신 도혜 선생의 앞날에도 건강과 명예가 함께 하여 젊은 후배들의 귀감이 되도록 우뚝 서길 바라며 오늘의 고생이 크나큰 보람으로 이어지길 바란다.

동방대학원대학교 외래교수 효명 최인영 배

머 리 말

주역은 크게 의리역義理易과 상수역象數易이라는 두 가지 축을 지니고 발달해왔다. 하나의 책에 두 가지 원리가 담겨져 있는 학문이란 찾아보기 힘들 것이다. 주역의 처음 출발은 황하강가에서이다. 복희씨가 팔괘八卦를 만들었고 주나라 문왕文王이 괘사卦辭를, 주공周公이 효사爻辭를, 공자孔子께서 십전十傳을 엮어서 하나의 경전이 되었다. 공자께서 십전을 엮으셨다고 해서 주역이 완성되었다고 할 수는 없다. 주역은 시작됨도 없고 완성됨도 없는 항상 변화하고 변혁을 꿈꾸며 미완성에서 완성의 단계로 나아가는 과정이라 할 수 있다. 주역周易의 64 괘卦 중 마지막이 화수미제火水未濟인 것도 그런 연유일 것이다. 하나의 서책書册을 가지고 주역철학사周易哲學事가 쓰여질 정도이니 주역은 실로 64괘 384효이지만 내용과 의미를 살펴보면 그 깊이에 심장이 멈출 지경이고 그 방대함에 주역을 다 이해했다고 말할 자신이 있는 사람은 없을 것이다. 주역은 크게 의리학과 상수학으로 나눌 수 있는 바, 의리역義理易은 성리학性理學적 세계관으로 바라본 역학易學이고, 상수역象數易은 복서卜筮의 입장에서 바라본 역학易學의 입장이다. 송대宋代 이후 성리학이 학문의 주류를 이루면서 당연히 의리역이 존중되고, 상수역은 자취를 찾아보기 어려웠다.

그러나 17c 중엽 청나라 강희 황제 14년경에 국가 사업으로 연구하고 집대성한 『주역절중』에서는 주역의 근본은 복서를 위하여 지어졌다고 말하고 있다. 따라서 상수역의 이치를 꿰뚫지 못하고는 의리역을 언급하기 힘들다. 남송시대 역학의 커다란 발자취를 남긴 소강절 선생과 같은 분도 본래는 상수역으로써 이치를 깨달은 경우였다.

상수학의 대표적인 책으로는 중국에서는 초씨역림과 하락이수가 있고 한국에서는 토정비결이 있다.

하락이수는 9세기 말경 중국 송나라 화산 땅에 도인道人이시자 주역 상수학의 대가이신 진희이 선생이 만드셨다.

토정비결은 조선시대 토정 이지함 선생이 역시 하도와 락서에 의해 사람의 연, 월, 일을 환산 연운을 뽑아보게끔 만든 비결서이다.

매년 정초가 되면 사랑방에 둘러앉아 그 해의 운세를 숨죽여가면서 뽑아보곤 하던 기억을 누구나 가지고 있을 정도로 서민들의 사랑을 받아온 책이다. 다만 서민들에게 희망을 주기 위해 가급적 좋은 점만을 강조하였으므로 정확도가 떨어진다.

『초씨역림焦氏易林』은 중국 전한말前漢末에 초연수焦延壽가 찬술撰述한 최고의 역서易書로, 다른 역서와 달리 주역 64괘의 원괘原卦에 다시 64괘를 합한 총4,096괘로 되어 있다. 괘사는 역경의 원리에 입각한 정확한 통변을 기초로 경사經辭의 내용을 인용하여 간략히 서술하고 있으며, 문장 또한 상징적이고 아름답다.

초씨역림은 춘추시대春秋時代 이래로 발전을 거듭한 복서의 모든 이치를 총망라했을 뿐만 아니라, 후세 상수역의 모든 기틀을 활짝 열어놓았다. 참으로 초씨역림焦氏易을 통하지 않고는 역학의 본령에 이를 수 없다는 것이 역학을 공부한 모든 사람들의 공통된 느낌이었을 것이다.

이렇게 권위 있는 책이 아직까지 국내에 널리 소개되지 않은 가장 큰 이유는 엉뚱하게도 너무나 훌륭한 책이었기 때문이다. 초씨역림은 사제지간에만 은밀하게 전수하던 비서秘書 중의 하나였기 때문에 아는 사람이 적었다. 초씨역림의 괘사卦辭를 해독하기 위해서는 시詩 · 서書 · 역易 · 춘추春秋 등의 경전經典과 중국의 고사古事에 대한 해박한 이해가 필요하다. 따라서 터득할 수 있는 사람이 아니라면 전하지 않는 비인부전非人不傳의 원칙이 철저히 지켜졌던 것이다.

또 하나 중대한 이유는 너무나 점사占辭가 기이奇異하기 때문이다. 초씨역림의 괘효사卦爻辭를 연구하다 보면 신비감을 넘어 경외감까지 느끼게 된다. 따라서 실력과 소양을 갖추지 못한 사이비 술사들에 의하여 악용될 소지가 많았기 때문에 선학先學들께서 널리 알리기를 꺼렸던 것이다.

이 책 『초씨역림 384』는 초씨역림 원본 문장 중에서 삼변법三變法으로 점쳤을 때, 나오는 64괘 384효를 수록하고 일일이 분류해 놓았다. 이 방법이 활용하기에 가장 실용적이고 정확하기 때문이다. 본서의 방대한 전문 4.096괘는 『초씨역림』이라는 제목으로 이미 출간되었으니 두 책을 같이 놓고 보는 것이 초씨역림의 진수를 파악하는 데 도움이 될 것이다.

이 두 권의 책을 같이 놓고 보면 세상만사 길흉화복을 판단하는데 부족함이 없을 것이다.

2008 한겨울 최해성 올림

차 례

초씨역림 上經

초씨역림 下經

1. 역易의 원리

태극(太極)

태극은 우주의 모든 물질과 의식, 시간과 공간이 창조되어 나오고 다시 분해되어 돌아가는 근본자리이다.

태극은 무극(無極)과 같이 쓰이기도 하는 데 이 양자의 차이를 언어로 구별하기는 쉽지 않다.

음양(陰陽)

이 태극이 한 번 동하고 한 번 정하여 양의(兩儀), 즉 음양(陰陽)으로 나뉜다. 주역에서 음과 양의 작용은 상(象)으로 표시되는데, 그것이 바로 양효와 음효이다. 우주의 모든 현상과 물질은 반드시 음양의 속성으로 구별된다.

양(陽) : 홀수, 하늘, 아버지, 남자, 강함, 움직임, 위, 왼쪽, 가벼움, 맑음, 밝음, 처음, 큼, 존귀함 등.

음(陰) : 짝수, 땅, 어머니, 여자, 부드러움, 고요함, 아래, 오른쪽, 무거움, 탁함, 어두움, 나중, 작음 비천함 등.

사상(四象)

음양이 태극으로부터 분화한 후 다시 분화하여 나온 것이 사상(四象)이다. 양(陽)을 본체로 하여 양으로 분화된 것이 노양(태양), 음으로 분화된 것이 소음이다.

음(陰)을 본체로 하여 양으로 분화된 것이 소양, 음으로 분화된 것이 노음(태음)이다.

노양 : 견실, 강건불식, 양이 자라서 마침내 극성한 상. 여름, 낮.

소음 : 내실외허, 밖으로 성장, 안의 양이 자라는 상, 봄, 아침.

노음 : 공허, 유순, 안정, 음이 자라서 마침내 극성한 상, 겨울, 밤.

소양 : 내허외실, 안으로 수축, 안의 음이 자라는 상, 가을, 저녁.

팔괘(소성괘)

사상이 다시 음양작용으로 분화하여 팔괘(八卦)가 된다.

태극에서부터 팔괘까지의 분화를 그림으로 표시하면 아래와 같다.

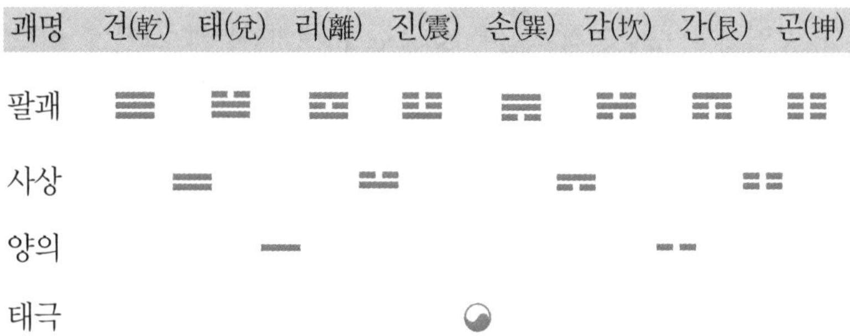

태극이 이분법(二分法)으로 일변하여 양의가 되고(一變), 양의가 이변하여 사상이 되고(二變), 사상이 삼변하여 팔괘가 되니(三變), 이로써 소성괘(小成卦)가 이루어진다. 또한 삼변으로 완성되어 천(天), 지(地), 인(人)을 상징하는 삼재(三才)를 이루니, 역은 음양과 삼재를 기본바탕으로 하는 것이며 태호 복희씨가 시획 팔괘한 원리가 바로 이것이다.

위의 괘를 쉽게 암기하려면 아래의 것을 반복하면 된다.

一(일) 二(이) 三(삼) 四(사) 五(오) 六(육) 七(칠) 八(팔)
乾(건) 兌(태) 離(리) 震(진) 巽(손) 坎(감) 艮(간) 坤(곤)
天(천) 澤(택) 火(화) 雷(뢰) 風(풍) 水(수) 山(산) 地(지)

위의 괘의 상을 쉽게 암기하려면 아래의 것을 반복하면 된다.

乾(건) 兌(태) 離(리) 震(진) 巽(손) 坎(감) 艮(간) 坤(곤)
三(삼) 上(상) 虛(허) 下(하) 下(하) 中(중) 上(상) 三(삼)
連(련) 絕(절) 中(중) 連(련) 絕(절) 連(련) 連(련) 絕(절)
건 삼 련 : 3효 모두 연결되어 있음
태 상 절 : 상효만 끊어져 있음
이 허 중 : 가운데 효만 끊어져 있음
진 하 련 : 하효만 연결되어 있음
손 하 절 : 하효만 끊어져 있음
감 중 련 : 가운데 효만 연결되어 있음
간 상 련 : 상효만 연결되어 있음
곤 삼 절 : 세효 모두 끊어져 있음

육십사괘(대성괘)

소성괘인 팔괘가 다시 중첩하여(8×8=64) 대성괘인 육십사괘가 이루어진다. 소성괘가 중첩해서 대성괘를 이루므로, 비록 대성괘가 되어 한 괘가 되었지만 소성괘 본래의 성질은 남아 있게 된다.

대성괘에서 위에 있는 괘를 상괘(외괘)라고 하고, 밑에 있는 괘를 하괘(내괘)라 한다.

외괘(상괘) : 오후, 후천, 외적, 쇠퇴, 해체, 성, 용, 객, 피

내괘(하괘) : 오전, 선천, 내적, 도래, 창조, 생, 체, 주, 아

효의 명칭

대성괘는 모두 여섯 효로 구성되는 데 각 위(位) 및 음, 양에 따라 그 명칭이 정해진다.

효위와 음양

상위(음위)	⚊	상구	⚋	상육	⚋	상육
오위(양위)	⚊	구오	⚋	육오	⚊	구오
사위(음위)	⚊	구사	⚋	육사	⚋	육사
삼위(양위)	⚊	구삼	⚋	육삼	⚋	육삼
이위(음위)	⚊	구이	⚋	육이	⚋	육이
초위(양위)	⚊	초구	⚋	초육	⚊	초구

효의 판단법

양효는 九로, 음효는 六으로 표시하는데, 그 위에 따라 初, 二, 三, 四, 五, 上으로 표시한다. 또 괘의 처음 효와 마지막 효인 초와 상은 효의 위를 먼저 말한 후 효의 음양을 나중에 말하고, 다른 효는 그 반대로 한다. 초와 상은 시작이며 끝이므로 그 때가 중요한 것이고, 이, 삼, 사, 오효는 일이 한창 진행되는 때이므로 그 재질(음 또는 양)이 중요하기 때문이다.

중(中) : 하괘(내괘)의 중효와 상괘(외괘)의 중효를 말한다, 괘의 6위 전체로 볼 때는 2위와 5위를 말한다. 中을 얻음을 득중(得中)이라 한다. 중용(中庸)의 도를 얻었다 하여 효의 판단에 있어 가장 높이 평가하고 있다.

정(正) : 六爻에 있어 初효, 三효, 五효는 양수(기수)이므로 양위(陽位)라고 하며. 二효, 四효, 上효는 음수(우수)이므로 음위(陰位)라고 한다. 양위에 양효가 놓이고 음위에 음효가 자리잡은 것을 득정(得正), 득위(得位) 또는 당위(當位)라고 한다. 이는 바르고 마땅한 자리를 얻었다는 뜻이다. 반대로 양위에 음효가 놓이고 음위에 양효가 놓인 것을 부정, 불득위, 또는 실위라고 한다.

지괘(之卦)의 판단법

응(應) : 여섯 효를 놓고 볼 때 하괘의 첫효인 초효와 상괘의 첫효인 사효, 하괘의 둘째효인 이효와 상괘의 둘째효인 오효, 하괘의 셋째효인 삼효와 상괘의 셋째효인 상효가 서로 짝을 이루어 응(應)함을 말한다. 이 두 효가 음과 양으로 응하면 이를 정응(正應), 합응(合應)이라 한다. 이 두 효가 양과 양, 음과 음으로 대치된 경우를 적응(敵應), 무응(無應)이라 한다.

본괘에서 효가 동하여 변하여 간 괘를 지괘라고 한다. 괘의 판단에 있어서 지괘는 본괘 다음으로 중요한 의미를 갖는다. 전체 판단에 있어서 본괘는 70% 정도의 비중으로, 지괘는 30% 정도의 비중으로 분석한다. 본괘는 **지금, 여기**의 상황을 나타내며 지괘는 앞으로 진행되어 나가는 과정을 나타낸다.

2. 점치는 방법

일상 생활에서 쉽게 활용할 수 있는 방법부터 설명하고 나중에 전문적인 방법을 설명하겠다

1) 동전으로 3 번 점쳐서 괘를 얻는 방법

세 번 점쳐서 괘를 얻기에 삼변법(三變法)이라고도 한다. 우선 일변(一變)하여 내괘(內卦)를 얻고, 그리고 이변(二變)하여 외괘(外卦)를 얻는다. 처음에 얻은 내괘를 밑에 놓고 두 번째 외괘를 위에 놓아 본괘를 얻는다. 그리고 삼변(三變)하여 변효를 얻는다. 변효를 얻을 때는 아래의 표를 참고한다. 6이 넘는 수는 6으로 나눈 나머지 수를 변효(동효)로 한다.

괘상	☰	☱	☲	☳	☴	☵	☶	☷
이름	乾	兌	離	震	巽	坎	艮	坤
상수	1	2	3	4	5	6	7	8

십원, 혹은 백원 짜리 동전 3개를 준비한다.

가. ⑩은 양(陽)으로 뒷면 '십' 은 음(陰)으로 정한다.

나. 단정히 앉은 뒤 점치고자 하는 사안을 생각한다.

다. 동전을 한 번 던진 뒤 가지런히 펴서 순서대로 내괘(內卦)를 얻는다.

⑩ ⑩ ⑩ 모두 양(陽)인 경우 – 건(乾)

십 십 ⑩ 음음양(陰陰陽)인 경우 – 간(艮)

라. 또 한 번 던진 뒤 가지런히 펴서 하괘(下卦)를 만든다.

○ ⑩ ⑩ 음양양(陰陽陽) 인 경우 – 손(巽)

마. 동전을 한 번 더 던져서 변효를 얻는다.

건(乾)을 얻으면 변효는 초효(初爻)가 되고, 리(離)를 얻었다면 3효가 변효가 된다. 만약에 6이 넘는 수인 곤(坤)을 얻었다면 6으로 나누어 남는수인 2가 변효가 된다.

바. 내괘(內卦)와 외괘(外卦)를 합쳐서 본괘를 만든다.

내괘(內卦)가 乾, 외괘(外卦)가 巽이라면 풍천소축(風天小畜)이 된다.

사. 본괘(本卦)의 변효를 찾는다. 변효(變爻)란 음효는 양으로 변하고, 양효는 음효로 변하는 것을 말한다.

변효가 3효라면 소축지중부(小畜之中孚)라 읽고 풍천소축(風天小畜)의 3효를 찾아본다.

9-3 小畜之中孚 魃爲旱虐 風推雲卻 欲止不得 反歸其宅

발위한학 풍추운각 욕지불득 반귀기택

가뭄이 매우 심한데 바람마저 구름을 흩어버린다. 그치게 하고자 하나 하지 못 하고 집으로 되돌아간다.

2) 동전으로 6번 점쳐서 괘를 얻는 방법

① 동전 3개를 준비한다.

② 앞면과 뒷면 중에서 임의로 양(陽)과 음(陰)을 정한다

ex) 100(양) 백원(음)

③ 동전 세개를 동시에 던져 모두 양(陽)의 면이 나올 경우에는

⇒양효, 動으로 본다.

④ 모두 음(陰)의 면이 나올 경우에는

⇒음효, 動으로 본다.

⑤ 양(陽) 면이 하나, 음(陰) 면이 둘 나올 경우에는

⇒양효로 본다.

⑥ 양(陽) 면이 둘, 음(陰) 면이 하나 나올 경우에는

⇒음효로 본다.

⑦ 6 번 던져서 초효부터 이효, 삼효, 사효, 오효, 상효로 차례로 그어 올라간다. 이와 같이 여섯번을 던지면 한 괘가 완성된다.

예) 예를 들어 처음 던졌을 때 음면이 둘이 나오고 양면이 하나면 음효, 두번째 던졌을 때 양면이 하나 음면이 둘 나오면 양효, 세번째 양면이 하나 음면이 둘 나오면 양효, 네번째는 세개 모두 양면이 나오면 양효이고 動으로 본다. 다섯 번째 세개 모두 음면이 나오면 음효 動, 여섯번째 음면이 둘, 양면이 하나면 양효로 본다.

밑에서부터 차례로 그어 올라가면 괘는 火風鼎(화풍정) 괘가 되고, 동하여 重風巽(중풍손) 괘가 된다.

3) 독서하면서 괘를 뽑는법

주역이란 세상의 모든 이치가 담겨있는 학문이기에 어느 곳 어떤 시간에서든 자신이 마음만 먹으면 길흉을 점쳐볼 수 있다.

준비물은 시집이나 공부하던 교과서 등 책 한권과 필기도구 하나면 충분하다.

점괘를 뽑기 전 궁금한 문제에 대해 깊이 생각한다. 예를 들어 "다음달에 보는 시험에 합격할 것인가" "오늘 첫선을 보는데 성공할 것인가" 등의 문제 중에서 반드시 하나의 문제만 생각하고 그 문제에 대한 답을 구해야 한다.

가장 급하고 선택의 기로에 있는 문제를 생각하여. 1분에서 3분 정도의 명상에 잠긴다. 문제에 대한 명상이 끝나면 곧바로 책장을 펴서 괘를 뽑는다.

남자는
첫 번째 왼손으로 책을 폈을 때 왼쪽에 있는 페이지 숫자가 상괘
두 번째 오른손으로 책을 폈을 때 오른쪽 페이지 숫자가 하괘
세 번째는 자신의 마음가는 데로 책장을 펴서 동효를 얻는다.
오른손으로 펼쳤으면 오른쪽 페이지 숫자가 동효가 되고
왼손으로 펼쳤으면 왼쪽 페이지 숫자가 동효가 된다.

여자는
첫 번째 오른손으로 펴서 오른쪽에 있는 숫자가 상괘
두 번째 왼 손으로 펴서 왼쪽에 있는 숫자가 하괘
세번째는 자신이 마음 가는데로 책장을 펴서 동효를 얻는다.
오른손으로 펼쳤으면 오른쪽 숫자가 동효가 되고
왼손으로 펼쳤으면 왼쪽 숫자가 동효가 된다.

예(例) : 남자의 경우

첫 번째 왼손으로 책장을 펼쳤을 때 83페이지가 나왔다면 83을 8로 나눈 나머지 3을 상괘로 한다. 3은 리(離)괘이고 리허중(?)이다.

두 번째 오른손으로 책장을 펼쳤을 때 149페이지가 나왔다면 페이지 숫자 149를 8로 나눈 나머지 5가 하괘가 된다. 5는 손(巽)이고 손하절(?)이다.

세 번째 마음가는 손으로 책장을 펼쳤을 때 55페이지가 나왔다면 55를 6으로 나눈 나머지 1이 동효(動爻)가 된다.

상괘 3은 삼리화(三離火)가 되고 하괘 5는 오손풍(五巽風)이 되니 합하면화풍정(火風鼎) 괘가 나온다. 초효(初爻)가 동하니 정지대유(鼎之大有)라 읽고 정(鼎)괘 초효를 찾아본다.

50-1 鼎之大有 羔裘豹袪 高易我字 君子維好

고구표거 고이아자 군자유호

염소 갑옷에 표범 소매는 나에게는 비싸지만 군자(君子)가 좋아한다.

4) 쌀이나 콩으로 괘 뽑는법.

깨끗한 상을 하나 준비한다.

깨끗한 그릇에 쌀이나 콩을 담아 준비한 상 오른쪽 위에 놓는다.

방법)

① 손을 깨끗하게 씻고 상 앞에 앉아 1분간 본인이 궁금한 것에 대하여 깊게 명상한다.

② 명상이 끝나면 손으로 쌀이나 콩을 집어서(마음이 원하는 만큼) 상 가운데에 살짝 뿌린다.(이때 한 톨이라도 상 밖으로 튀어나갔다면 반드시 그 한 톨도 주어 올려서 세어야 한다.)

③ 8톨씩 세기 시작하여 최종적으로 남은 나머지 숫자가 상괘가 된다.(23톨이 세어졌다면 8로 나눈 나머지가 7이 되니 칠간산(七艮山), 간상련이 상괘가 된다.)

④ 하괘를 뽑는 방법도 위의 상괘 뽑는 법과 동일하게 한다.(상위에 뿌려진 것이 총 25톨이라면 8톨씩 제하고 남은 나머지가 1이 되니 일건천(一乾天), 건삼련이 하괘가 된다.

⑤ 변효(동효)는 똑같은 방법으로 상위에 뿌리고 6톨씩 제외하면 된다.(상위에 뿌려진 것이 12개라면 6톨씩 제외하면 0이 남으니 그냥 6으로 보아서 즉 6효(상효)가 동효가 된다.

상괘 7은 七艮山(칠간산)이요 하괘 1은 一乾天(일건천)이니 山天大畜(산천대축)이고 6효(上爻)가 동하였으므로 대축지태(大畜之泰)라고 읽고 대축괘 6효(상효)를 찾아본다.

26-6 大畜之泰

虎臥山隅 鹿過後拘 弓矢設張 蝟爲功曹 伏不敢起 逐全其驅 得
호와산우 녹과후구 궁시설장 위위공조 복불감기 축전기구 득
我美草
아미초

호랑이가 산모퉁이에 누어 있으니 사슴은 멀리 뒤로 지나간다. 화살 돋은 듯한 고슴도치의 공으로 (호랑이는)엎드려서 감히 일어나지 못한다. 완전히 달아나서 아름다운 풀을 얻는다.

5) 점통법

① 길이 15cm 가량의 산가지 8개를 만든다.

② 8개의 산가지에 각각 1, 2, 3, 4, 5, 6, 7, 8의 숫자를 하나씩 새긴다. 1은 일건천, 2는 이태택, 3은 삼리화, 4는 사진뢰, 5는 오손풍, 6은 육감수, 7은 칠간산, 8은 팔곤지로 환산된다.

③ 길이 15cm 以內(이내)의 점통에 산가지를 꽂는다.

④ 마음을 가라앉히고 괘를 뽑는 주문을 외운다.

"천하언재 고지즉응(天何言哉 告之卽應 : 하늘이 어찌 말씀이 있을까마는, 고하면 즉시 응하여 주시나니)
경신생(庚申生) 김 ○○가 ○○○를 하고자 하는데 여하(如何)합니까?
물비소시 물비소시(勿秘昭示 勿秘昭示 : 감추지 마시고 밝게 드러내 주십시오)"

⑤ 주문을 외운 후 점통을 정성껏 흔든 다음 산가지를 뽑는다. 남자는 왼손으로 먼저 뽑고 두 번째는 오른손으로 뽑고 세 번째는 아무 손이나 마음가는 손으로 뽑는다. 여자는 오른손으로 먼저 뽑고 두 번째는 왼손으로 뽑고 세 번째는 아무 손이나 마음가는 손으로 뽑는다.

⑥ 첫 번째 뽑은 산가지는 하괘(下卦, 內卦)가 된다.
첫 번째 뽑은 산가지를 다시 점통에 넣고 흔든 다음 두 번째 산가지를 뽑는다.
두 번째 뽑은 산가지는 상괘(上卦, 外卦)가 된다.
두 번째 뽑은 산가지를 다시 점통에 넣고 흔든 다음 세 번째 산가지를 뽑는다.

세 번째 뽑은 산가지는 동효(動爻)가 된다. 다만 7이 나오면 6을 제한 나머지가 1이므로 초효(初爻)가 동효(動爻)가 되고, 8이 나오면 6을 제한 나머지가 2이므로 이효(二爻)가 동효(動爻)가 된다.

예) 첫 번째 뽑은 숫자가 2이면 하괘는 이태택(二兌澤)이 되고 두 번째 뽑은 숫자가 7이면 상괘는 칠간산(七艮山)이 되니 합하면 산택손(山澤損) 괘가 나온다. 세 번째 뽑은 숫자가 3이면 3효(爻)가 동(動)한 것이다. 산택손(山澤損)괘

3효가 동하였으므로 손지대축(損之大畜)이라고 읽고 손(損)괘 3효를 찾아본다.

41-3 損之大畜 嬰兒孩笑 未有所識 狡童而爭 亂我政事

영아해소 미유소식 교동이쟁 난아정사

어린아이가 웃는 것은 아는 바가 없기 때문이다. 교활한 아이들의 다툼이 나의 정사를 어지럽힌다.

6) 주사위 작괘법(作卦法)

① 주사위 세개를 준비한다.

② 주사위 세개를 주문을 외운 후 던진다.

③ 하나 홀수고, 둘 짝수일 때 소양

④ 하나 짝수고, 둘 홀수일 때 소음

⑤ 모두 홀수일 때 노양 ⇒ 양의 동효.

⑥ 모두 짝수일 때 노음 ⇒ 음의 동효.

⑦ 여섯번을 던져서 하나의 괘(卦)를 얻는다.

⑧ 동전으로 던져 뽑는 척전법과 똑같은 원리로 작괘하면 된다.

7) 時間 作卦法(시간 작괘법)

① 문점자(問占者)가 질문을 하는 시간을 살핀다.
② 시간을 8로 나누어 內卦로 삼는다. (나머지로)
③ 분을 8로 나누어 外卦로 삼는다. (나머지로)
④ (시간+분)÷ 6의 나머지로 動爻로 삼는다.
⑤ 나머지가 0이 나오면 8로 계산한다. (시간,분)
⑥ 나머지가 0이 나오면 6으로 계산한다.(동효)

예) 7시 25분 이라고 하면
7을 8로 나누면 나머지가 7이 되므로 七艮山(칠간산)
25를 8로 나누면 나머지가 1이 되므로 一乾天(일건천)
(7+25)÷6을 하면 나머지가 2가 되므로 2(효동)이 된다.
天山遯(천산둔) 괘의 2효가 동한 것이다.

8) 설시법(揲蓍法)

50개의 산가지로 점을 치는 가장 정통적인 방법이다.

① 南向의 깨끗한 방이 필요하다.
② 방안 정 가운데 책상을 두고 경건한 마음가짐으로 점을 친다.
③ 50개의 댓가지를 만든다.
④ 점의 결과를 적을 수 있는 백지를 준비한다.

⑤ 50개의 댓가지(산가지, 산대) 중에서 하나를 뽑아 가로로 놓는다.

⑥ 나머지 49개의 댓가지를 들고 정성스러운 마음으로 둘로 나눈다.
⇒양의를 상징

⑦ 오른쪽 손의 댓가지는 상에 내려놓고 그 중 하나를 뽑아 왼손의 새끼 손가락과 넷째 손가락 사이에 끼운다.
⇒ 왼쪽 댓가지 무더기는 天, 상위의 산가지는 地, 손가락 사이에 끼운 것은 人으로 三才를 상징한다.

⑧ 오른 손으로 왼손에 들고 있는 댓가지 무더기를 넷씩 센 후 나머지를 (1, 2, 3, 4 중의 하나다) 왼쪽손 셋째와 넷째 사이에 끼운다.

⑨ 손가락 사이에 끼운 나머지를 제외한 댓가지 무더기는 왼쪽 상위에 내려 놓는다. 네개씩 세는 것은 사계절을 뜻하고 , 나머지를 끼우는 것은 윤달을 상징한다.

⑩ 오른손으로 (오른손에 들었던 댓가지를 상에 정성스레 내려 놓은 7번)상위에 놓여 있는 댓가지를 집어든다.

⑪ 다시 왼손으로 오른손 댓가지 무더기를 넷으로 나누어 센 후 나머지를 셋째와 둘째 손가락 사이에 끼운다.

⑫ 손가락 사이에 끼운 것을 제외한 댓가지 무더기는 오른쪽 상위에 내려 놓는다

⑬ 왼손에 모인 댓가지를 모두 合하여 처음 一자로 (가로로)내려 놓은 댓가지의 왼쪽위에 수직(세로) 방향으로 놓는다.

⑭ 위에 내려 놓은 댓가지를 제외한 무더기로 다시(6번부터 13번까지) 반복한 후 가로로 놓여진 댓가지 위 중앙에 놓는다.

⑮ 나머지 무더기로 똑 같은 방법으로 한 후 맨 오른쪽에 놓는다.

⑯ 이렇게 해서 하나의 爻를 얻는다.

⑰ 왼쪽은 9나 5가 되고 가운데, 오른쪽은 8개나 4개가 된다.

⑱ 위의 전 과정을 여섯 번 반복하여 육효, 즉 목적하던 괘를 얻는다.

효의 판단

① 태극을 상징하는 산가지 위에 놓인 숫자가 왼쪽부터 세었을 때 5, 4, 4이면 태양(노양)으로 보아 양효가 되고, 현재는 양이지만 動해서 음효가 되는 것으로 본다. 즉 양효가 動이 되는 것이다.

② 태극을 상징하는 산가지 위에 놓인 숫자가 왼쪽부터 세었을 때 9, 4, 4 또는 5, 8, 4가 되면 소음으로 보아 음효가 된다.

③ 태극을 상징하는 산가지 위에 놓인 숫자가 왼쪽부터 세었을 때 9, 8, 4 또는 5, 8, 8이 되면 소양으로 보아 양효가 된다.

④ 태극을 상징하는 산가지 위에 놓인 숫자가 왼쪽부터 세었을 때 9, 8, 8이 되면 노음으로 보아 음효가 되고 현재는 음이지만 動해서 양효가 되는 것으로 본다. 즉 음효 動이 되는 것이다.

9) 대정수 작괘법

선천수와 후천수를 연월일시의 사주 간지(干支)와 대비하여 작괘하는 방법이다.

수리학은 본래가 대우주의 진리를 수리로써 파악하려는 학문인데 모든 만물은 수에 의하여 움직이고 있다는 사실에 근거를 두고 있다.

대정수를 산출하는 방법은 매우 복잡하여 이해하기 어렵다.

그러므로 모두가 쉽게 찾아볼 수 있게끔 대정수 표를 보고 계산하는 방법을 소개한다.

대정수조견표

간지	년주	월주	일주	시주	간지	년주	월주	일주	시주
甲子	31	49	211	1831	乙丑	90	106	250	1690
甲戌	35	49	175	1435	乙亥	86	98	206	1690
甲申	39	55	199	1639	乙酉	84	98	224	1484
甲午	37	55	217	1837	乙未	90	106	250	1690
甲辰	35	49	175	1435	乙巳	82	94	202	1282
甲寅	33	49	193	1633	乙卯	88	102	228	1488
丙寅	73	87	213	1473	丁卯	28	40	148	1228
丙子	71	87	231	1671	丁丑	30	44	170	1430
丙戌	75	87	195	1275	丁亥	26	36	126	1026
丙申	79	93	219	1479	丁酉	24	36	144	1224
丙午	77	93	237	1677	丁未	30	44	170	1430
丙辰	75	87	195	1275	丁巳	22	32	122	1022
戊辰	55	65	155	1055	己巳	102	115	232	1402
戊寅	53	65	173	1253	己卯	108	123	258	1608
戊子	51	65	191	1451	己丑	110	127	280	1810
戊戌	55	65	155	1055	己亥	106	119	236	1550
戊申	59	71	179	1259	己酉	104	119	254	1604
戊午	57	71	197	1457	己未	110	127	280	1810
庚午	97	114	267	1797	辛未	50	65	200	1550
庚辰	95	108	225	1395	辛巳	42	53	152	1142
庚寅	93	108	243	1593	辛卯	48	61	178	1348
庚子	91	108	261	1791	辛丑	50	65	200	1550
庚戌	95	108	225	1395	辛亥	46	57	156	1146
庚申	99	114	249	1599	辛酉	44	57	174	1344
壬申	19	32	149	1319	癸酉	64	75	174	1164
壬午	17	32	167	1517	癸未	70	83	200	1370
壬辰	15	26	125	1115	癸巳	62	71	152	962
壬寅	13	26	143	1313	癸卯	68	79	178	1168
壬子	11	26	161	1511	癸丑	70	83	200	1370
壬戌	15	26	125	1115	癸亥	66	75	156	966

예)

을미(乙未)년 임인(壬寅)월 신축(辛丑)일 무자(戊子)시일 경우

1. 대정수표에서 을미를 찾고 연주를 본다……90
2. 대정수표에서 임인을 찾고 월주를 본다……26
3. 대정수표에서 신축을 찾고 일주를 본다……200
4. 대정수표에서 무자를 찾고 시주를 본다……1451
5. 위 네개의 수를 더하면 대정수가 된다.
   90 + 26 + 200 + 1,451 = 1,767
6. 대정수에서 천 단위 수와 단 단위 수를 떼어낸다.
   1,767에서 1과 7을 떼어내면 중간의 76이 남는다.
7. 중간 숫자 76을 아래의 표를 보고 후천변수로 바꾼다.
   7은 7이 되므로 상괘는 칠간산(七艮山)
   6은 5가 되므로 하괘는 오손풍(五巽風)

대정수	1	2	3	4	5	6	7	8	9
후천변수	7	2	6	3	4	5	7	8	1

화현법식(化現法式) – 후천수로 작괘하는 법

일간산(一艮山), 이태택(二兌沢), 삼감수(三坎水), 사리화(四離火), 오진뢰(五震雷), 육손풍(六巽風), 칠간산(七艮山), 팔곤지(八坤地), 구건천(九乾天)

8. 상괘와 하괘를 합하여 만드니 산풍고(山風蠱) 괘가 된다. 이 괘가 을미년 임인월 신축일 무자시에 태어난 사람의 평생 괘가 된다.

초효 동은 1세에서 12세 까지의 운명이고
2효 동은 13세에서 24세 까지의 운명이고
3효 동은 25세에서 36세 까지의 운명이고
4효 동은 37세에서 48세 까지의 운명이고
5효 동은 49세에서 60세 까지의 운명이고
상효 동은 61세에서 72세 까지의 운명이다.

9. 중간의 두 수가 0인 경우는 천 단위 수와 단 단위 수를 차용하여 쓴다.

예 1) 대정수가 2008일 경우
중간 숫자가 모두 0이므로 천 단위 수 2와 단 단위 수 8을 차용한다.
2는 2가 되므로 상괘는 이태택(二兌澤)
8은 8이 되므로 상괘는 팔곤지(八坤地)
상괘와 하괘를 합하면 택지취(澤地萃)가 된다.

예 2) 대정수가 2014일 경우
상공즉불취(上空卽不取)
1 1
간위산(艮爲山)

대정수가 2000일 경우
↓
2 2
태위택(兌爲澤)

예 3) 대정수가 2204일 경우

하공즉상취(下空卽上取)

2　　　　2

태위택(兌爲澤)

대정수가 2001일 경우

↓

2　　　　1

택산함(澤山咸)

3. 주역 64괘의 해설

여기 기재한 64괘의 해설은 중국 고전에서 발췌한 것들이다. 점괘를 얻은 뒤 해석할 때 참고하기 바란다. 예를 들어 건지구(乾之?)란 괘를 얻었다면 단순히 건지구(乾之姤)의 효사(爻辭)인 '仁政不暴 鳳凰來舍(어진 정치를 펴서 포악하지 않으니 봉황이 날아든다.)' 만을 받아들이지 말고, 본괘인 건괘의 의미인 '困龍得水 雷鳴忽起(목마른 용이 물을 만나니, 우뢰가 홀연히 일어난다.)' 를 참조해서 파악하는 것이 바람직하다. 기재된 순서는 주역의 64괘 순서를 따랐다.

1. 건위천(乾爲天) - 씩씩함(健也)

困龍得水 雷鳴忽起 곤룡득수 뇌명홀기

목마른 용이 물을 만나니, 우뢰가 홀연히 일어난다.

2. 곤위지(坤爲地) - 유순함(順也)

飢虎得食 歎服喜心 기호득식 환복희심

굶주린 호랑이가 먹을 것을 얻으니, 배를 채우며 기뻐한다.

3. 수뢰둔(水雷屯) - 얽힘(顚也)

亂絲無緖 顚三倒四 난사무서 전삼도사

어지러운 줄이 실마리가 없으니 얽히고 설켜 있다.

4. 산수몽(山水蒙) - 몽매함(昧也)

小鬼偷錢　費力空囊　소귀유전　비력공랑

작은 귀신이 돈을 훔치니 힘써서 노력해도 주머니가 비었다.

5. 수천수(水天需) – 기다림(待也)

明珠出土　行人掩面　명주출토　행인엄면

밝은 구슬이 흙에서 나왔지만, 지나가는 사람이 쳐다보지 않는다.

6. 천수송(天水訟) – 다툼(爭也)

二人爭路　小路逢狹　이인쟁로　소로봉협

두 사람이 길을 다투는 데, 작은 길은 막다른 곳으로 치닫는다.

7. 지수사(地水師) – 전쟁(戰也)

將卒斬馬　走失能我 장졸참마　주실능아

장수와 병사가 말을 베니, 도망갈 길을 잃고 항복한다.

8. 수지비(水地比) – 화친함(和也)

船得順風　載重水淺　선득순풍　재중수천

배가 순풍을 만났지만, 짐은 무겁고 물은 얕다.

9. 풍천소축(風天小畜) – 옹색함(塞也)

密雲不雨　忍苗耐根　밀운불우　인묘내근

구름이 잔뜩 끼었는데도 비가 내리지 않으니, 가뭄속에서 싹과 뿌리가 인내한다.

10. 천택리(天澤履) - 예의(禮也)

鳳鳴岐山 遂出文王 봉명기산 수출문왕

봉황위 기산 위에서 우짖으니, 마침내 문왕이 나섰다.

11. 지천태(地天泰) - 통함(通也)

喜報三場 覺得曉星 희보삼장 각득효성

기쁜 보답으로 삼원(三元)이 되니 새벽별을 보고 깨달음을 얻는다.

三元 : 중국의 대과에 삼등 안으로 급제한 세 사람을 일컫는 말, 혹은 향시(鄕試), 회시(會試), 정시(正試)에 수석을 차지한 사람.

12. 천지비(天地否) - 닫힘(閉也)

虎落坑中 不伸威風 호락항중 불신위풍

호랑이가 함정에 빠져서 위풍을 펼치지 못한다.

13. 천화동인(天火同人) - 친밀함(親也)

仙人指路 夜行幽谷 선인지로 야행유곡

신선이 길을 가르쳐 주니, 밤에 깊은 계곡을 걷는다.

14. 화천대유(火天大有) - 너그러움(寬也)

上下恍惚 到處自有 상하황홀 도처자유

상하가 모두 황홀하니, 가는 곳마다 성취가 있다.

15 지산겸(地山謙) - 사양함(讓也)

二人分金 不爭喜和 이인분금 불쟁희화

두 사람이 금을 나누어 가지니, 싸우지 않고 화합한다.

16. 뇌지예(雷地豫) - 즐거움(樂也)

青龍得位 偶逢太公 청룡득위 우봉태공

청룡이 지위를 얻으니 우연히 강태공(姜太公)을 만난다.

17. 택뢰수(澤雷隨) - 순종함(順也)

泥中乾道 苦盡甘來 니중건도 고진감래

진흙속에도 천도(天道)이니, 괴로움이 다하면 기쁨이 올 것이다.

18. 산풍고(山風蠱) - 무너짐(壞也)

心身忙亂 功反轉出 심신망란 공반전출

심신이 어지러우니 공들인 것이 허사가 된다.

19. 지택림(地澤臨) - 베품(施也)

上下施仁 安居懷德 상하시인 안거회덕

상하가 인을 베푸니, 편안히 살며 덕을 마음속에 품는다.

20. 풍지관(風地觀) - 바라봄(望也)

旱天甘雨 萬象滋潤 한천감우 만상자윤

가뭄 끝에 단비가 내리니, 만물이 윤택하다.

21. 화뢰서합(火雷噬\嗑) - 물어뜯음(齧也)

飢腹過食 適口從心 기복과식 적구종심

배가 고프다고 과식을 했으니, 알맞게 먹고 마음을 따르라.

22. 산화비(山火賁) - 꾸밈(飾也)

喜氣盈門 三分天下 희기영문 삼분천하

기쁜 기운이 문에 가득하니 천하를 셋으로 나눈다.

23. 산지박(山地剝) - 떨어짐(落也)

烏鵲同林 恩怨交加 오작동림 은원교가

까마귀와 까치가 한 수풀속에 사니, 은혜와 원수가 엇갈린다.

24. 지뢰복(地雷復) - 뒤짚어짐(反也)

夫妻反目 無情爭窮 부처반목 무정재궁

부부의 사이가 어그러져, 정을 잊은채 끝까지 싸운다.

25. 천뢰무망(天雷无妄) - 재앙(災也)

鳥被籠中 宜守本領 조피농중 의수본령

새가 도롱이 속에 갇혔으니, 마땅히 분수를 지키라.

26. 산천대축(山天大畜) - 모음(聚也)

困陳忽開 任意從令 곤진홀개 임의종령

곤궁한 펼침이 홀연히 열려지니, 마음대로 명령에 따르라

27. 산뢰이(山雷頤) - 먹음(食也)

否極泰來 渭水訪賢 비극태래 위수방현

곤궁함이 다하면 즐거움이 오니, 위수(渭水)가에 현인이 찾아온다.

28. 택풍대과(澤風大過) - 재난(禍也)

夢中金銀 休去琢磨 몽중금은 휴거탁마

꿈속에 금은(金銀)을 얻고서, 평소 연마하던 것을 쉰다.

29. 감위수(坎爲水) - 빠짐(陷也)

水低撈月 未有無成 수저로월 미유무성

물속에 비친 달을 떠 올리고자 하니, 이루는 것이 없다.

30. 리위화(離爲火) - 아름다움(麗也)

天官賜人 名進財福 천관사인 명진재복

하늘의 복이 사람에게 내리니, 이름을 떨치고 재물이 따른다.

天官 : 복록(福祿)을 내려주는 神을 말한다.

31. 뇌풍항(雷風恒) - 오래됨 (久也)

魚來撞網 誰想一到 어래동망 수상일도

물고기가 어망에 걸려듦이니, 누가 한 번에 거두어들일 줄 알겠는가?

32. 택산함(澤山咸) - 응감함(感也)

萌芽出土 予感風霜 맹아출토 여감풍상

작은 싹이 흙에서 돋아나, 풍상(風霜)을 느낀다.

33. 천산돈(天山遯) – 피함(避也)

濃雲蔽日 功勞無時 농운폐일 공로무시

짙은 구름이 해를 가리우니 공로가 소용없다.

34. 뇌천대장(雷天大壯) – 의지(志也)

工師得木 鋸聲自營 공사득목 거성자영

장인이 좋은 목재를 얻었으니, 톱질하고 다듬는다.

35. 화지진(火地晋) – 나아감(進也)

堀地得金 可察衆目 굴지득금 가찰중목

땅을 파다가 금을 얻었으니, 사람들의 눈을 살펴라.

36. 지화명이(地火明夷) – 상함(傷也)

過河折橋 頭緖不準 과하절교 두서불준

강을 건너다가 다리가 끊어지는 격이니. 실마리가 얽혀져 있다.

37. 풍화가인(風火家人) – 같음(同也)

鏡裡觀花 無信可怪 경리관화 무신가괴

거울 속의 꽃을 바라보니, 믿음이 없다면 괴이할 것이다.

38. 화택규(火澤睽) – 엿봄(窺也)

猪羊異賣 弄巧反拙 저양이매 농교반출

돼지와 양을 팔면서, 농간을 피워 반대로 팔아 먹는다.

39. 수산건(水山蹇) - 어려움(難也)

雨雲載塗 費盡心力 우운재도 비진심력

비가 내려 길이 진흙탕으로 되니, 헛되게 몸과 마음을 소비한다.

40. 뇌수해(雷水解) - 흩어짐(散也)

五關脫難 時來順風 오관탈난 시래풍송

다섯가지 관문을 어렵게 통과하니 순풍에 돋을 단것과 같다.

41. 산택손(山澤損) - 줄어듬(減也)

峻路推車 費力失機 준로추차 비력실기

험준한 비탈에서 수레를 미니, 힘을 소비하고 기틀마저 잃는다.

42. 풍뢰익(風雷益) - 늘어남(增也)

困極生榮 枯木開花 곤극생영 고목개화

곤궁함이 극에 달하면 영화로움을 생하나니, 마른 나무에서 꽃이 핀다.

43. 택천쾌(澤天夬) - 터짐(決也)

遊蜂脫網 半夜奔走 유봉탈망 반야분주

벌이 그물을 벗어나는 상이니, 밤을 틈타 도망간다.

44. 천풍구(天風姤) - 만남(遇也)

外地遇友 外花傍笑 외지봉우 외화방소

타지에서 친구를 만나고, 밖에서 꽃을 피운다.

45. 택지췌(澤地萃) - 이룸(成也)

鯉化躍龍　萬里封候　이화약룡　만리봉후

잉어가 도약하여 용으로 화하니, 제후(諸侯)로 봉함을 받는다.

46. 지풍승(地風升) - 펴짐(伸也)

紅日東升　加官增職　홍일동승　가관증직

붉은 해가 동에서 떠오르니 관직을 더한다.

47. 택수곤(澤水困) - 불행(厄也)

登樓去梯　小人暗欺　등루거제　소인암기

높은 곳에 올랐는데 사다리를 치운 상(象)이니, 소인(小人)의 음해를 받는다.

48. 수풍정(水風井) - 통함(通也)

枯井生泉　細水長流　고정생천　세수장류

오랜 우물에서 샘이 솟으니, 물줄기가 가늘지만 오래도록 흐른다.

49. 택화혁(澤火革) - 변화(變也)

旱苗得雨　時來風送　한묘득우　시래풍송

가뭄에 메마른 싹이 비를 만나니, 순풍에 돛을 단 격이다.

50. 화풍정(火風鼎) - 익음(熟也)

鶯鷗爭蛤　一擧兩得　앵구쟁합　일거양득

앵무새와 기러기가 조개를 놓고 싸우니, 모두를 얻는다.

51. 진위뢰(震爲雷) - 움직임(動也)

金鍾夜鳴 一聲天下 금종야명 일성천하

종이 밤에 울리니, 소리가 천하에 퍼진다.

52. 간위산(艮爲山) - 그침(止也)

竭力不順 前功可惜 갈력불순 전공가석

힘을 다해도 따르지 못하니, 옛날의 공이 애석하다.

53. 풍산점(風山漸) - 나아감(進也)

俊鳥出籠 乘機萬里 준조출롱 승기만리

훌륭한 새가 새장을 벗어나니, 기회를 얻어 만리(萬里)를 난다.

54. 뇌택귀매(雷澤歸妹) - 몽매함(昧也)

陰陽不交 樹上求魚 음양불교 수상구어

음양이 어울리지 못하니, 나무에 올라 고기를 구하는 격이다.

55. 뇌화풍(雷火豐) - 큼(大也)

古鏡重明 久日輝之 고경중명 구일휘지

옛 거울이 다시 밝아지니, 오래도록 빛날 것이다.

56. 화산려(火山旅) - 뒤집힘(覆也)

宿鳥焚巢 安身不料 숙조분소 안신불료

잠자는 새의 둥지가 불살라지는 격이니, 안신(安身)을 헤아릴 수 없다.

57. 손위풍(巽爲風) – 따름(順也)

孤舟得水 烏鵲引路 고주득수 조작인로

외로운 배가 물을 얻으니, 까마귀와 까치가 길을 인도한다.

58. 태위택(兌爲澤) – 기쁨(悅也)

逐水和泥 幸得良醫 축수화니 행득량의

물과 진흙을 잘 개어서 합치는 격이니, 다행히 어진 의원을 만난다.

59. 풍수환(風水渙) – 흩어짐(散也)

隔河望金 枉費徒勞 격하망금 왕비도로

강건너 금덩이를 바라보기만 하니, 노력이 헛되다.

60. 수택절(水澤節) – 한계(限也)

斬將封神 百無禁忌 참장봉신 백무금기

斬將封神 : 강태공이 은을 정벌한 뒤, 제단을 쌓고 공정하게 제후들의 지위를 정한 일을 말한다. 封神이란 흙을 모아 담을 쌓고 신을 모시는 것을 말한다.

장차 단을 쌓고 제사를 지내려 하니, 꺼리낄 것이 없다.

61. 풍택중부(風澤中孚) – 믿음(信也)

行走薄氷 錯綜惶恐 행주박빙 착종황공

살얼음 위를 걸어가며, 깨질까 두려워한다.

62. 뇌산소과(雷山小過) - 허물(過也)

獨木橋上 迫退不測 독목교상 박퇴불측

외나무다리를 걸어가니, 나아가고 물러나는 것을 헤아릴 수 없다.

63. 수화기제(水火旣濟) - 정함(定也)

金榜題名 奮志燈書 금방제명 구지등서

金枋題名: 마지막 대과에 합격한 사람의 이름을 내건 방문을 말한다.

과거에 급제하여 이름을 떨치니, 옛적 뜻을 세워 글읽은 소치이다.

64. 화수미제(火水未濟) - 헤어짐(離也)

錦衣夜行 多愁凶然 금의야행 다수흉연

금의야행(錦衣夜行)하니 수심(愁心)이 많다.

■ 초씨역림 上經 ■

1-1 건지구 乾之姤

仁政不暴 鳳凰來舍 四時順節 民安其處
인정불포 봉황래사 사시순절 민안기처

어진 정치를 펴서 포악하지 않으니 봉황이 집으로 날아든다. 계절이 순조로우니 백성들이 평안하다.

四時 : 봄, 여름, 가을, 겨울의 순환을 말한다.

■ 금전 · 사업 · 창업 ■

급하게 서두르거나 사업을 확대하지 말라. 매사 순리대로 풀어가면 순탄하리라. 창업은 때가 아니니 다음 기회를 노려야겠다.

■ 이사 · 매매 · 문서 ■

매매는 처음에는 곤란을 겪으나 나중에는 풀린다. 작은 이익에 만족하는 지혜가 필요하다.

■ 취직 · 시험 · 승진 ■

하위직은 쉽게 이루어지고 작은 것은 쉽게 성취하나, 큰 시험이나 고위직은 피나는 노력이 있어야 하겠다.

■ 애정 · 결혼 · 부부 ■

혼사는 과욕하면 성사가 어렵고 마음을 비우면 성사된다. 부부간의 문제도 순리대로 풀어가야 한다.

■ 건강 · 소송 · 소원 ■

송사는 오래 지체되나 유리하다. 오래되지 않은 질병은 회복된다. 큰 소원은 불가하나 작은 소원은 노력으로 이룬다.

■ 여행 · 사고 · 출산 ■

여행, 출장에서 과도한 목적을 설정하지 말라. 출산은 무난하나 아기의 건강에 유의하여야 한다.

1-2 건지동인 乾之同人 ䷀ → ䷌

子孺索哺 母行求食 反見空巢 訾我長息
자유색포 모행구식 반견공소 자아장식

어린 새끼가 먹을 것을 찾으니 어미가 나가서 먹을 것을 구한다. 돌아와서 둥지가 비어 있음을 보고 자기를 헐뜯으면서 탄식한다.

孺 : 젖먹이 유. 哺 : 먹을 포. 巢 : 집 소.

■ 금전 · 사업 · 창업 ■

꼭 필요한 돈조차도 회전이 안 되니 사방이 벽이다. 이러한 때에 함부로 움직이면 큰 낭패를 당하기 쉽다.

■ 이사 · 매매 · 문서 ■

이사는 잠시 보류하는 것이 더 좋다. 이사를 함부로 하면 해가 있다. 매매는 약간 손해를 보며 성사된다.

■ 취직 · 시험 · 승진 ■

노력한 만큼의 열매를 맺지 못하니 시험은 하향 지원하라. 승진은 때가 아니니 자리 지키기에 힘써야 한다.

■ 애정 · 결혼 · 부부 ■

서로의 갈등이 깊어지거나 오해가 생기기 쉽다. 부부 사이도 불화가 있을 수 있으니 자중해야 한다.

■ 건강 · 소송 · 소원 ■

오래된 병이면 합병증을 유의해야 한다. 소송은 재정만 낭비되고 득이 없으니 속히 화해하라.

■ 여행 · 사고 · 출산 ■

바쁘게 돌아다니지만 소득이 없다. 출산도 산모와 아기의 건강에 유의해야 걱정이 없겠다.

1-3 건지리 乾之履

空拳握手 倒地更起 富饒豊衍 快樂無已
공권악수 도지경기 부요풍연 쾌락무이

빈 주먹으로 손을 잡고 넘어졌다 다시 일어난다. 부유하고 넉넉하니 즐거울 따름이다.
饒 : 넉넉할 요. 衍 : 넘칠 연.

■ 금전 · 사업 · 창업 ■
맡겨진 일에 성의껏 최선을 다해야 편안하다. 특별히 욕심을 부리지 않는 한 큰 이득도 없지만 큰 손해도 없다.

■ 이사 · 매매 · 문서 ■
주변사람의 도움으로 매매는 성사. 이사는 잠시 보류하는 것이 좋다.

■ 취직 · 시험 · 승진 ■
하위직이나 작은 시험은 쉽게 이루어지나 고위직은 상당한 노력이 필요하다. 승진은 아직 때가 아니다. 작은 변화는 가능하다.

■ 애정 · 결혼 · 부부 ■
자신이 가지고 있는 능력과 진실된 모습만 보여 준다면 연인과의 관계가 좋아질 것이요, 자신을 너무 과신하고 과대포장한다면 뒤늦게 후회할 일이 발생한다.

■ 건강 · 소송 · 소원 ■
건강이 좋지 않던 사람은 점점 좋아져 회복의 기미를 보인다. 오래 끌어오던 송사도 좋게 마무리 된다.

■ 여행 · 사고 · 출산 ■
여행 중에 약간의 고생은 있겠으나 결과적으로는 몸과 마음이 즐겁고 유익하겠다. 출산도 무난하다.

1-4 건지소축 乾之小畜

据斗運樞 順天無憂 與樂並居
거두운추 순천무우 여락병거

북두성을 의지해 중추(中樞)가 돌아가니 하늘의 순리로 근심이 없다. 즐거움과 더불어 함께 거한다.

斗 : 별이름 두. 주로 북두성을 말함.

■ 금전 · 사업 · 창업 ■
금전운이 매우 좋다. 마음 놓고 자신의 일을 경영해 가도 몸과 마음이 편안하고 날마다 재물이 늘어난다. 또한 새로운 일에는 귀인의 도움이 크다.

■ 이사 · 매매 · 문서 ■
새로운 일에는 귀인의 도움이 크고 이사는 확장의 경사를 얻는다.

■ 취직 · 시험 · 승진 ■
보통 시험에는 노력한 만큼의 성과가 반드시 있겠다. 승진도 가능하다.

■ 애정 · 결혼 · 부부 ■
좋은 짝과 즐거운 시간을 갖는다. 나이가 찬 남녀는 좋은 짝을 만나 만인의 축복 속에 화촉을 밝힌다.

■ 건강 · 소송 · 소원 ■
나쁜 일이 전혀 없으니 송사는 해결되겠고 건강도 좋아져 세상에 근심할 것이 없다.

■ 여행 · 사고 · 출산 ■
떠남과 돌아옴이 자유롭고 편안하니 의기양양하구나. 산모와 아기 모두 다 건강하다.

1-5 건지대유 乾之大有

䷀ → ䷍

上帝之生 福祐日成 修德行惠 樂安且寧
상제지생 복우일성 수덕행혜 낙안차녕

상제(上帝)로 부터 생을 받아 복과 도움이 날로 이루어진다. 덕을 닦으며 은혜를 베푸니 안락하고 또한 평안하다.

■ 금전 · 사업 · 창업 ■
주변의 경제 여건에 상관없이 승승장구한다. 사업은 날로 번창하고 재물은 끝없이 쌓이니 확장과 발전의 기운이 하늘을 찌른다.

■ 이사 · 매매 · 문서 ■
확장과 발전의 기운이 넘치니 이사나 매매 모두 아주 좋다.

■ 취직 · 시험 · 승진 ■
장원 급제의 운이다. 원하는 시험마다 합격의 기쁨이 있고 직장인은 좋은 자리 또는 몇 단계를 뛰어넘는 승진이 있다.

■ 애정 · 결혼 · 부부 ■
원하던 최상의 짝을 만나 결혼까지 하는 기쁨이 있다.

■ 건강 · 소송 · 소원 ■
건강도 좋고 정력도 왕성하다. 있던 병도 씻은듯이 낫고 소송이나 소원은 완벽하게 성취된다.

■ 여행 · 사고 · 출산 ■
사방을 돌아다녀도 이익뿐이다. 횡재의 운도 있으니 기쁨이 가득하다. 산모는 귀자를 얻는다. 건강 또한 양호하다.

1-6 건지쾌 乾之夬

孤竹之墟　老婦亡夫　傷於蒺藜　不見少妻　東郭棠姜　武氏以亡
고죽지허　노부망부　상어질려　불견소처　동곽당강　무씨이망

고죽국(孤竹國)의 터에서 늙은 부인은 지아비를 잃는다. 가시에 상하여 젊은 처를 보지 못한다. 동곽당강(東郭棠姜)은 무(武)씨에게 망하였다.

註) 孤竹은 나라이름이다. '不見其妻' 는 역경(易經) 곤(困)괘의 '돌에 부딪혀 곤궁하다. 가시 많은 납가새 나무 위에 앉아 있다. 그 집에 들어가서 그 처를 보지 못한다. 흉하다' 에서 나옴.

■ 금전 · 사업 · 창업 ■

이 사업, 저 사업, 이 일, 저 일에 가진 것은 모두 소비하고 빈손뿐이다. 움직이지 말고 때를 기다려야 한다.

■ 이사 · 매매 · 문서 ■

함부로 이사하지 않는 것이 좋다. 매매는 이루어지나 늦게 성사된다.

■ 취직 · 시험 · 승진 ■

현재의 직장 또한 잃을 수 있으니 그저 조심 또 조심해야 한다.

■ 애정 · 결혼 · 부부 ■

부부는 이별하는 아픔이 있고, 오랫동안 사귀던 연인도 떠난다.

■ 건강 · 소송 · 소원 ■

건강이 좋지 않아 최악의 경우를 당할 수 있으니 우선은 건강을 돌보라. 소원은 이루기 어려우니 바라지 말라.

■ 여행 · 사고 · 출산 ■

여행이나 출장은 되도록 다음 기회로 미루어야 한다. 산모나 아기 모두 건강에 조심하여야 한다.

2-1 곤지복 坤之復 ䷁ → ䷗

衆鬼所趨 反作光怪 九身無頭 魂驚魄去 不可以居
중귀소추 반작광괴 구신무두 혼경백거 불가이거

귀신의 무리가 달리는데 도리어 괴상한 광채를 낸다. 몸은 아홉인데 머리가 없으니 혼백이 놀라서 거할 수 없다.
趨 : 달릴 추 驚 : 놀랄 경

■ 금전 · 사업 · 창업 ■
노력한 만큼 결실이 없으니 항상 빈손이다. 요행을 바라지 말고 좋은 때를 기다려 와신상담하여야 한다.

■ 이사 · 매매 · 문서 ■
일이 얽히기만 할 뿐 풀리지 않는다. 어렵게 성사되어도 관재, 구설 등이 따른다.

■ 취직 · 시험 · 승진 ■
욕심을 부리지 말고 한 단계 낮추어 응시하여야 한다. 직장인은 자리에서 밀려나는 일이 없도록 열심히 노력하라.

■ 애정 · 결혼 · 부부 ■
오랫동안 사귄 사람이 바로 인연이니 한눈 팔지 말라. 정신이 산란하여 상대를 바로 보지 못한다.

■ 건강 · 소송 · 소원 ■
몸은 고달파도 건강에 큰 이상은 없다. 몸이 괴로울 정도로 노력하나 이루어지지 않으니 노력한 보람이 없다.

■ 여행 · 사고 · 출산 ■
먼거리 여행은 정신적 물질적 어려움을 겪게되니 주의하고, 산모와 아기의 건강에도 유의해야 한다.

2-2 곤지사 坤之師

䷁ → ䷆

皇階九重　絕不可登　未見王公　謂天蓋高
황계구중　절불가등　미현왕공　위천개고

임금이 계신 구중궁궐(九重宮闕)에는 절대로 들어갈 수 없다. 왕공(王公)을 알현하지 못하니 하늘의 덮개는 높다고 하겠다.

■ 금전 · 사업 · 창업 ■
현재의 처지가 매우 어렵다. 풀릴 듯 풀리지 않고 꼬이기만 하니 힘만 든다. 하지만 인간지사 새옹지마이니 열심히 노력하라.

■ 이사 · 매매 · 문서 ■
작은 곳으로 이사함은 무리가 없으나 확장은 삼가하라. 매매 또한 손실을 보기 십상이다.

■ 취직 · 시험 · 승진 ■
한 단계 낮추어 응시하여야 한다. 직장인은 수평이동은 가능하지만 수직이동은 불가능하다.

■ 애정 · 결혼 · 부부 ■
너무 과한 욕심을 부리면 도리어 불리해진다. 연인, 부부 모두 어려운 상황에 처하기 쉬우니 합심하여 어려움을 극복해야 한다.

■ 건강 · 소송 · 소원 ■
고정관념이나 기존의 틀에 갇혀 소원을 이루지 못한다. 나를 둘러싼 세상의 벽이 너무 높아 좌절하기 쉽다.

■ 여행 · 사고 · 출산 ■
먼 거리로 가지 말라. 기대한 만큼의 성과를 얻기 어렵다.

2-3 곤지겸 坤之謙

修其翰翼 隨風向北 至虞夏國 與舜相得 年歲大樂 邑無盜賊
수기한익 수풍향북 지우하국 여순상득 연세대락 읍무도적

날개를 잘 다듬고 바람을 따라 북으로 향한다. 태평성대인 우(虞)와 하(夏) 나라에 이르러 순임금과 함께 한다. 해마다 즐겁고 읍에는 도적이 없다.

註) 우하(虞夏)는 순(舜)임금과 우(禹)임금때의 천하(天下)를 일컫는다. 翰 : 날개 한 隨 : 따를 수

■ 금전 · 사업 · 창업 ■
가는 곳마다 돕는 이가 있으니 자신의 능력을 한껏 발휘하고 재물 또한 쌓인다. 재물과 명예가 함께 하는 운이다.

■ 이사 · 매매 · 문서 ■
길한 쪽으로 변화의 기운이 왕성하니 확장의 기쁨을 맛본다. 매매에서도 많은 이익을 남기고 일이 성사된다.

■ 취직 · 시험 · 승진 ■
생각하지 못했던 합격의 영광이 있어 이름을 떨친다. 직장인 또한 특진의 기쁨을 누린다.

■ 애정 · 결혼 · 부부 ■
좋은 연인을 소개받고 짝사랑도 이루어진다. 많은 사람의 축하 속에 화촉을 밝히고 힘을 합쳐 발전하니 즐거움이 지속된다.

■ 건강 · 소송 · 소원 ■
어떤 소원이든 평소에 원하던 일이 모두 이루어진다. 매우 건강하니 근심 걱정이 전혀 없다. 송사도 걸릴 것이 전혀 없는 대길한 운이다.

■ 여행 · 사고 · 출산 ■
여행 출장에서 소기의 목적을 달성한다. 출산도 순산이다.

2-4 곤지예 坤之豫

鉛刀攻玉 堅不可得 盡我筋力 胝繭爲疾
연도공옥 견불가득 진아근력 지견위질

납칼로 옥을 다듬으니 단단하여 깎지 못한다. 나의 근력을 다하나 굳은살이 부르터서 아프기만 하다.

鉛 : 납 연, 여기서는 무르다는 의미. 고치 견(繭), 즉 굳은 살이 누에고치처럼 부풀었다는 뜻.

■ 금전 · 사업 · 창업 ■
마음을 크게 가졌으나 헛된 욕심으로 얻는 것이 적다. 강한 실천력과 성실한 노력만이 살길이다.

■ 이사 · 매매 · 문서 ■
현재 상황이 좋다면 지켜야 할 것이다. 나쁘다면 변화를 가지는 것도 활력소가 될 수 있다.

■ 취직 · 시험 · 승진 ■
자신의 노력에 미치지 못한다. 하지만 하위직은 가능하다.

■ 애정 · 결혼 · 부부 ■
혼사는 과대포장하면 결과가 좋지 않다. 부부 간에도 허위의식을 버려야 한다.

■ 건강 · 소송 · 소원 ■
있던 병에 합병증이 올 수도 있다. 소송에서는 말을 조심하고 가급적 싸우지 않는 것이 좋다.

■ 여행 · 사고 · 출산 ■
특별한 일이 아니라면 여행은 자제하는 것이 좋다. 산모가 출산에 약간의 고통을 받을 수 있다.

2-5 곤지비 坤之比

孔德如玉 出於幽谷 飛上喬木 鼓其羽翼 輝光照國
공덕여옥 출어유곡 비상교목 고기우익 휘광조국

공허하여 무엇이나 받아들이는 덕이 주옥과 같다. 그윽한 골짜기에서 나와 교목 위를 비상하며 나래를 펴니 찬란한 광채가 온 나라를 비춘다.

註) 공덕(孔德) : 공허하여 무엇이나 받아들일 수 있는 덕. 喬 : 높을 교 輝 : 빛날 휘

■ 금전 · 사업 · 창업 ■
덕을 쌓고 순리대로 행하니 하는 일이 원만하다. 멀리 나가면 불리하나 근거리는 무난하다.

■ 이사 · 매매 · 문서 ■
서로 양보하고 이익을 과도하게 탐하지 않으니 매매는 성사된다. 이사도 과욕하지 않으니 길하다.

■ 취직 · 시험 · 승진 ■
공도 쌓이고 때도 좋으니 시험에는 좋은 소식이 있겠다. 직장인도 주위가 원만하니 승진한다.

■ 애정 · 결혼 · 부부 ■
오래 사귄 사람이 바로 인연이니 여성은 자존심을 버려라. 남성은 무리 없이 이루어진다.

■ 건강 · 소송 · 소원 ■
불리한 면이 없으니 소송에 유리하다. 욕심없는 소원이면 이룬다.

■ 여행 · 사고 · 출산 ■
여행, 출장은 소기의 목적을 달성한다. 출산은 산모의 건강에 유의해야 한다.

2-6 곤지박 坤之剝 ䷁ → ䷖

南山大玃　盜我媚妾　怯不敢逐　退而獨宿
남산대확　도아미첩　겁불감축　퇴이독숙

남산의 큰 원숭이가 나의 아름다운 첩을 훔쳐간다. 겁이 나서 감히 쫓을 수 없으니 물러가 혼자 머문다.

玃 : 큰 원숭이 확　媚 : 아름다울 미

■ 금전 · 사업 · 창업 ■
하고자 하는 일이 뜻대로 이루어지지 못한다. 창업도 불가하니 근신할 때이다.

■ 이사 · 매매 · 문서 ■
매매는 쌍방 간에 손해를 볼 수 있다. 이사도 자제하는 것이 좋겠다.

■ 취직 · 시험 · 승진 ■
취직은 여의치 않을 것이다. 시험은 한 단계 낮추어야 한다. 승진 또한 다음 기회를 노리는 것이 좋겠다.

■ 애정 · 결혼 · 부부 ■
서로를 존중하라. 연인, 부부 모두 어려운 상황이니 합심하여 극복해야 한다.

■ 건강 · 소송 · 소원 ■
수술을 받을 가능성이 높다. 소송도 쌍방 간에 손해를 볼 수 있다.

■ 여행 · 사고 · 출산 ■
먼 거리 출장은 삼가하는 것이 좋겠다. 기대한 만큼의 성과도 어려울 것 같다. 출산은 무난한 편이다.

3-1 둔지비 屯之比

䷂ → ䷇

獐鹿逐牧　飽歸其居　反還次舍　無有疾故
장록축목　포귀기거　반환차사　무유질고

노루와 사슴을 방목하니 배불리 먹고 돌아온다. 축사(畜舍)로 되돌아가니 아무런 탈이 없다.

飽 : 배부를 포　牧 : (가축) 기를 목

■ 금전 · 사업 · 창업 ■
성실하게 일처리를 한다면 생각하지 못한 이익을 얻는다. 노력한 만큼의 대가가 있다.

■ 이사 · 매매 · 문서 ■
서로 양보하고 화합하니 매매는 성사되고 이득도 있다. 이사는 확장은 불가하고 수평 이동은 가능하다.

■ 취직 · 시험 · 승진 ■
노력만 아끼지 않는다면 원하는 것을 얻을 수 있고 발탁되는 기쁨도 맛볼 수 있다.

■ 애정 · 결혼 · 부부 ■
진실된 사랑만 있다면 이루어지며 노처녀 노총각의 결혼도 성사된다.

■ 건강 · 소송 · 소원 ■
일운이 들어왔으니 관재수나 구설수 모두 사라지고 소원이 이루어진다. 건강 또한 원기 왕성하니 걱정할 것 없다.

■ 여행 · 사고 · 출산 ■
가급적 멀리 떠나는 것은 자제하는 것이 좋다. 출산은 무난하고 산모와 아기의 건강도 좋다.

3-2 둔지절 屯之節

☵☳ → ☵☱

衆神集聚 相與議語 南國虐政 百姓愁苦 興師征討 更立賢主
중신집취 상여의어 남국학정 백성수고 흥사정토 갱립현주

많은 신명(神明)들이 모여 서로 의논한다. 남국(南國)이 학정으로 백성들이 괴로워한다. 군사를 일으켜 토벌하고 다시 어진 임금을 세운다.

虐 : 사나울 학 愁 : 근심 수

■ 금전 · 사업 · 창업 ■
작은 손해를 볼 수도 있으나 작은 이익 또한 꾸준히 들어오니 티끌 모아 태산임을 명심하고 현재에 충실하고 저축에 힘써야 한다.

■ 이사 · 매매 · 문서 ■
원하는 변화는 이루어지나 큰 이익을 바라기보다는 작은 이익을 소중히 여기고 만족해야 한다. 이사는 때가 아니다.

■ 취직 · 시험 · 승진 ■
보통 정도의 시험에는 노력한 만큼 성과가 있겠으나 크지는 않다. 변화는 가능하나 승진은 많은 노력을 해야 한다.

■ 애정 · 결혼 · 부부 ■
한때 어려움을 겪기도 한다. 성사 여부는 결단에 달려 있다. 부부 사이도 불화 가능성이 있다.

■ 건강 · 소송 · 소원 ■
주변의 방해가 있으니 소원은 쉽지 않다. 소송은 가까운 사람과 일어나니 빨리 정리하라.

■ 여행 · 사고 · 출산 ■
장거리 여행은 삼가는 것이 좋다. 출산은 무난하다.

3-3 둔지기제 屯之旣濟

䷂ → ䷾

棟隆輔强 寵貴日光 福善並作 樂以高明
동륭보강 총귀일광 복선병작 낙이고명

용마루를 높이고 보강하니 햇빛을 귀하게 여김이다. 복을 잘 받아 일으키니 밝음을 즐거워한다.

註) 역경(易經)의 대과(大過)괘의 4효에 '棟隆. 吉.(용마루가 높이 솟아 있다. 길하다)' 고 했다. 상전(象傳)은 말한다. '棟隆, 吉이라고 한 것은 용마루가 아래로 휘어지지 않았기 때문이다.' 棟 : 용마루 동 寵 : 괼 총 , 사랑할 총

■ 금전 · 사업 · 창업 ■
하는 일이 번잡하기만 하고 실속이 없다. 순서를 지켜야 한다.

■ 이사 · 매매 · 문서 ■
매매는 성사되기 어렵다. 이사도 때가 아니니 다음을 기약하라.

■ 취직 · 시험 · 승진 ■
실력이 갖추어졌으니 능력에 맞게 지원하면 가능성이 높다. 승진은 구하여도 실속이 없으니 인화에 힘쓰라.

■ 애정 · 결혼 · 부부 ■
혼사는 가족의 승인 없이 성사되기 어렵다. 설득과 배려가 아쉽다. 부부사이도 불화가 있으니 각별히 신경써야 한다.

■ 건강 · 소송 · 소원 ■
소송은 소모만 심하고 불리하다. 빨리 화해하고 정리하라. 소원을 이루려면 덕을 쌓아야 한다.

■ 여행 · 사고 · 출산 ■
장거리 여행은 삼가는 것이 좋겠다. 출산은 무난하나 산모의 건강에 유의하여야 한다.

3-4 둔지수 屯之隨

䷂ → ䷐

太乙駕騮 從天上來 徵我叔季 封爲魯侯
태을가류 종천상래 징아숙계 봉위노후

태을성(太乙星)이 말을 타고 하늘로부터 온다. 나의 막내 동생을 부르고 노(魯)나라 임금에 봉한다.

註) 태을(太乙)은 천상의 별 이름이다. 성왕(成王)이 주공(周公)의 아들 백금(伯禽)을 노(魯)나라 제후에 봉했다. 徵: 부를 징 封 : 임명할 봉

■ 금전 · 사업 · 창업 ■
어려움이 있어야 성공이 값진 것이다. 난관 속에서도 열심히 구하니 소득이 있다. 창업은 신중해야 한다.

■ 이사 · 매매 · 문서 ■
서로 양보하니 계약도 성사된다. 이사는 신중해야 한다. 확장은 무리이니 자제하라.

■ 취직 · 시험 · 승진 ■
공이 쌓였으니 진출해 볼만 하나 실력을 넘는 응시는 불가하다. 아래 위가 화합하니 재직자는 좋은 소식이 있겠다.

■ 애정 · 결혼 · 부부 ■
혼사는 다소 난관이 있겠으나 결국은 성사된다. 부부 사이도 길하다.

■ 건강 · 소송 · 소원 ■
정당하니 소송은 걱정할 것이 없다. 근면하고 덕을 쌓으니 성사된다.

■ 여행 · 사고 · 출산 ■
여행, 출장도 소기의 목적을 달성하겠다. 출산도 순산이고 귀한 자식을 얻는다.

3-5 둔지복 屯之復

䷂ → ䷗

牧羊稻園　聞虎呻喧　懼畏惕息　終無禍患
목양도원　문호신훤　구외척식　종무화환

양을 동산에서 방목(放牧)하는데 호랑이의 울부짖는 소리를 듣는다. 무서워서 숨죽이지만 끝끝내 화환은 없다.

園 : 동산 원　　惕 : 두려워할 척

■ 금전 · 사업 · 창업 ■

사업을 크게 벌이지 말라. 작은 규모와 소득으로 만족해야 화가 없을 것이다.

■ 이사 · 매매 · 문서 ■

매매에서 큰 이득을 바라지 말라. 과욕하면 구설이 따르고 성사도 되지 않을 것이다.

■ 취직 · 시험 · 승진 ■

모든 시험에 노력과 정성이 필요하다. 구직자는 취직이 가능하나 직장인은 자리 지키기에 힘써야 한다.

■ 애정 · 결혼 · 부부 ■

연인과 다정한 데 방해꾼이 많다. 가족이나 주변의 반대로 어려움을 겪지만 서로의 사랑이 돈독하다면 쉽게 극복한다.

■ 건강 · 소송 · 소원 ■

작은 일이라면 무리없이 이루어진다. 소송은 속히 종결하는 것이 좋다.

■ 여행 · 사고 · 출산 ■

위험이 있을 만한 곳에 가지 말라. 특히 장거리 여행을 삼가고 다음으로 미루라. 산모나 아기의 건강에 유의하여야 한다.

3-6 둔지익 屯之益

水載舟船 無根以浮 往來濟濟 心勞且憂
수재주선 무근이부 왕래제제 심노차우

물위에 선박이 떠서 뿌리없이 표류한다. 오가며 떠다니니 마음이 노고(勞苦)롭고 근심된다.

載 : 실을 재. 濟濟 : 떠 다니는 모양

■ 금전 · 사업 · 창업 ■
어떤 일을 행하고자 하나 공연히 수고하고 그 공로가 없겠다. 일이 뜻대로 안 풀리고 성공하는 일이 드물다.

■ 이사 · 매매 · 문서 ■
변화를 꿈꾸다 뜻하지 않게 재물의 손실이 있겠으니 주의하는 것이 좋다. 이사, 매매 등 모두 좋지 않다.

■ 취직 · 시험 · 승진 ■
마음은 초조하나 운이 따르지 않으니 실력발휘 또한 제대로 되지 않는다. 직장인의 승진은 다음 기회를 기다리는 것이 좋겠다

■ 애정 · 결혼 · 부부 ■
올바른 짝이 아닌 사람과 교제하기 쉽고 연인이 서로 같이 있어도 마음은 멀리 떠나 있으니 안타깝다.

■ 건강 · 소송 · 소원 ■
자신의 의지가 강해도 소원을 이루기 어렵다. 음주나 과로로 건강을 해치기 쉬우니 각별히 돌봐야 한다.

■ 여행 · 사고 · 출산 ■
여행은 어느 곳이든 자제하는 것이 좋다. 산모의 건강에 유의해야 한다.

4-1 몽지손 蒙之損

䷃ → ䷨

忉忉怛怛　如將不活　黍稷之恩　靈輒以存
도도달달　여장불활　서직지은　영첩이존

마음속으로 근심걱정하니 장차 살지 못할 것 같다. 그러나 곡식을 베푼 은혜로 영첩(靈輒)은 문득 살아날 수 있었다.

註) 춘추좌전(春秋左傳) 선공(宣公) 2년 : 진영공이 임금노릇을 잘 하지 못해 조순(趙盾)이 공에게 잘못을 간언하니 영공이 이를 싫어했다. 조순에게 술 대접을 하고 무장한 군사를 숨겨서 그를 죽이려고 했다. 이전에 조순이 수산(首山)에서 사냥을 했을 때, 예상에서 숙박을 했다. 그때 영첩이란 사람이 삼일 동안 굶주리고 있는 것을 보았다. 조순이 밥을 먹이고 , 밥과 고기를 표주박에 담아 주었다. 그후 영첩은 군주의 호위병이 되어있었는데, 창 뿌리를 거꾸로하고 군주의 병사를 막아 조순이 도망갈 수 있게 해주었다. 조순이 까닭을 물으니, '저는 예상에서 굶주리고 있던 사람입니다' 라고 했다. 성명과 거주지를 물었지만 대답하지 않고 물러갔다.

■ 금전 · 사업 · 창업 ■
경거망동하면 화를 부른다. 현상을 고수하고 근신하는 것이 좋겠다.

■ 이사 · 매매 · 문서 ■
이사나 매매 등은 상당한 노력이 있어야 손해를 보지 않는다.

■ 취직 · 시험 · 승진 ■
시험운이 좋지 않다. 더욱 노력해야 한다. 일반직 정도는 가능하겠다.

■ 애정 · 결혼 · 부부 ■
혼사는 어려움을 겪으나 결국 성사된다. 부부 불화를 각별히 유의하라.

■ 건강 · 소송 · 소원 ■
소송은 어려움을 겪으나 결국 승소한다. 소원은 때를 기다려야 한다.

■ 여행 · 사고 · 출산 ■
여행, 출장 중에 한눈 팔지 말라. 실수할 수 있다. 출산은 무난하고 산모와 아기 모두 건강하다.

4-2 몽지박 蒙之剝

履位乘勢 靡有絶斃 皆爲隸圉 與衆庶伍
이위승세 미유절폐 개위예어 여중서오

지위에 올라 세력을 타면, 넘어져도 죽음을 면할 수 있다. 감옥에 있을 지라도 무리와 더불어 대오를 이룬다.

註) 제나라 사람의 말에 '비록 지혜가 있어도 승세(勝勢)를 잡음만 못하다.' 라는 것이 있다.
靡 : 쓰러질 미　斃 : 넘어져 죽을 폐　圉: 감옥 어

■ 금전 · 사업 · 창업 ■
재물운은 왕성하나 욕심이 지나치면 뒤늦게 어려움이 찾아온다. 요행을 기대하지 말고 현재에 충실하고 항상 노력해야 한다.

■ 이사 · 매매 · 문서 ■
계획성 없는 변화 변동은 손해를 부른다. 움직여서 작은 이익을 볼 수도 있으나 항상 심사숙고하라.

■ 취직 · 시험 · 승진 ■
하위직 공무원이나 일반직장의 시험, 전문대 합격 정도는 가능하나 승진, 당선은 어려울 것 같다.

■ 애정 · 결혼 · 부부 ■
자기 곁에 있는 연인에게 최선을 다하라. 상대에 대한 배려를 아끼지 않는다면 화목함을 얻는다.

■ 건강 · 소송 · 소원 ■
큰 뜻을 품고도 노력이 없는 사람은 성취가 불가하다. 환자는 마음이 안정되니 점차 회복된다.

■ 여행 · 사고 · 출산 ■
혼자 떠나는 여행보다는 동반여행이 길하다. 산모의 건강에 유의하라.

4-3 몽지고 蒙之蠱

逐狐東山 水過我前 深不可涉 失利後便
축호동산 수과아전 심불가섭 실리후편

여우를 동산에서 쫓는데 물이 나의 앞을 막는다. 깊어서 건너지 못하니 이익을 잃고 뒤편으로 밀린다.

狐 : 여우 호　涉 : 건널 섭

■ 금전 · 사업 · 창업 ■
금전난에 시달린다. 주위에 도움을 청해도 가까운 사람마저 모른 체 하니 일이 점점 꼬여간다. 자신을 낮추고 인내하여야 한다.

■ 이사 · 매매 · 문서 ■
계획은 좋아도 제대로 되는 일이 없다. 운이 돕지 않으니 줄이는 수밖에 없다. 모든 일은 다음을 기약하고 연기함이 타당하다.

■ 취직 · 시험 · 승진 ■
취직, 승진 모두 다음을 기약함이 좋겠다. 시험도 불리하다.

■ 애정 · 결혼 · 부부 ■
사소한 싸움에 심각한 관계에 이를 수 있다. 혼사는 주변에 방해꾼이 많아 성사되기 어렵다.

■ 건강 · 소송 · 소원 ■
간절히 원하나 얻을 수 없고 나아가고자 하나 이루어지지 않는다. 소원은 다음 기회로 미루라. 건강은 자신감이 상실되어 간다.

■ 여행 · 사고 · 출산 ■
먼길을 떠나 새로운 사람을 사귀는 일을 함부로 하지 말라. 관재나 구설의 어려움이 따른다. 출산은 무난하다.

4-4 몽지미제 蒙之未濟

山林麓藪 非人所處 鳥獸無禮 使我心苦
산림록수 비인소처 조수무례 사아심고

산언덕과 가시덤불은 사람이 있을 곳이 못된다. 새와 짐승이 무례하여 내 마음을 괴롭게 한다.

麓 : 수풀 록 藪 : 가시덤불 수

■ 금전 · 사업 · 창업 ■
재물운이 신통치 않다. 이익을 구하려하나 이익이 전혀 없다, 심각한 자금난에 처할 수 있으니 슬기롭게 대처해야 한다.

■ 이사 · 매매 · 문서 ■
현재의 일이 가망이 없다고 판단되면 약간의 손해를 감수하고라도 빨리 처리해야 한다. 되도록 다음을 기약하며 매사 심사숙고해야 한다.

■ 취직 · 시험 · 승진 ■
시험운도 따르지 않고 실력 발휘도 어려우니 매우 불리하다. 직장인은 자칫 구설수로 인한 불명예가 따를 수 있으니 조심해야 한다.

■ 애정 · 결혼 · 부부 ■
결혼 상대를 잘 살펴야 한다. 사귀지 않아야 될 사람과 사귀기 쉽고 결혼에 사기성이 끼어들 수도 있으니 신중하게 대처하라.

■ 건강 · 소송 · 소원 ■
몸과 마음이 괴롭고 피곤하니 당분간 휴식을 취하며 힘을 비축하라. 소송은 득될 것이 없으니 속히 종결하는 것이 좋다.

■ 여행 · 사고 · 출산 ■
여행, 출장을 자제하고 안정을 취하는 것이 좋다. 출산은 무난하다.

4-5 몽지환 蒙之渙

震慄恐懼　多所畏惡　行道留難　不可以步
진율공구　다소외악　행도류난　불가이보

벼락을 무서워하니 두렵고 싫은 것이 많다. 길을 떠나도 머물기가 어려우니 떠나지 말라.

慄 : 두려워할 율　畏 : 두려울 외　留 : 머물 류

■ 금전 · 사업 · 창업 ■
심한 금전적 어려움에 봉착할 수 있으니 미리미리 대비함이 옳겠다. 조금씩이라도 꾸준히 모아 어려운 때에 대비하는 것이 최선이다.

■ 이사 · 매매 · 문서 ■
망령되이 움직이지 말고 현재의 위치에서 축소시켜 나가는 것이 유리하다. 변화, 변동을 꾀하면 자칫 커다란 손해를 볼 수 있다.

■ 취직 · 시험 · 승진 ■
열심히 시험에 대비하여 왔다면 하위직은 가능하다. 직장에서도 퇴직의 위험이 있으니 몸과 마음을 겸손하게 가져야 한다.

■ 애정 · 결혼 · 부부 ■
타인의 말만 믿으면 시비가 붙는다. 다툼이 확대되어 헤어질 수도 있으니 양보하고 배려하라.

■ 건강 · 소송 · 소원 ■
상황이 어렵다. 오랜 고생으로 건강에 이상이 발생하고 문서로 인한 송사 등 귀찮은 일이 많이 발생한다.

■ 여행 · 사고 · 출산 ■
가정에서 가족과 시간을 보내라. 먼 여행에 망신만 당하고 건강을 해칠 수 있다. 출산은 무난하다.

4-6 몽지사 蒙之師

小狐渡水 汚濡其尾 利得無幾 與道合契
소호도수 오유기미 이득무기 여도합계

작은 여우가 물을 건너니, 그 꼬리가 젖고 더럽혀 진다. 이득은 없지만 도(道)와 더불어 잘 부합한다.

註) 역경의 미제(未濟) 괘 : '통한다. 어린 여우가 강을 다 건넜는데, 그 꼬리를 적신다. 좋을 일이 없다.' 汚 : 더러울 오 濡 : 젖을 유 契 : 맺을 계

■ 금전 · 사업 · 창업 ■
한 차례의 손재수는 있을 수 있겠으니 조심스럽게 행하라. 이익을 기대하지 말고 분수를 지켜야 한다.

■ 이사 · 매매 · 문서 ■
매매는 성사가 어렵다. 성사되어도 이득이 없다. 이사도 때가 아니다. 전체적으로 근신할 때이다.

■ 취직 · 시험 · 승진 ■
노력한 것이 시험에 그대로 반영된다. 요행이나 행운보다는 열심히 정진하라.

■ 애정 · 결혼 · 부부 ■
연인이나 결혼 상대자 사이에 작은 오해가 생길 수 있다. 꾸준한 배려와 보살핌이 중요하다.

■ 건강 · 소송 · 소원 ■
욕심 없는 작은 소원은 노력으로 가능하다. 소송으로 낭비하지 말라.

■ 여행 · 사고 · 출산 ■
여행은 자유롭고 순탄하나 약간의 귀찮은 일을 당할 수 있다. 출산은 순조롭다.

5-1 수지정 需之井

珪璧琮璋 執贄見王 百里甯越 應聘齊秦
규벽종장 집지현왕 백리녕월 응빙제진

옥으로 만든 귀한 보물을 폐백(幣帛)하고 왕을 뵙는다. 백리해(百里奚)와 녕월이 진(秦)과 제(齊)에 초빙된다.

註) 백리해(百里奚)는 진(秦)을 섬기고, 녕월은 제(齊)를 섬겼다.
규벽종장(珪璧琮璋) : 옥으로 만든 귀한 보물　贄 : 폐백 지　聘 : 초대할 빙

■ 금전 · 사업 · 창업 ■
꾸준히 노력하면 점차 풀려 이득도 발생한다. 창업 전업은 때가 아니다. 하던 일에 매진하여야 한다.

■ 이사 · 매매 · 문서 ■
매매는 서두르지 말고 여유를 갖고 대처하라. 비용을 아껴야 한다.

■ 취직 · 시험 · 승진 ■
실력도 충분하고 때도 좋으니 도전해볼 만 하다. 분수를 넘는 시험이 아니라면 결과가 좋을 것이다. 승진은 다음을 기약하라.

■ 애정 · 결혼 · 부부 ■
자신의 가치를 알아주는 귀한 배필을 만난다. 부부가 화목하니 집안은 기쁨으로 가득하다.

■ 건강 · 소송 · 소원 ■
바라는 것 이상으로 성취되는 기쁨이 있다. 건강도 매우 양호하고 귀인이 도와주니 만사가 편안하다.

■ 여행 · 사고 · 출산 ■
여행, 출장에서 소득을 기대하기 어렵다. 출산은 무난하고 건강한 자녀를 얻는다.

5-2 수지기제 需之旣濟

遊居石門 祿安身全 受福西隣 歸飮玉泉
유거석문 녹안신전 수복서린 귀음옥천

석문(石門)에 거처하니 벼슬살이도 편안하고 몸도 건강하다. 서쪽 이웃에게서 복을 받으니 돌아가 맑은 샘물을 마신다.

註) 석문(石門)은 지명이다. 논어(論語)에 이르기를 자로(子路)가 석문(石門)에서 유숙했다고 한다. 遊 : 노닐 유 隣 : 이웃 린

■ 금전 · 사업 · 창업 ■
현재의 사업을 꾸준히 밀고 나가면 좋은 성과가 있다. 좌절하지 말고 분발하라. 창업, 전업은 때를 기다려야 한다.

■ 이사 · 매매 · 문서 ■
매매는 어떤 것은 성사되고 어떤 것은 무산된다. 이사는 무난하다.

■ 취직 · 시험 · 승진 ■
시험은 불리하니 하향 안전 지원하라. 승진보다는 아래 위로 베풀어 이름을 지켜야 한다.

■ 애정 · 결혼 · 부부 ■
좋은 인연이 생기고 사귀던 사람은 사랑으로 맺어진다. 부부간에 마음을 합쳐 높은 이상을 향해 정진한다.

■ 건강 · 소송 · 소원 ■
소송은 비용을 과도하게 소모하고 잡음만 많으니 이로울 것이 없다. 합의하고 화해하는 것이 순리이다.

■ 여행 · 사고 · 출산 ■
여행, 출장 중에 시비가 예상되니 자중하는 것이 좋다. 출산도 순조로워 산모와 아기 모두 건강하다.

5-3 수지절 需之節

鳥鳴葭端 一呼三顚 動搖東西 危懼不安 疾病無患
조명가단 일호삼전 동요동서 위구불안 질병무환

새가 갈대 끝에서 우는데, 한 번 울고 세 번 엎드러진다. 동서(東西)로 요동(搖動)하니 위태하고 불안하지만 질병의 우환은 없다.

葭 : 갈대 가 搖 : 흔들릴 요 懼 : 두려울 구

■ 금전 · 사업 · 창업 ■
정상적인 방법으로 자신의 맡은 바에 충실하여야 한다. 금전적 어려움이 따른다고 헛된 욕심을 부리면 오히려 손해를 볼 수 있다.

■ 이사 · 매매 · 문서 ■
헛되이 움직이지 말고 현재를 유지하여야 한다. 과도하게 욕심을 부리지만 않는다면 별 문제 없겠다.

■ 취직 · 시험 · 승진 ■
고위직, 중위직 시험은 불가능하다. 하위직이나 일반직 시험은 노력에 따라 달라진다. 승진 또한 본인의 노력 여하에 달렸다.

■ 애정 · 결혼 · 부부 ■
연인과의 관계를 시기하거나 질투하는 사람이 모함을 하여 오해가 생길 수 있다. 소문이나 주변에 휘말리지 않도록 조심하는 것이 좋겠다.

■ 건강 · 소송 · 소원 ■
주변 여건이 자신에게 불리하게 돌아가지만 열심히 노력한다면 자신의 소원이나 이상을 실현하는 데 문제가 없다.

■ 여행 · 사고 · 출산 ■
먼 거리로 출장이나 여행을 갈 수 있는 운이니 철저히 계획하고 대비하라. 출산은 산모나 아기 모두 건강하고 회복도 빠르다.

5-4 수지쾌 需之夬

北辰紫宮　衣冠立中　含和建德　常受天福
북진자궁　의관립중　함화건덕　상수천복

북극성의 자미궁에서 의관과 자세를 바로한다. 화합하며 덕을 세우니 항상 천복(天福)을 받는다.

註) 북진(北辰)이란 북극성으로 천체의 중추이다.

■ 금전 · 사업 · 창업 ■
풍년을 맞아 비었던 창고가 쌓여가는 형상이다. 현재의 일이나 새로운 사업 시작 또한 무리가 없다.

■ 이사 · 매매 · 문서 ■
모든 일이 순조로우니 수입도 늘어나고 새롭게 출발하는 일도 쉽게 이루어진다. 이사, 매매 등 하늘이 도우니 확장의 기쁨이 넘치는구나.

■ 취직 · 시험 · 승진 ■
자신의 실력을 인정받는 상승의 운으로 웬만한 시험은 모두 가능하다. 직장인은 자신의 위치에서 뛰어오르는 기쁨이 있다.

■ 애정 · 결혼 · 부부 ■
오랫 동안 꿈꾸던 결혼과 이성관계가 이루어진다. 서로 마음이 맞고 주변에도 베푸니 기쁨이 많다.

■ 건강 · 소송 · 소원 ■
생활을 바르게 하고 성실하니 원하는 것이 쉽게 이루어진다. 나와 내 주변을 돌아보고 덕을 쌓으니 몸과 마음이 모두 건강하다.

■ 여행 · 사고 · 출산 ■
가족과 함께 떠나는 여행은 매우 행복하다. 출산은 집안의 경사로 이어진다.

5-5 수지태 需之泰 ䷄ → ䷊

楚靈暴虐 罷極民力 禍起乾谿 棄疾作毒 扶伏奔逃 死申亥室
초령포학 파극민력 화기건계 기질작독 부복분도 사신해실

초령왕(楚靈王)이 포학하여 백성들을 피폐하게 했다. 재앙이 간계(乾谿)에서 일어나니 괴로움을 버리고 독을 품은 것이다. 지팡이를 부여잡고 달아나서 신해(申亥)의 집에서 목 매어 죽었다.

註) 춘추좌전(春秋左傳) 昭公 13年. 초나라의 영왕은 사치가 매우 심해서 루대(樓臺)를 화려하게 했다. 주래에서 수렵하고 이어서 간계에 주둔했다. 공자(公子) 비(比)가 난을 일으키니, 우(芋)고을 장관인 신해(申亥)의 집에서 목매달아 죽었다. 罷 : 그칠 파 棄 : 버릴 기

■ 금전 · 사업 · 창업 ■
조심 또 조심해야 한다. 현재 가지고 있는 것까지도 모두 날릴 수 있으니 살얼음판을 디디듯 위태롭구나.

■ 이사 · 매매 · 문서 ■
현재의 상태에서 최선을 다하며 다음을 기약하라.

■ 취직 · 시험 · 승진 ■
수험생은 공부에만 매달리고 재직자는 변동을 삼가라.

■ 애정 · 결혼 · 부부 ■
작은 실수로도 엄청난 오해를 불러 일으켜 결별에 다다른다. 항상 신중해서 짝을 잃는 일이 없도록 노력해야 한다.

■ 건강 · 소송 · 소원 ■
어려울 때일수록 덕을 쌓고 자신을 낮추어 갈고 닦는 자세가 필요하다.

■ 여행 · 사고 · 출산 ■
장거리 여행은 가급적 삼가하는 것이 좋다. 산모와 아기의 건강에 유의하여야 한다.

5-6 수지소축 需之小畜

紝績獨居　寡外無夫　陰陽失志　爲人僕使
임적독거　과외무불　음양실지　위인복사

길쌈하며 홀로 사는 것은 과부로써 남편이 없는 연고이다. 음양을 잊어버리니 남의 일을 하는 노복(奴僕)이다.

紝 : 베짤 임　僕 : 종 복

■ 금전 · 사업 · 창업 ■
남의 것을 탐하지 말고 검소하게 생활하는 것이 최선이다. 자칫 구설에 휘말리고 손재를 당하기 쉬우니 가까운 사람도 조심하라.

■ 이사 · 매매 · 문서 ■
집안 사람의 마음이 각각으로 통일되지 못하니 이사나 변동이 불가하다. 억지로 강행한다면 손해를 본다.

■ 취직 · 시험 · 승진 ■
남보다 노력을 했건만 실력 발휘가 안 되니 낮추는 것이 최상이다. 직장인의 승진은 어렵고 취직 또한 순조롭지 못하다.

■ 애정 · 결혼 · 부부 ■
고독의 명에 이르렀으니 짝을 잃고 방황하기 쉽다.

■ 건강 · 소송 · 소원 ■
과로의 우려가 있으니 휴식을 취하며 자기관리를 잘 해야 한다. 또한 작은 일 하나라도 착실하게 밀고 나가야 일이 해결된다.

■ 여행 · 사고 · 출산 ■
현재의 어려움을 훌훌 털어버리고 가까운 산이나 바닷가를 찾아 여행을 떠나 보는 것도 좋다.

6-1 송지리 訟之履 ䷅ → ䷉

樹植藿豆 不得藝鋤 王事靡監 秋無人權
수식곽두 불득예서 왕사미감 추무인권

콩을 심었지만 호미로 김을 매지 않으면 얻을 수 없다. 임금도 일을 돌보지 않는다면 결실할 때 사람들에게 거둘 것이 없다.

藿豆(곽두) : 쥐눈이 콩을 말함. 鋤 : 김맬 서

■ 금전 · 사업 · 창업 ■
무리한 욕심은 금물이다. 주변을 믿고 밀어부치면 자칫 속임수를 당할 수 있다.

■ 이사 · 매매 · 문서 ■
급하게 서두르지 말고 일의 선후좌우를 살펴 꼼꼼하게 진행하라.

■ 취직 · 시험 · 승진 ■
일반직은 무리가 없으나 조금 낮추어 응시하는 지혜를 발휘하라. 직장인은 자칫 어려움에 처할 수 있다.

■ 애정 · 결혼 · 부부 ■
연인을 오랫동안 사귀었다고 방심하고 상대방을 인정하지않는다면 사랑에 금이 간다. 꾸준한 인내와 노력이 필요한 때이다.

■ 건강 · 소송 · 소원 ■
노력하면서 기원한다면 소원이 이루어진다. 건강은 새로운 활력과 의욕으로 왕성하니 자신감이 넘친다.

■ 여행 · 사고 · 출산 ■
여행, 출장 모두 큰 무리는 없다. 출산도 순산이고 산모와 아기 모두 건강하겠다.

6-2 송지비 訟之否

數窮廓落 困於歷室 幸登玉堂 與堯侑食
수궁곽락 곤어역실 행등옥당 여요유식

헤아려 보건데, 순(舜)임금은 퇴락한 역실(歷室)에서 곤궁하게 지냈었다. 그러나 다행하게도 옥당(玉堂)에 올라 요임금과 더불어 배식(配食)하였다.

註) 역사를 살펴보면, 순(舜)이 한미할 때는 역산(歷山)에서 밭을 갈고 있었다. 요(堯)임금이 중임(重任)을 맡겨 본 뒤 지위를 더욱 높여 주었다. 廓 : 울타리 곽 侑 : 권할 유

■ 금전 · 사업 · 창업 ■
활동하지 않고 방안에서 이익을 기대하지 마라. 규모가 크던 작던 자신의 일을 도모하는 자는 이익이 생길 것이다.

■ 이사 · 매매 · 문서 ■
노력과 인내가 선행된다면 이사, 매매. 문서 등의 변동도 무리없이 진행된다.

■ 취직 · 시험 · 승진 ■
자신의 출생지보다 타향에서 응시함이 유리하다. 승진은 과욕하지 않는다면 가능하다.

■ 애정 · 결혼 · 부부 ■
좋은 애인이 생긴다. 멀리 떨어져 있던 사람도 만나게 되는 기쁨이 있으며 결혼에까지 이르게 된다.

■ 건강 · 소송 · 소원 ■
복이 따르니 대부분이 원만하게 해결된다. 건강도 매우 좋으며 오랜 질병에 시달리던 사람도 회복의 기미가 보인다.

■ 여행 · 사고 · 출산 ■
자연스럽게 떠나는 여행은 기쁨이 가득하다. 출산도 무난하다.

6-3 송지구 訟之姤

麟鳳所遊 安樂無憂 君子撫民 世代千秋
인봉소유 안락무우 군자무민 세대천추

기린과 봉황새가 노니니 안락하고 걱정이 없다. 군자가 백성을 어루만지니 왕조(王朝)가 천추(千秋)토록 평안할 것이다.

註) 기린은 어진 짐승으로, 살아 있는 풀을 밟지 않고, 살아 있는 동물을 먹지 않으니 털난 짐승 중의 으뜸이다. 봉황은 영험한 새로, 문왕(文王) 때에 기산(岐山)에서 울었다. 날개 달린 짐승 중에 으뜸이다. 遊 : 노닐 유 撫 : 어루만질 무

■ 금전 · 사업 · 창업 ■
사업은 현상을 지키는 것이 유리하다. 창업도 때가 아니다.

■ 이사 · 매매 · 문서 ■
액운은 모두 사라지고 확장의 기운이 왕성하다. 이사, 매매 모두 이익이 매우 크다.

■ 취직 · 시험 · 승진 ■
실력도 충분하고 시기도 부합하니 웬만한 시험에는 합격하겠다. 승진을 구하기보다는 아래 위로 인화에 힘쓰라.

■ 애정 · 결혼 · 부부 ■
상대에게 베풀고 양보해야 무리가 없다. 부부간에도 지켜야 할 도리가 있다.

■ 건강 · 소송 · 소원 ■
재정적 손해를 가져올 소송이 발생하겠다. 순리대로 풀어가야 한다.

■ 여행 · 사고 · 출산 ■
여행, 출장 모두 소기의 목적을 달성한다. 출산 또한 순조롭고 산모와 아기 모두 건강하다.

6-4 송지환 訟之渙

機杼紛擾 女功不成 長妹許嫁 衣無襦袴 聞禍不成 凶惡消去
기저분요 여공불성 장매허가 의무유고 문화불성 흉악소거

베틀의 북이 어지럽게 흔들리지만 여자는 공을 이루지 못한다. 큰 누이가 시집가게 되었지만 입을 만한 저고리나 바지가 없다. 재앙의 소식을 듣지만 이루어지지 않으니 흉악함도 소멸한다.

機 : 베틀 기 杼 : 북 저 嫁 : 시집갈 가 袴 : 바지 고

■ 금전 · 사업 · 창업 ■

지금은 때가 아니니 함부로 움직이지 말라. 망동하면 낭패한다. 분수를 지키고 근신할 때이다.

■ 이사 · 매매 · 문서 ■

매매는 성사되지 않는다. 성사되어도 서로간에 이익이 없다. 이사도 때가 아니니 다음을 기약하라.

■ 취직 · 시험 · 승진 ■

보통의 시험은 노력한다면 가능하다. 상위직이나 고시는 다음 기회로 미루고 승진 또한 다음을 기약하라.

■ 애정 · 결혼 · 부부 ■

두 사람만 좋다고 사랑이 이루어지는 것은 아니다. 어려움에 빠질 수도 있지만 깊은 사랑으로 설득함이 좋겠다.

■ 건강 · 소송 · 소원 ■

항상 노력하나 소원이 이루어지지 않으니 안타깝다.

■ 여행 · 사고 · 출산 ■

무리하지 않는 여행은 별 문제 없다. 출산은 무난하다.

6-5 송지미제 訟之未濟

避患東西　反入禍門　糟糠不足　憂愁我心
피환동서　반입화문　조강불족　우수아심

근심을 동서로 피하다가 도리어 재앙의 문으로 들어간다. 먹을 것이 부족하여 마음이 근심스럽다.

■ 금전 · 사업 · 창업 ■
일목요연하게 계획되어 있지 않다면 절대로 일을 도모하지 말라. 일이 바쁘고 부산하여 활동이 많아도 소리만 요란할 뿐 실속이 없다. 투기성이나, 주식, 타인의 돈을 빌리는 것 등은 큰 화를 부른다.

■ 이사 · 매매 · 문서 ■
자칫 소송이나 구설수에 오를 수 있으니 각별한 주의가 요망된다.

■ 취직 · 시험 · 승진 ■
취직, 승진, 당선을 너무 쉽게 생각하지 않아야 한다. 상당한 노력이 있을 때라야 하위직이라도 가능하다.

■ 애정 · 결혼 · 부부 ■
애인이나 결혼상대가 못마땅하다 하여 새로운 애인을 만들지 마라. 구관이 명관이니 자신을 자제함이 좋다.

■ 건강 · 소송 · 소원 ■
자칫 급작스런 사고로 위태함이 있으니 사건, 사고에 주의하라. 소원은 느긋하게 마음먹고 다음을 기다려라.

■ 여행 · 사고 · 출산 ■
여행은 길한 면이 없으니 자제하는 것이 좋다. 평소에 근검절약했다면 문제가 없다. 산모는 산후조리에 유의하라.

6-6 송지곤 訟之困

䷅ → ䷮

絆跳不遠　心與言反　尼父望家　菡萏未華
반도불원　심여언반　이부망가　함담미화

발을 묶고 뛰어도 멀지 않으나 마음과 말이 서로 다르다. 공자님이 집을 바라보나 아직 연꽃이 활짝 피지 않았다.

註) 사기(史記)의 세가(世家)에 의하면 공자의 이름은 구(丘)요, 중니(仲尼)는 자(字)다.
絆 : 얽어맬 반　跳 : 뛸 도　菡 : 연꽃 함　萏 : 연꽃봉우리 담

■ 금전 · 사업 · 창업 ■
다른 사람과 동업을 하거나 함께 일을 꾀하면 반드시 낭패가 따른다. 현재의 위치를 고수하고 분수를 지켜라.

■ 이사 · 매매 · 문서 ■
마음만 조급할 뿐 여건이 따라주지 않으니 쉽게 성사되지 않는다. 매매 당사자는 먼저 신뢰부터 쌓아야 한다.

■ 취직 · 시험 · 승진 ■
한 단계 낮추어 응시하면 승산이 있다. 직장인은 작은 변화는 가능하나 큰 변화는 없다.

■ 애정 · 결혼 · 부부 ■
의견 충돌이 잦아 싸움에 휘말리기 쉽다. 사랑의 결실을 맺기 위해서는 시간이 필요하다.

■ 건강 · 소송 · 소원 ■
속병을 조심하라. 주변과 화합하여야 소원성취가 되니 덕을 쌓아라.

■ 여행 · 사고 · 출산 ■
무리한 여행이 아니라면 문제가 없다. 출산은 순조로워 산모, 아기 모두 건강하다.

7-1 사지림 師之臨

䷆ → ䷒

玄黃虺隤　行者勞罷　役夫憔悴　踰時不歸
현황외퇴　행자로파　역부초췌　유시불귀

말이 병들고 수척하니 파리하여 여행하는 자가 괴로워한다. 마부(馬夫)도 초췌하니 시간이 지나도 돌아오지 않는다.

註) 시경(詩經) 권이편(卷耳篇) – 남편이 먼 곳에 가서 일하는 것을 부인이 생각하고 고됨을 걱정한 시이다.
玄黃 : 말이 병들고 지쳐서 검은 털이 누렇게 변했다는 의미

■ 금전 · 사업 · 창업 ■
금전적 손실이 있겠으니 새로운 사업을 추진함은 절대 금물이다. 특히 문서나 보증 등은 커다란 어려움을 부른다.

■ 이사 · 매매 · 문서 ■
새로운 계획을 세워도 금전적 어려움으로 고생한다. 매매는 손실이 있을 때만 성사된다.

■ 취직 · 시험 · 승진 ■
시험을 실력에 맞게 지원하면 가능하다. 재직자는 승진보다 인화에 힘써야 한다.

■ 애정 · 결혼 · 부부 ■
상황이 어려우니 경제적 어려움으로 다툼이 발생한다. 어느 때보다도 상대에 대한 배려가 있어야 하겠다.

■ 건강 · 소송 · 소원 ■
소송은 유리하다. 소원을 구함에 노력이 먼저 선행되어야 한다.

■ 여행 · 사고 · 출산 ■
무리한 여행은 뜻밖의 손재수와 어려움을 초래한다. 출산은 무난하다.

7-2 사지곤 師之坤

䷆ → ䷁

春桃生花 季女宜嫁 受福且多 在師中吉 男爲封君
춘도생화 계녀의가 수복차다 재사중길 남위봉군

복사꽃이 피어나니, 막내딸이 시집가기에 마땅하다. 복을 받는 것이 또한 많으니, 떠남이 길하다. 남편은 임금에 봉해진다.

註) 시경(詩經) 도요편(桃夭篇) – 신부를 축하하는 시
挑之夭夭, 灼灼其華 , 之子于歸, 宜其室家 복숭아꽃의 왕성함이여! 불타는 듯 화려하구나. 그 아이의 시집감이여 ! 그 집안에 마땅하구나.

■ 금전 · 사업 · 창업 ■
열심히 노력하니 사업도 두루 번창하고 하는 일 모두 순조롭다. 창업, 전업도 무방하다.

■ 이사 · 매매 · 문서 ■
매매는 서로간에 신뢰가 있으니 성사된다. 이사도 적기이다.

■ 취직 · 시험 · 승진 ■
실력에 맞게 지원하면 합격한다. 변동의 행운이 따르니 동료들의 부러움을 한몸에 받는다.

■ 애정 · 결혼 · 부부 ■
혼사는 순조롭게 성사되고 결과 또한 길하다. 부부 사이도 원만하다.

■ 건강 · 소송 · 소원 ■
소송은 비용도 과도하고 잡음도 많으나 결국 승소한다.

■ 여행 · 사고 · 출산 ■
여행, 출장 모두 힘든 면이 있으나 결과가 길할 것이다. 출산은 귀한 자손의 탄생으로 집안에 경사가 있다.

7-3 사지승 師之升

耳目盲聾 所言不通 佇立以泣 事無成功
이목맹롱 소언불통 저립이읍 사무성공

귀는 들리지 않고 눈은 보이지 않으니 말이 통하지 않는다. 우두커니 서서 눈물 흘리니 일에 성공할 수 없다.

시경(詩經) 연연편(燕燕篇) -위(衛)나라 여자가 남쪽나라로 시집가게 되어 그 오빠가 배웅하는 시이다. 之子于歸 遠于將之 瞻望不及 佇立以泣 그 아이가 시집가니 멀리까지 배웅하네. 바라봐도 보이지 않으니 우두커니 서서 눈물 흘리네 聾 : 귀머거리 롱 佇 : 우두커니 저

■ 금전 · 사업 · 창업 ■

여러모로 자신을 낮춤이 좋겠다. 동업은 불가하다. 스스로 노력하여 이루어야 한다. 전업도 불가하다.

■ 이사 · 매매 · 문서 ■

믿는 도끼에 발등 찍힐 수 있으니, 개업, 매매, 이사 등 모든 변화와 변동을 조심하라. 사람을 함부로 믿지 말고 문서를 조심하라.

■ 취직 · 시험 · 승진 ■

운이 별로 좋지 않으니 노력에 노력을 거듭하는 것만이 최선이다.

■ 애정 · 결혼 · 부부 ■

새로운 이성을 만나거나 사랑을 이루기가 어렵다. 어려움을 혼자서 헤쳐 나가야 하니 갈 길이 멀다.

■ 건강 · 소송 · 소원 ■

고단한 몸짓에 의욕도 메말랐다. 이럴 때일수록 건강을 돌보며 자신을 낮추고 때를 기다려라.

■ 여행 · 사고 · 출산 ■

여행은 어려움을 초래할 수 있으므로 삼가하라. 출산은 무난하다.

7-4 사지해 師之解

三德五才　和合四時　陰陽順序　國無咎災
삼덕오재　화합사시　음양순서　국무구재

삼덕(三德)과 오재(五才)가 사시(四時)와 화합한다. 음양이 순조로우니 나라에 허물과 재앙이 없다.

註) 삼덕(三德)은 정직(正直), 강극(剛克 : 지조가 굳셈), 유극(柔克 : 부드러움)을 말한다. 오재(五才)는 금목수화토(金木水火土)의 오행을 말한다.　咎 : 허물 구　災 : 재앙 재

■ 금전 · 사업 · 창업 ■
사업도 순조롭고 소득도 있으나 나가는 것이 더 많다. 매사 꼼꼼히 살펴야 한다. 전업은 조심스럽게 추진하라.

■ 이사 · 매매 · 문서 ■
매매는 지체되고 줄다리기를 하나 성사된다. 이사도 무난하다.

■ 취직 · 시험 · 승진 ■
고시나 일류대를 제외한다면 자신의 적성과 능력에 맞추어 갈 수 있다. 재직자 또한 인심이 순하니 승진도 가능하다.

■ 애정 · 결혼 · 부부 ■
윗사람의 도움으로 좋은 짝을 만나게 된다. 현재 사귀는 연인과는 결혼하는 기쁨이 있다.

■ 건강 · 소송 · 소원 ■
소송은 소모가 심하고 지체된다. 화해하고 정리하는 것이 이익이다.

■ 여행 · 사고 · 출산 ■
여행 중에 뜻이 맞는 사람을 만나고 이득 또한 따른다. 출산은 순산이고 산모와 아기 모두 건강하다.

7-5 사지감 師之坎

䷆ → ䷜

國亂不安 兵革爲患 掠我妻子 家中飢寒
국란불안 병혁위환 약아처자 가중기한

나라가 어지러워 불안하니, 반란이 일어나는 것이 근심이다. 처자를 약탈하니 집안이 굶주리고 추위에 떤다.

掠 : 노략질할 약 飢 : 배주릴 기

■ 금전 · 사업 · 창업 ■
금전운이 하락하여 오랫동안 자금의 어려움에 빠져 허우적거린다. 사업을 축소하고 미래를 대비하는 수밖에 방법이 없다.

■ 이사 · 매매 · 문서 ■
새집 장만 등 새로운 변화를 원하다가는 점점 어려움에 봉착해 헤어나지 못하니 변동을 자제함이 유리하다.

■ 취직 · 시험 · 승진 ■
자신의 능력을 인정받기를 기대하는 것조차 불가능하다. 자신의 실력 또한 발휘하지 못하고 안절부절한다.

■ 애정 · 결혼 · 부부 ■
혼사는 지체되나 성사된다. 부부 불화가 있으니 매사 도리를 지켜라.

■ 건강 · 소송 · 소원 ■
건강은 속병을 조심하라. 무리한 행동은 삼가야한다. 소송은 불리하니 속히 종결하라.

■ 여행 · 사고 · 출산 ■
무리한 여행은 화를 부른다. 출산은 조금 지체되나 무난하다.

7-6 사지몽 師之蒙

折若蔽日 不見雉叔 三足孤烏 遠其元夫
절약폐일 불현치숙 삼족고오 원기원부

잎사귀를 따서 해를 가리니 어린 아저씨를 보지 못한다. 세 발의 외로운 까마귀는 남편과 멀어진다.

註) 초사(楚詞)에 '折若木以拂日兮 (若木을 꺾어서 햇볕을 가림이여!)' 란 구절이 있다. 약목(若木)은 나무이름으로 곤륜산 서쪽에 있다. 折 : 꺾을 절 雉 : 어릴 치 孤 : 외로울 고

■ 금전 · 사업 · 창업 ■
자신을 낮추고 바른 도리를 지켜야만 재앙을 피할 수 있다. 욕심나는 일이 있더라도 자제하고 확장하지 말아야 한다.

■ 이사 · 매매 · 문서 ■
생각지 않았던 주변의 일로 불안해지니 움직일수록 더 불안하지 않겠는가? 변화는 현재의 위치에 머무름만 못하다.

■ 취직 · 시험 · 승진 ■
직장인은 한직으로 물러나거나 구설 시비에 휘말릴 수 있으니 조심하라. 시험은 하위직은 가능하다. 수험생은 하향 안전 지원하라.

■ 애정 · 결혼 · 부부 ■
오랫동안 서로 갈등이 있었다면 빨리 화해함이 좋다. 자칫 틈이 크게 벌어져 서로 자기 갈 길을 가는 아픔이 있을 수 있다.

■ 건강 · 소송 · 소원 ■
주변사람에게 조언을 구하고 자기 생활을 계획성 있게 조절하라. 건강에도 매사 주의를 기울여야 불의의 아픔이 없겠다.

■ 여행 · 사고 · 출산 ■
가까운 사람과 함께 떠나는 여행을 구상해 보라. 출산은 무난하다.

8-1 비지둔 比之屯

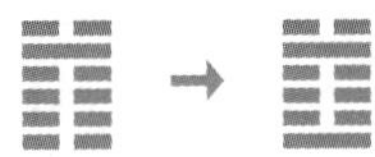

麟子鳳雛 生長家國　和氣所居　康樂溫仁 邦多聖人
인자봉추 생장가국　화기소거　강락온인 방다성인

기린과 봉황의 새끼들이 가정과 나라에서 자라난다. 거처하는 곳에 화기(和氣)가 있으니, 건강하고 즐거우며 온화하고 어질다. 나라에 성인(聖人)이 많다.

註) 기린은 어진 짐승이고, 봉황은 영험한 새이다. 능히 편안함과 위태로움을 알아서, 세상이 다스려져야만 나오고, 세상에 나오면 성인이 출현한다.
雛 : 병아리 추　康 : 편안할 강　邦 : 나라 방

■ 금전 · 사업 · 창업 ■
꾸준한 수입이 보장된다. 귀인을 만나 횡재하고 사업도 확장되니 부자되기 어렵지 않다. 항상 즐거움과 평탄함이 따른다.

■ 이사 · 매매 · 문서 ■
전반적으로 순조로우나 매매는 중간에 방해자가 있을 것이다.

■ 취직 · 시험 · 승진 ■
실력도 충분하고 시운도 따르니 웬만한 시험은 가능하다. 그러나 과욕은 낭패를 부른다. 승진은 인화에 달려 있다.

■ 애정 · 결혼 · 부부 ■
혼사는 성사된다. 부부가 서로 화합하니 집안이 화평하다.

■ 건강 · 소송 · 소원 ■
소송은 유리하나 득될 것이 없으니 속히 화해하라.

■ 여행 · 사고 · 출산 ■
가까운 곳, 먼 곳 할 것 없이 여행이나 출장 모두 원하는 것을 얻는다. 출산도 순산이고 귀한 자식을 얻는다.

8-2 비지감 比之坎

恒山浦壽 高邑所在 陰氣下淋 洪水不處 勞人開戶
항산포수 고읍소재 음기하림 홍수불처 노인개호

항산(恒山)의 포구(浦口)는 높은 곳에 있다. 비가 내려 질펀하더라도 홍수가 나지 않으니, 사람들이 노력하여 마을을 열었다.

淋 : 물뿌릴 림 勞 : 일할 노 戶 : 호구(戶口)를 의미함

■ 금전 · 사업 · 창업 ■
타인에게 의지하지 말고 열심히 정진하라. 순리를 따르고 근면하면 반드시 그 열매가 달 것이다.

■ 이사 · 매매 · 문서 ■
주변사람들의 도움으로 쉽게 움직일 수 있다. 하지만 지나친 욕심을 삼가고 분수를 지켜야 성사된다.

■ 취직 · 시험 · 승진 ■
자신의 실력을 과신하지 않는다면 합격 통지서를 받을 수 있다. 항상 노력하고 기도하면 얻는 것이 많다.

■ 애정 · 결혼 · 부부 ■
서먹서먹하던 연인도 서로 친해지는 계기를 갖는다. 가정도 원만하다.

■ 건강 · 소송 · 소원 ■
소송은 승소해도 손해가 나니 속히 화해하라. 건강이 좋지 않던 사람은 회복되어 가기 시작한다.

■ 여행 · 사고 · 출산 ■
혼자만의 여행이나 출장은 삼가도록 하라. 가까운 사람들과 떠나는 여행은 무방하다. 출산은 무난하다.

8-3 비지건 比之蹇

長股喜走 趨步千里 王良嘉言 伯樂在道 申見王母
장고희주 추보천리 왕량가언 백락재도 신현왕모

다리가 길고 뛰기를 좋아하니 달려서 천리를 간다. 왕량이 말을 잘 몰고 백락이 길에 있으니 서쪽에서 왕모(王母)를 본다.

註) 왕량(王良)은 말을 다루고 백락(伯樂)은 말을 잘 알아본다. 왕모(王母)는 1. 할머니 2. 서왕모(西王母) 3. 제왕의 어머니의 세가지 뜻이 있다.
股 : 넙적다리 고 趨 : 달릴 추 嘉 : 아름다울 가

■ 금전 · 사업 · 창업 ■
꾸준한 수입도 보장되고 나가서 열심히 활동하면 움직이는 만큼 소득도 크다.

■ 이사 · 매매 · 문서 ■
큰 욕심 부리지 않고 꼼꼼하게 추진한다면 매매는 성사된다. 이사는 적기가 아니니 연기하라.

■ 취직 · 시험 · 승진 ■
분수에 맞게 지원하면 합격한다. 승진도 아래 위가 순조로우니 성사될 것이다.

■ 애정 · 결혼 · 부부 ■
애정 문제, 연인 관계도 원만하게 풀린다. 부부 사이도 화목하다.

■ 건강 · 소송 · 소원 ■
소송은 유리하나 서로 간에 득될 것이 없다. 화해하는 것이 순리이다.

■ 여행 · 사고 · 출산 ■
가족이나 친구와 떠나는 여행은 즐거움이 있다. 출산은 순산이고 산모와 아기의 건강도 좋다.

8-4 비지췌 比之萃

團團白日 爲月所食 損上毁下 鄭昭出走
단단백일 위월소식 손상훼하 정소출주

둥글고 밝은 해가 점점 일식(日食)으로 이지러진다. 상하(上下)가 훼손되니 정소공(鄭昭公)이 달아난다.

註) 춘추좌전(春秋左傳) 노환공(魯桓公) 十一年.
정장공(鄭莊公)은 등나라 의만(鄧曼)을 아내로 맞아 세자 홀(忽)을 낳았다. 또 송(宋)나라의 옹씨에게 장가들어 공자(公子) 돌(突)을 낳았다. 노환공(魯桓公) 11년에 정장공이 세상을 뜨니, 홀이 계승했다. 제중(祭中)이 다시 돌(突)을 세우니, 홀이 위나라로 도망갔다. 홀(忽)은 정소공(鄭昭公)의 이름이다. 團 : 둥글 단 毁 : 헐 훼

■ 금전 · 사업 · 창업 ■
이익을 구하려 하나 이익이 없어 고생한다. 더 큰 어려움이 찾아올 수 있으니 슬기롭게 대처하라.

■ 이사 · 매매 · 문서 ■
약간의 손해에 대한 미련을 버려라. 빨리 매매하는 것이 좋다.

■ 취직 · 시험 · 승진 ■
요행수나 운이 별로이니 자신의 실력만이 최고이다. 꾸준히 실력을 쌓는다면 어려움에서 벗어 날 수 있다.

■ 애정 · 결혼 · 부부 ■
원만하던 연인도 자칫 다툼과 이별이 우려된다. 어려울수록 서로를 살피는 지혜가 요구된다.

■ 건강 · 소송 · 소원 ■
소송은 불리하니 신중하게 처신하라. 소원은 덕을 쌓아야 한다.

■ 여행 · 사고 · 출산 ■
한 번은 떠나야 할 일이 있을 것이다. 준비를 철저히 하라.

8-5 비지곤 比之坤

䷇ → ䷁

灼火泉源 鈞鯉山巓 魚不可得 火不肯燃
작화천원 조리산전 어불가득 화불긍연

흐르는 샘물에서 불을 지피고, 산꼭대기에서 잉어를 낚는다. 물고기는 얻을 수 없고, 불도 잘 붙지 않는다.

鯉 : 잉어 이 巓 : 산꼭대기 전 燃 : 불사를 연

■ 금전 · 사업 · 창업 ■
일한 만큼 결실이 없으니 어찌하랴! 심한 금전적 어려움에 봉착할 수 있으니 미리미리 비축해 두어 어려움에 대비하는 것이 최선이다.

■ 이사 · 매매 · 문서 ■
일이 복잡하게 얽힐 뿐 도무지 가능성이 없다. 어렵사리 변화가 성사되어도 더 큰 어려움이 앞을 막아선다.

■ 취직 · 시험 · 승진 ■
되도록 다음기회를 기다리며 실력을 쌓아라. 승진 등도 기다리는 지혜가 필요하다.

■ 애정 · 결혼 · 부부 ■
이성과의 비정상적인 관계로 관재, 구설을 당하는 수가 있다. 정당한 짝이 아니면 포기하고 정도를 걷도록 노력하라.

■ 건강 · 소송 · 소원 ■
당신의 소원은 현실적으로 이루어질 수 없다. 건강 또한 심신이 지쳐 있으니 휴식을 취하며 다음을 기약해야 한다.

■ 여행 · 사고 · 출산 ■
객지에 나가면 손재나 관재를 당하기 쉽다. 장거리 여행은 자제하라. 출산은 순산이나 산모의 건강에 유의하라.

8-6 비지관 比之觀

鳴鶴北飛　下就稻池　鱣鮪鰋鯉　衆多饒有　一笱獲兩　利得過倍
명학북비　하취도지　전유언리　중다요유　일구획량　이득과배

학이 울며 북쪽으로 날다가 저수지에 내렸다. 전어, 다랑어, 메기, 잉어가 무리 지어 많이 있으니 배불리 먹고 넉넉하다. 한 통발에 두 마리씩 잡히니 이득이 배를 넘는다.

稻池 (도지) : 저수지　鯉 : 잉어 이　饒 : 넉넉할 요　笱 : 통발 구

■ 금전 · 사업 · 창업 ■
남에게 의지하지 않고 스스로 애써 구하면 사업도 순조롭고 이득도 크다. 창업, 전업 모두 무방하다.

■ 이사 · 매매 · 문서 ■
당사자 간에 신뢰가 두터우니 매매는 성사된다. 양자간에 이익도 크다. 이사도 길하니 추진해도 무방하다.

■ 취직 · 시험 · 승진 ■
노력이 받침되어 준다면 공사직이나 일반직 모두 가능하다. 승진 또한 순조롭다.

■ 애정 · 결혼 · 부부 ■
귀인의 도움으로 좋은 짝을 만난다. 연인도 새롭게 출발한다. 부부도 정신적, 물질적으로 부족함이 없이 풍족하고 기쁨이 넘친다.

■ 건강 · 소송 · 소원 ■
소송은 소모가 심하니 정리하라. 웬만한 소원은 노력으로 이룬다.

■ 여행 · 사고 · 출산 ■
여행, 출장 모두 목적을 달성한다. 출산도 순산이고 아기가 귀자다.

9-1 소축지손 小畜之巽

陽明不息 君無恩德 伯氏失利 民喪其力
양명불식 군무은덕 백씨실리 민상기력

가뭄이 그치지 않으니 임금의 은덕(恩德)이 없는 것이다. 윗사람들은 이득을 잃어버리고 백성들은 기력을 잃는다.

陽明(양명) : 가뭄을 말함 喪 : 죽을 상

■ 금전 · 사업 · 창업 ■

무엇을 얻으려해도 여건이 성숙되지 않으니 어려움이 많다. 현재의 위치를 고수해야만 작은 이익이라도 구한다.

■ 이사 · 매매 · 문서 ■

변화는 시작은 있어도 마무리는 없다. 이사, 매매, 문서 등 믿었던 사람에게 손해를 당할 수 있으니 매사 조심하라.

■ 취직 · 시험 · 승진 ■

시험은 능력에 따라 응시해야 한다. 운이 저조하니 하위직이나 일반직에도 많은 노력이 필요하다.

■ 애정 · 결혼 · 부부 ■

연인 사이는 지지부진하고 부부는 무관심하다. 서로에게 관심을 갖고 노력하라.

■ 건강 · 소송 · 소원 ■

노력하고 노력해야만 소원이 이루어지니 몸과 마음이 고달프다.

■ 여행 · 사고 · 출산 ■

여행은 좋지도 나쁘지도 않다. 출산은 지체되나 순산이다.

9-2 소축지가인 小畜之家人 ䷈ → ䷤

兩輪自轉 南上大阪 四馬共轅 無有屯難 與禹笑言 鶴鳴竅穴
양륜자전 남상대판 사마공원 무유둔난 여우소언 학명규혈
不離其室
불리기실

양쪽 수레바퀴가 스스로 움직여 남쪽 높은 비탈에 오른다. 네마리 말이 함께 끄니 어려움이 없다. 우임금과 더불어 담소(談笑)를 나누니 학이 구멍에서 울음을 운다. 그 터전을 잃지 않는다 .

輪 : 수레바퀴 륜 阪 : 비탈 판 轅 : 끌채 원 竅 : 구멍 규

■ 금전 · 사업 · 창업 ■
오래 고전하다가 자신의 노력과 주변의 협조로 차츰 풀린다.

■ 이사 · 매매 · 문서 ■
매매는 과욕하지 않으면 성사된다. 이사는 때가 아니다.

■ 취직 · 시험 · 승진 ■
실력을 갖추었으니 과욕하지 않는다면 시험에 합격한다. 승진도 허상을 버리면 좋은 소식이 있다.

■ 애정 · 결혼 · 부부 ■
원하는 상대와 결혼이나 약혼 등 모두 순조롭다. 부부 또한 화목하다.

■ 건강 · 소송 · 소원 ■
주변의 능력 있는 사람에게 도움을 청하라. 소송은 말 많고 탈 많으니 속히 종결하라.

■ 여행 · 사고 · 출산 ■
엉뚱한 계획이 아니면 여행은 순조롭다. 출산도 무난하다.

9-3 소축지중부 小畜之中孚

魃爲旱虐 風推雲卻 欲止不得 反歸其宅
발위한학 풍추운각 욕지불득 반귀기택

가뭄이 매우 심한데 바람마저 구름을 흩어 버린다. 그치게 하고자 하나 하지 못하고 집으로 되돌아간다.

魃 : 가뭄귀신 발 卻 : 却의 속자(俗字). 물러날 각

■ 금전 · 사업 · 창업 ■
모든 일에 머리는 있으나 꼬리가 없다. 모두 불안하기만 하다. 창업, 전업도 다음 기회를 기다려야 한다.

■ 이사 · 매매 · 문서 ■
힘들여 노력하나 역부족이다. 지나친 욕심은 자신만 지치게할 뿐 소득이 전혀 없다.

■ 취직 · 시험 · 승진 ■
요행이나 운을 믿지마라. 실력이 있어도 과신하지 말고 하향 안전 지원하라. 승진을 기대하지 말고 인화에 힘쓰라.

■ 애정 · 결혼 · 부부 ■
사소한 실수로 오해를 사서 결별에 이를 수 있으니, 작은 실수라도 미연에 막기 위해 노력하라.

■ 건강 · 소송 · 소원 ■
주색과 시비를 피해야 건강을 지킨다. 사소한 시비도 크게 발전하니 자신을 낮춰야 한다.

■ 여행 · 사고 · 출산 ■
바쁘게 돌아다녀도 소득이 없다. 출산은 무난하다.

9-4 소축지건 小畜之乾

東遇虎蛇　牛馬驚奔　道絕不通　商困無功
동우호사　우마경분　도절불통　상곤무공

동에서 호랑이와 뱀을 만나니 소와 말이 놀라 달아난다. 길이 끊겨 이어지지 않으니, 상업이 곤궁하고 공이 없다.

遇 : 만날 우　驚 : 놀랠 경

■ 금전 · 사업 · 창업 ■
약간 들어오는 금전을 믿지 말라. 나갈일이 모두 예정되어 있으니 씀씀이가 커지면 큰 어려움을 겪게 된다.

■ 이사 · 매매 · 문서 ■
새로운 것은 작은 일이라도 어긋나기 쉬우니 손대지 말라. 급하지 않다면 자제하라.

■ 취직 · 시험 · 승진 ■
수험생은 다시 한 번 반복해 공부하라. 취직은 한 단계 낮추어 지원하라. 재직자는 자신의 자리를 지키도록 노력하라.

■ 애정 · 결혼 · 부부 ■
새로운 이성교제는 쉽지 않다. 서로 사귀던 짝이나 부부관계도 다툴 일이 생겨 오랫동안 냉각기를 가지게 된다.

■ 건강 · 소송 · 소원 ■
쉽게 해결될 수 있는 일도 당신의 과욕 때문에 오히려 그르칠 수 있다.

■ 여행 · 사고 · 출산 ■
여행 중에 자칫 시비가 발생하기 쉬우니 오랜 기간의 여행은 삼가하라. 출산은 순조롭다.

9-5 소축지대축 小畜之大畜

辰次降婁 王駕巡時 廣佑施惠 安國無憂
신차강루 왕가순시 광우시혜 안국무우

새벽을 가르칠 즈음에 임금께서 순찰한다. 널리 도와주고 은혜를 베푸니 나라가 편안하고 근심이 없다.

註) 강루(降婁)는 별자리 이름이다.
辰 : 새벽 신 駕 : 가마 가 施 : 베풀 시 佑 : 도울 우

■ 금전 · 사업 · 창업 ■
주변에 베풀고 항상 나누니 복을 받는다. 사업도 순조롭고 상하가 원만하다. 서로 양보하니 동업도 길하다.

■ 이사 · 매매 · 문서 ■
매매도 서로 조금씩 양보하니 성사가 순조롭다. 이익을 혼자만 탐하지 않으니 관계가 원만하다.

■ 취직 · 시험 · 승진 ■
평소에 학업에 열중하고 시운도 좋으니 웬만한 시험에는 합격한다. 상하가 밀어주니 승진도 순조롭다.

■ 애정 · 결혼 · 부부 ■
주변에서 도와주어 좋은 인연을 만난다. 혼사도 아래 위가 순하니 성사된다.

■ 건강 · 소송 · 소원 ■
소송은 유리하나 소모가 심하다. 현명하게 판단하라.

■ 여행 · 사고 · 출산 ■
여행, 출장 모두 좋다. 특히 가족과 함께 떠나면 기쁨도 크다. 출산도 순조롭다.

9-6 소축지수 小畜之需

故室舊廬 稍弊宜組 不如新巢 可治樂居
고실구려 초폐의조 불여신소 가치락거

옛방은 작고 낡아서 마땅히 새로 지어야 한다. 새 집만은 못하겠지만, 고쳐서 즐겁게 살만하다.

廬 : 오두막 려 稍 : 점점 초 弊 : 헤질 폐 巢 : 집 소

■ 금전 · 사업 · 창업 ■
큰 이득도 큰 손해도 없으니 오로지 자신의 노력만이 최선이다. 현재의 상태가 양호하다면 지키는 데 힘써야 한다.

■ 이사 · 매매 · 문서 ■
무리하게 밀고 나가지는 말라. 자신의 의지에 따라 작은 이익은 챙길 수 있으니 계획성과 성실성을 갖추고 대처하라.

■ 취직 · 시험 · 승진 ■
한단계 낮추어 응시한다면 합격 통지서는 무난하다. 외직에 있는 직장인은 내직으로 옮길 수 있다.

■ 애정 · 결혼 · 부부 ■
연인이나 부부 모두 상대에게 성실하게 대한다면 기쁨을 얻는다.

■ 건강 · 소송 · 소원 ■
당신의 성실성과 노력에 감동되어 운이 돌아오니 작은 소원은 이루어진다. 소송은 오래 끄나 승소한다.

■ 여행 · 사고 · 출산 ■
위험하거나 무리한 여행이 아니라면 문제될 것이 전혀 없다.

10-1 리지송 履之訟

遊居石門 祿身安全 受福西鄰 歸飮玉泉
유거석문 녹신안전 수복서린 귀음옥천

석문(石門)에 노닐며 녹봉을 받고 안전하다. 서쪽에서 복을 받으니 맑은 샘을 마시며 돌아간다.

■ 금전 · 사업 · 창업 ■
현재 하고 있는 사업이 꾸준하니 새로운 일을 시작할 여유가 생긴다. 다만 주식이나 사채 등은 신중히 생각하라.

■ 이사 · 매매 · 문서 ■
지금의 일을 밀고 나가도 좋고 새로운 일을 추진해도 무리가 없다. 이사, 매매, 문서 등의 변화도 길하니 이익이 있을 것이다.

■ 취직 · 시험 · 승진 ■
도와주는 사람이 많으니 무리한 것만 아니라면 적은 노력으로도 기대 이상의 지위에 오를 수 있다.

■ 애정 · 결혼 · 부부 ■
당신의 마음을 진심으로 표현할 때 상대도 마음을 열 것이다. 자존심을 세우지 말고 자신을 낮추어라.

■ 건강 · 소송 · 소원 ■
건강도 양호하고 평소 원하던 일도 이루어진다. 덕을 베푸니 소송은 하지 않는 것이 순리다.

■ 여행 · 사고 · 출산 ■
혼자서 편안히 떠나는 여행이 많은 도움이 된다. 출산은 순조롭다.

10-2 리지무망 履之无妄

䷉ → ䷘

雎鳩淑女　賢聖配偶　宜家壽福　吉慶長久
저구숙녀　현성배우　의가수복　길경장구

요조숙녀는 어진 사람의 짝이다. 시집 감에 마땅하여 수복(壽福)하며 기쁨이 장구(長久)하다.

註) 시경(詩經) 관저편(關雎篇) – 군자(君子)가 짝을 구할 때의 애락(哀樂)의 정을 읊었다.
암수가 어울려 울어대는 비둘기 소리가 강가에서 들려오네.
요조숙녀는 군자의 좋은 짝이도다.

雎 : 물수리 저　鳩 : 비둘기 구　慶 : 기쁠 경

■ 금전 · 사업 · 창업 ■
욕심 내서 확장하지 말고 현재에 충실하라. 순리로 경영하면 매사 무난하다. 창업, 전업은 때가 아니다.

■ 이사 · 매매 · 문서 ■
매매도 과욕하지 말고 작은 이익에 만족하라. 허황되면 성사 불가하다.

■ 취직 · 시험 · 승진 ■
웬만한 시험에는 노력한 만큼의 성과가 반드시 있다. 실력을 쌓아 자신감을 가지고 응시하라.

■ 애정 · 결혼 · 부부 ■
미혼 여성은 구애자가 너무 많다. 혼사도 성사되고 길하다.

■ 건강 · 소송 · 소원 ■
소송은 유리하게 진행되나 소모가 심하다. 자제하는 것이 좋다.

■ 여행 · 사고 · 출산 ■
가까운 곳은 좋으나 먼 곳은 되도록 자제하라. 출산은 순산이다.

10-3 리지건 履之乾 ䷉ → ䷀

東嚮藩垣　相與笑言　子般執鞭　圉人作患
동향번원　상여소언　자반집편　어인작환

동쪽 담 밖을 향해서 서로 웃으며 이야기를 나눈다. 마부가 엿들어 자반(子般)이 채찍을 드니 마부가 근심을 일으켰다.

註) 노장공(魯莊公) 32년. 양씨(梁氏)의 집에서 기우제 의식을 연습할 때, 자반의 누이동생 여공자(女公子)도 구경하러 갔었다. 마부 락이 담밖에서 여공자를 엿보고 희롱하니, 자반이 노해서 채찍으로 때렸다. 장공이 말하기를 '차라리 죽이는 것만 못하구나. 때려도 소용없을 것이다.' 고 말했다. 락은 힘이 세어서 직문(稷門)의 밖으로 수레 덮개를 던질 수 있을 정도였다. 10월에 마부 락이 자반을 죽였다.
嚮 : 향할 향　藩 : 덮을 번　垣 : 담 원　鞭 : 채찍 편

■ 금전 · 사업 · 창업 ■
기존의 사업을 고수해야지 딴생각을 하면 실패한다.

■ 이사 · 매매 · 문서 ■
서두르지 말고 자연스럽게 처리하라. 공연한 변화 변동은 자칫 화를 부를 수 있음을 명심하라.

■ 취직 · 시험 · 승진 ■
재직자는 현재의 위치를 지키도록 하라. 자신의 의지가 큰 몫을 담당하니 노력과 정진밖에 왕도가 있겠는가?

■ 애정 · 결혼 · 부부 ■
비난받을 이성과 만날 수 있으니 조심하고 삼가하라.

■ 건강 · 소송 · 소원 ■
욕심을 버리고 자신을 낮추라. 비용이 과도하나 소송은 유리하다.

■ 여행 · 사고 · 출산 ■
여행에서 목적 이외의 사람에게 관심 두지 말라. 출산은 무난하다.

10-4 리지중부 履之中孚

大頭目明　載受嘉福　三雀飛來　與福相得
대두목명　재수가복　삼작비래　여복상득

머리는 크고 눈도 밝으니 아름다운 복을 받는다. 세 마리 참새가 날아와 더불어 복을 얻는다.

載 : 실을 재　雀 : 까치 작

■ 금전 · 사업 · 창업 ■
꾸준한 노력이 따르면 나중에는 풀린다. 주변사람과 잘 화합하니 되지 않던 일도 성사된다.

■ 이사 · 매매 · 문서 ■
신중한 계획이 선행된다면 변화와 변동 모두 무리가 없다.

■ 취직 · 시험 · 승진 ■
귀인의 도움이 있으니 생각한 것보다 큰 기쁨이 있다.

■ 애정 · 결혼 · 부부 ■
단념하지 말고 꾸준히 노력해야 새로운 연인도 만날 수 있고 결혼도 가능하다.

■ 건강 · 소송 · 소원 ■
평소에 이웃에게 베풀고 덕을 쌓은 사람은 쉽게 소원이 이루어진다. 건강 또한 평탄하다.

■ 여행 · 사고 · 출산 ■
어느 곳으로 가든 여행이나 출장 모두 원하던 바를 얻는다. 산모와 아기 모두 건강하다.

10-5 리지규 履之睽

雀行求食　暮歸屋宿　及期室舍　安寧無故
작행구식　모귀옥숙　급기실사　안녕무고

참새가 먹이를 구하러 나가 날이 저물어 집으로 돌아온다. 집과 방에서 안녕하고 무고하다.

■ 금전 · 사업 · 창업 ■
큰 재물이 생기지는 않아도 생활이 궁핍하지 않을 만큼의 수입은 보장된다. 과욕하여 무리하게 일을 벌이지 않고 정진한다면 꾸준한 이득이 있다.

■ 이사 · 매매 · 문서 ■
자신의 능력을 벗어나면 자칫 손해가 따른다. 무리한 확장은 금전적 어려움을 초래하므로 꾸준한 저축이 최선이다.

■ 취직 · 시험 · 승진 ■
요행은 불가능하나 실력만 닦았다면 합격, 취직, 승진 등에 큰 무리가 없다.

■ 애정 · 결혼 · 부부 ■
서로 차분하게 기다리고 인내한다면 원하는 상대와 백년가약이 이루어진다.

■ 건강 · 소송 · 소원 ■
건강은 평탄하나 나이가 많은 사람은 불리하다. 소송은 잡음이 많으나 결국 승소한다.

■ 여행 · 사고 · 출산 ■
떠나면 이득이요, 움직여도 소득이 크다. 산모와 아기 모두 건강하다.

10-6 리지태 履之兌

玄鬣黑顙 東歸高鄕 朱鳥導引 靈龜載莊 遂振天門 見我貞君
현렵흑상 동귀고향 주조도인 영구재장 수진천문 견아정군

검은 갈기에 까만 이마의 말을 타고 동쪽 고향(高鄕)으로 돌아간다. 붉은 새가 길을 인도하고 영험한 거북이가 엄숙히 수레를 실어 나른다. 마침내 천문(天門)에 도달하여 바른 임금을 뵙는다.

鬣 : 말갈기 렵 導 : 이를 도 龜 : 거북 구 振 : 떨칠 진 貞 : 곧을 정

■ 금전 · 사업 · 창업 ■
노력의 결실로 사업은 번창한다. 창업, 전업도 무난하다.

■ 이사 · 매매 · 문서 ■
이사와 매매 모두 이익이 크다. 변화의 욕구가 꿈틀대는 시기이다. 마음껏 움직여 새로운 일을 시작하거나 계획해도 좋다.

■ 취직 · 시험 · 승진 ■
가까운 곳만 생각하지 말라. 멀리 나가거나 넓은 세계로의 도전도 가능하니 큰 그릇이 되도록 노력하라.

■ 애정 · 결혼 · 부부 ■
좋은 애인이 생긴다. 멀리 떨어져 있던 사람도 만나게 되는 기쁨이 있으며 결혼에까지 이르게 된다.

■ 건강 · 소송 · 소원 ■
복록이 따르니 생각지 않았던 일도 이루어진다. 건강 또한 문제될 것이 없다.

■ 여행 · 사고 · 출산 ■
여행이나 출장 모두 평안함 속에서도 얻고자 하는 것을 얻을 수 있다.

11-1 태지승 泰之升

䷊ → ䷭

日中爲市　各抱所有　交易資貨　貪珠懷寶　心悅懽喜
일중위시　각포소유　교이자대　탐주회보　심열환희

대낮에 장이 열리니 각기 물건으로 재화(財貨)를 교역한다. 탐나는 구슬과 보배를 품으니 마음은 즐겁고 기쁘다.

註) 주역 계사전(繫辭傳)에 '日中爲市하니 천하의 백성들이 이른다. 천하의 백성들이 천하의 재화를 교역하고 돌아간다.' 고 했다.
抱 : 안을 포　資 : 재물 자　懽 : 기뻐할 환

■ 금전 · 사업 · 창업 ■
요행수를 바라다가는 오히려 재물의 손실이 있을 수 있다. 양보하고 서로 힘을 합해 추진하면 사업은 순조롭다.

■ 이사 · 매매 · 문서 ■
과대 포장하거나 주변에 과시하고 싶은 욕심을 자제한다면 꾸준하고 많은 이득을 얻는다.

■ 취직 · 시험 · 승진 ■
자신의 실력은 자신이 가장 잘 알 것이다. 자신의 실력에 맞추어 기대한다면 모든 것이 순조롭다.

■ 애정 · 결혼 · 부부 ■
꾀꼬리가 버들가지 위에 앉아 있으니 더욱 아름답다. 새로운 연인도 생기고 부부간에 금슬도 좋다.

■ 건강 · 소송 · 소원 ■
소송, 소원은 대부분 원만하게 해결되는 기미가 있다.

■ 여행 · 사고 · 출산 ■
먼 여행이나 가까운 여행 모두 즐거움이 따른다. 출산도 순조롭다.

11-2 태지명이 泰之明夷

求兎得獐 過其所望 懽以相迎 高位夷傷
구토득장 과기소망 환이상영 고위이상

토끼를 구하다 노루를 얻으니 바라던 것보다 지나침이 있다. 기쁘게 서로 맞이하지만 높은 자리는 상하게 된다.

兎 : 토끼 토 獐 : 노루 장

■ 금전 · 사업 · 창업 ■
사업은 번창하나 잘 되는 것이 오히려 걱정스럽다. 뜻밖의 재물이 화를 부를 수 있으니 수신이 필요한 때이다.

■ 이사 · 매매 · 문서 ■
매매도 성사되고 이익도 크나 호사다마이니 방해를 조심하라.

■ 취직 · 시험 · 승진 ■
실력도 충분하고 운도 좋으니 원하는 곳에 합격한다. 취직 승진도 아래 위가 호응하니 좋은 소식이 있을 것이다.

■ 애정 · 결혼 · 부부 ■
직장동료나 주변사람으로부터 프로포즈를 받는다. 부부금슬은 좋지만 의견충돌이 있을 수 있다.

■ 건강 · 소송 · 소원 ■
원하는 것보다 더 큰 것이 이루어지지만 한 때 건강의 어려움을 겪을 수 있다.

■ 여행 · 사고 · 출산 ■
계획이 철저하다면 여행, 출장 모두 좋다. 출산은 순조롭다.

11-3 태지림 泰之臨

舉被覆目 不見日月 衣裘簞床 就長夜室
거피복목 불현일월 의구단상 취장야실

이불로 눈을 가리니 해와 달을 보지 못한다. 가죽옷과 밥소쿠리를 가지고 기나긴 밤을 지낸다.

被 : 이불 피 覆 : 뒤집힐 복 裘 : 갖옷 구 床 : 상 상

■ 금전 · 사업 · 창업 ■
이 사업, 저 사업, 이 일, 저 일에 힘과 돈을 모두 소비하니 남는 것이 없다. 능력에 맞게 일을 진행시켜야 한다.

■ 이사 · 매매 · 문서 ■
자칫 무리하게 변동을 꾀하다 낭패를 볼 수 있으니 자성하고 자숙함이 최상이다.

■ 취직 · 시험 · 승진 ■
시험운이 하락하니 상당한 노력이 있어야 합격이 가능하다. 재직자는 직장 내에서 구설수를 조심해야 한다.

■ 애정 · 결혼 · 부부 ■
새로운 이성을 만나거나 짝사랑은 이루기 어렵다. 자칫 이룰 수 없는 사랑으로 문제가 발생할 수 있다.

■ 건강 · 소송 · 소원 ■
사주 원명이 나쁜 사람은 건강악화나 사고에 주의해야 한다.

■ 여행 · 사고 · 출산 ■
과거에 가 보았던 곳으로의 여행은 가능하다. 출산은 무난하다.

11-4 태지대장 泰之大壯

水流趨下 遠至東海 求我所有 買鮪與鯉
수류추하 원지동해 구아소유 매유여리

물 흐르는 대로 따라 내려가 멀리 동해에 이른다. 나의 있는 바를 구해 다랑어와 잉어를 산다.

趨 : 달릴 추 鮪 : 다랑어 유 鯉 : 잉어 이

■ 금전 · 사업 · 창업 ■

때가 좋지 않으니 애써 구하지 말라. 욕심을 버리고 현상유지에 힘써야 한다.

■ 이사 · 매매 · 문서 ■

매매는 성사되기 어려우니 애써 추진하지 말라. 무리하면 오히려 해가 된다. 이사도 다음 기회로 미루는 것이 좋겠다.

■ 취직 · 시험 · 승진 ■

오래 노력한 대가를 얻게 된다. 안전하게 지원하면 합격할 것이다.

■ 애정 · 결혼 · 부부 ■

혼사는 서로 뜻이 맞지 않으니 성사되기 어렵다. 부부사이도 불화의 가능성이 있으니 양보하라.

■ 건강 · 소송 · 소원 ■

헛된 욕심은 화를 부르지만 작은 소원은 이루어진다. 소송은 화해하라.

■ 여행 · 사고 · 출산 ■

여행, 출장은 무난하다. 산모와 아기 모두 건강하다.

11-5 태지수 泰之需

四足無角　君子所服　南征述職　與福相得
사족무각　군자소복　남정술직　여복상득

뿔없는 짐승을 군자가 타고서 남쪽으로 간다. 제후의 업무보고를 들으니 서로 복을 받는다.

四足(사족) : 짐승의 일반적인 범칭.
服御 (복어) : 천자가 타는 의복이나 수레, 말등을 말한다.
述職(술직) : 제후가 임금에게 하는 업무보고.

■ 금전 · 사업 · 창업 ■
과욕은 군자가 취할 바가 아니다. 현상유지에 힘써야 한다.

■ 이사 · 매매 · 문서 ■
큰 것을 바라지 않는다면 변화와 변동도 가능하다. 매매도 양보하여 성사시키면 오히려 이익이 된다.

■ 취직 · 시험 · 승진 ■
힘쓴 만큼 반드시 결실이 있겠다. 일반직, 중하위직 정도는 가능하다. 직장인은 구설수를 조심해야 현재의 위치를 지킬 수 있다.

■ 애정 · 결혼 · 부부 ■
현재 사귀고 있는 애인이 있다면 오해가 생기지 않도록 조심하라. 서두르지 말고 애정을 쌓아가라.

■ 건강 · 소송 · 소원 ■
커다란 변화가 없다. 낮추어야 소원을 이룬다. 건강은 양호하다.

■ 여행 · 사고 · 출산 ■
여행이나 출장은 순탄하고 무난하다. 출산도 무난하다.

11-6 태지대축 泰之大畜

䷊ → ䷙

生長以時　長育根本　陰陽和德　歲樂無憂
생장이시　장육근본　음양화덕　세락무우

생장(生長)의 때를 맞혀 근본을 잘 기른다. 음양이 덕과 화합하여 해마다 즐겁고 근심이 없다.

■ 금전 · 사업 · 창업 ■
근본이 확실하니 작은 것을 큰것으로 바꿀 수 있다. 소득도 늘어난다.

■ 이사 · 매매 · 문서 ■
정당한 변화일 때 작은 것이지만 서서히 이루어져 변화의 터전이 생긴다. 이사나 매매 또한 활발하고 이득이 있다.

■ 취직 · 시험 · 승진 ■
고시나 상위직은 여의치 않으나 일반 시험은 합격이 가능하다. 직장인은 자리를 옮기거나 승진하여 봉급이 오른다.

■ 애정 · 결혼 · 부부 ■
원하던 애정관계가 성사된다. 서로의 뜻과 이상이 잘 맞으니 즐거움이 넘친다.

■ 건강 · 소송 · 소원 ■
건강은 왕성하여 아주 좋다. 원하는 것을 지나치게 밀어붙이지만 말고 여유를 갖고 차근차근 노력한다면 얻을 수 있다.

■ 여행 · 사고 · 출산 ■
함부로 어울려 떠나는 여행만 아니라면 즐겁고 기쁘다. 출산은 순산이고 산모와 아기의 건강에도 이상이 없다.

12-1 비지무망 否之无妄

陰衰老極 陽建其德 履離戴光 天下昭明 功業不長 蝦蟆代王
음쇠로극 양건기덕 이리대광 천하소명 공업불장 하마대왕

음이 쇠하면 양이 그 덕을 세운다. 불을 밟고 빛을 발하니 천하가 밝아진다. 공업(功業)이 길지 못하니 개구리와 두꺼비가 왕을 대신한다.

衰 : 쇠퇴할 쇠 履 : 밟을 리 蝦蟆(하마) : 개구리와 두꺼비

■ 금전 · 사업 · 창업 ■
사업은 규모가 크지 않으면 무난하다. 과욕을 부리면 위험하다. 창업도 무난하나 소규모로 시작해야 한다.

■ 이사 · 매매 · 문서 ■
매매는 성사되는 듯 하다가 틀어지기 쉽다. 매사에 신중하게 대처해야 한다. 이사도 확장하지 말라.

■ 취직 · 시험 · 승진 ■
하위직이나 일반직은 노력에 따라 결과가 있겠으나, 상위직이나 고시는 불가능하다.

■ 애정 · 결혼 · 부부 ■
남녀관계는 때로 오해가 있어도 쉽게 풀리고 성사된다.

■ 건강 · 소송 · 소원 ■
오랜 병환도 회복의 기미가 있다. 소송은 오래 끄나 유리하다. 그러나 무리한 욕심은 금물이다.

■ 여행 · 사고 · 출산 ■
장거리 여행은 자제하는 것이 좋다. 출산은 순산이다.

12-2 비지송 否之訟

珪璧琮璋 執贄見王 百里甯越 應聘齊秦
규벽종장 집지현왕 백리녕월 응빙제진

옥으로 만든 귀한 그릇을 폐백(幣帛)하고 왕을 뵙는다. 백리해와 영월이 진(秦)과 제(齊)에 초빙된다.

註) 백리해(百里奚)는 진(秦)을 섬기고, 녕월은 제(齊)를 섬겼다.
규벽종장(珪璧琮璋) : 옥으로 만든 귀한 보물
贄 : 폐백 지　聘 : 초대할 빙

■ 금전 · 사업 · 창업 ■
작게 취하면 성사되고 크게 원하면 성사되지 못한다. 창업, 전업은 때가 아니니 연기하라.

■ 이사 · 매매 · 문서 ■
당사자가 서로 신뢰하지 않으니 성사가 지연된다. 양보하고 믿음을 가져야 한다. 거래에서 문서에 꼼꼼해야 한다.

■ 취직 · 시험 · 승진 ■
받은만치 덕을 쌓아야 승진도 가능하다. 실력도 충분하고 운도 좋으니 시험에 합격한다.

■ 애정 · 결혼 · 부부 ■
부부는 한마음이고 연인은 사랑이 넘치니 기쁜 일이 많겠다.

■ 건강 · 소송 · 소원 ■
소송은 불리하니 화해하라. 작은 소원이면 노력으로 이룬다.

■ 여행 · 사고 · 출산 ■
여행, 출장 등은 무난하다. 출산도 순조롭다.

12-3 비지돈 否之遯

失恃毋友 嘉偶出走 玃如失兎 僂如喪狗
실시무우 가우출주 확여실토 루여학구

지지(支持)를 잃어 친구가 없는데 아름다운 짝마저 달아난다. 원숭이가 잡았던 토끼를 잃은 것 같고, 구부정한 것이 상갓집의 개와 같다.

註) : 虐은 상(喪)이다. 공자께서 노나라를 지날 때, 구부정한 것이 상갓집 개와 같았다.
恃 : 믿을 시　偶 : 모퉁이 우　玃 : 원숭이 확　僂 : 구부릴 루

■ 금전 · 사업 · 창업 ■
사업은 불리하고 경영 또한 곤란함에 처하게 된다. 금전적 어려움으로 오랜 기간 고난에서 벗어나지 못한다.

■ 이사 · 매매 · 문서 ■
변화와 변동을 갈구하지만 뜻대로 이루어지지 않는다. 되도록 다음 기회에 대비하라.

■ 취직 · 시험 · 승진 ■
노력 없이 요행을 바라지 마라. 자기 실력도 제대로 발휘되지 않으니 노력까지 없다면 어찌 되겠는가?

■ 애정 · 결혼 · 부부 ■
연인과 헤어지기 쉽다. 삼각관계나 다툴 일이 생기므로 부부,연인 모두 조심해야 한다.

■ 건강 · 소송 · 소원 ■
자신이 원하던 것을 이루기에는 불리하다. 자칫 건강마저 상할 수 있다.

■ 여행 · 사고 · 출산 ■
먼 거리 여행은 정신적, 물질적 어려움을 겪게 된다. 출산은 무난하다.

12-4 비지관 否之觀

天之奧隅 堯舜所居 可以存身 保我邦家
천지오우 요순소거 가이존신 보아방가

하늘의 깊숙한 곳은 요순이 사는 곳이다. 몸을 유지할만하니, 내 나라와 집을 보존한다.

奧 : 속 오 隅 : 모퉁이 우 邦 : 나라 방

■ 금전 · 사업 · 창업 ■
작은 것으로 조금 큰 것을 얻는 운이다. 매사 서두르지 말고 비용절감에 힘써야 한다.

■ 이사 · 매매 · 문서 ■
차분하게 기다리고 지혜롭게 대처해야 한다. 이사와 매매 모두 순조롭다. 변화와 변동도 자신에게 유리하고 안전하게 이루어진다.

■ 취직 · 시험 · 승진 ■
취직이나 시험은 기대한 만큼의 성과가 나타난다. 다만, 직장인의 승진은 다음을 기다려라.

■ 애정 · 결혼 · 부부 ■
서로 다른 환경에서 살아 온 사람이 짝이 되어 만나니, 서로 양보하고 배려함이 사랑을 지키는 지름길이다.

■ 건강 · 소송 · 소원 ■
늦어지긴 해도 소원은 꼭 이루어진다. 또한 몸과 마음이 편안하다.

■ 여행 · 사고 · 출산 ■
효도 여행이나 가족여행이 적합하다. 출산은 순산이다.

12-5 비지진 否之晉

雙鳧俱飛 欲歸稻池 徑涉萩澤 爲矢所射 傷我胸臆
쌍부구비 욕귀도지 경섭추택 위시소사 상아흉억

한 쌍의 오리가 같이 날아 저수지로 돌아가고자 한다. 풀섶 많은 연못을 지나가다 화살에 맞아 가슴을 상한다.

鳧 : 오리 부 稻池 (도지) : 저수지 胸 : 가슴 흉 臆 : 가슴 억

■ 금전 · 사업 · 창업 ■
전반적으로 좋지 않으니 경거망동을 삼가는 것이 좋겠다. 욕심내지 말고 현상유지에 힘써야 한다.

■ 이사 · 매매 · 문서 ■
새로운 일의 시작 등 변화와 변동은 자신에게 불리하게 돌아간다. 움직이면 움직일수록 손해의 늪으로 빠져든다.

■ 취직 · 시험 · 승진 ■
노력한 결과가 보잘 것 없으니 허탈하나 더욱 정진하면 기회가 온다. 재직자는 관재, 구설에 휘말리지 않도록 조심해야 한다.

■ 애정 · 결혼 · 부부 ■
서로의 애정은 돈독하나 주변의 방해로 성사되기 어렵다.

■ 건강 · 소송 · 소원 ■
상황이 어렵다. 소송은 불리하니 속히 종결하라. 건강에 이상이 생길 수도 있으니 각별히 유의하라.

■ 여행 · 사고 · 출산 ■
장거리 여행은 자제하는 것이 좋겠다. 출산은 무난하다.

12-6 비지췌 否之萃

破筐敝梠 棄損於道 壞落穿敗 不復爲寶
파광폐거 기손어도 괴락천패 불복위보

광주리가 깨져서 감자가 상하니 길에다 버린다. 떨어지고 구멍이 뚫려 다시는 유용하게 쓰지 못한다.

筐 : 광주리 광　梠 : 감자 거　壞 : 무너질 괴　穿 : 뚫을 천

■ 금전 · 사업 · 창업 ■

노력하나 실속이 없다. 분수를 지키고 근신하는 것이 좋다. 창업, 전업도 다음 기회를 노려라.

■ 이사 · 매매 · 문서 ■

현재를 지키는 것도 어려운데 변화 변동은 그만큼 손해가 따른다. 매매도 성사될 듯 이루어지지 않으니 근신하라.

■ 취직 · 시험 · 승진 ■

수고스러운 노력이 성과를 얻지 못하니 섭섭하다. 한 단계 낮추어 응시함이 안전하다. 직장인은 자리 보전에 힘써야 한다.

■ 애정 · 결혼 · 부부 ■

서로 맞지 않으니 같이 있어도 무용지물이다.

■ 건강 · 소송 · 소원 ■

복록이 따르지 않아 원하는 것은 성사되지 않고 허황된 욕심에 몸과 마음이 상한다.

■ 여행 · 사고 · 출산 ■

움직이면 어려움이 따르고 문제가 발생한다. 출산은 무난하다.

13-1 동인지둔 同人之遯

安如泰山　福壽屢臻　雖有豹虎　不能危身
안여태산　복수루진　수유표호　불능위신

편안하기가 태산(泰山) 같으니 복록과 수명이 이른다. 비록 표범과 호랑이가 있으나 몸을 위태롭게 하지 않는다.

屢 : 창 루　臻 : 이를 진　豹 : 표범 표　危 : 위태할 위

■ 금전 · 사업 · 창업 ■
나아가고 물러서는 방법을 알고 슬기롭게 대처한다면 허물이 없다.

■ 이사 · 매매 · 문서 ■
지나친 욕심을 부리지 말고 자신의 능력에 맞추어 시행하면 이득이 있다. 작게 취하면 탈이 없다.

■ 취직 · 시험 · 승진 ■
시험은 평소 실력대로 거둔다. 직장인은 작은 변화가 가능하다.

■ 애정 · 결혼 · 부부 ■
자신감 있게 표현하는 사람이 사랑을 얻는다. 혼사에는 어려움이 많겠다. 성사가 불투명하다.

■ 건강 · 소송 · 소원 ■
소송은 비용이 과도하니 속히 종결하라. 소원은 쌓은 덕에 달려 있다.

■ 여행 · 사고 · 출산 ■
철저하게 준비하고 떠난다면 얻는 것이 많다. 출산은 순산이다.

13-2 동인지건 同人之乾

一臂六手　不便於口　莫肯與用　利棄我走
일비육수　불편어구　막긍여용　이기아주

한 팔에 손이 여섯개니 먹기가 불편하다. 즐겨 쓰지 않으니 이익을 버리고 달아난다.

臂 : 팔 비　　棄 : 버릴 기

■ 금전 · 사업 · 창업 ■
남의 떡이 커보인다고 탐내지 마라. 지나친 욕심은 화를 부르고 검소하게 생활하지 않으면 구설과 손재가 따른다.

■ 이사 · 매매 · 문서 ■
가까운 사람의 도움을 얻지 않으면 불가능하다. 적게 얻고 크게 잃을 수 있으니 자신의 위치를 지키도록 노력해야 한다.

■ 취직 · 시험 · 승진 ■
남보다 큰 노력을 했건만 제 실력을 다 못 펴니 한 단계 낮추어 응시하라. 직장인은 승진이 어려우니 다음에 대비해야 한다.

■ 애정 · 결혼 · 부부 ■
이성 관계를 조심하라. 자칫 도화에 휘말릴 수 있다.

■ 건강 · 소송 · 소원 ■
작은 문제가 커져 일을 그르칠 수 있으니 주변 사람의 도움을 받아 해결하라.

■ 여행 · 사고 · 출산 ■
여행 중 금전적인 문제로 어려움을 겪을 수 있다. 출산은 순조롭다.

13-3 동인지무망 同人之无妄 ䷌ → ䷘

負牛上山 力劣行難 烈風雨雪 遮過我前 中道復還 憂者得歡
부우상산 역렬행난 열풍우설 차과아전 중도복환 우자득환

소를 지고 산을 오르니 힘에 부쳐 가기가 어렵다. 모진 바람과 눈비가 나의 앞을 막는다. 가던 길을 멈추고 되돌아오니 근심하던 자가 기뻐한다.

負 : 질 부 劣 : 못할 렬 遮 : 막을 차 還 : 돌아올 환

■ 금전 · 사업 · 창업 ■
심한 금전적 어려움에 봉착하여 허우적거리나 평소에 근검절약한 사람이라면 이 위기를 슬기롭게 넘길 수 있다.

■ 이사 · 매매 · 문서 ■
정당한 변화일 때만 가능하다. 매매는 말만 많고 성사되지 않는다.

■ 취직 · 시험 · 승진 ■
시험은 때가 아니니 노력이 아깝다. 승진도 때가 아니니 아래 위로 더욱 베풀어야 한다.

■ 애정 · 결혼 · 부부 ■
다툼이 있다. 이성관계에 냉정함을 찾을 필요가 있다. 결혼 또한 여유를 가지고 진행하는 것이 좋다.

■ 건강 · 소송 · 소원 ■
무리한 욕심과 허황된 목표를 세운다면 자기 몸이 상하기 쉽다. 소송은 유리하게 진행되나 정당하게 승부해야 한다.

■ 여행 · 사고 · 출산 ■
무리하게 강행한 여행이라면 성과 없이 되돌아 오기 쉽다. 순산이다.

13-4 동인지가인 同人之家人

訟爭相背　和氣不處　陰陽俱否　穀風無子
송쟁상배　화기불처　음양구부　곡풍무자

소송하며 서로 배반하니 화기(和氣)가 없다. 음양이 모두 일그러지니 자식이 없다.

註) 곡(穀)은 곡(谷)이다. 곡풍(穀風)은 부부의 실도(失道)를 풍자(諷刺)한 것이다.

背 : 등 배　俱 : 함께 구　穀 : 곡식 곡

■ 금전 · 사업 · 창업 ■
절대로 동업해서는 안 된다. 재물과 문서로 인한 싸움이 발생하여 관계가 악화된다.

■ 이사 · 매매 · 문서 ■
좋지 않은 소문이 퍼져 구설수에 오를 수 있으니 특히 조심해야 한다. 주위 사람과의 소송은 승소하기 어렵다.

■ 취직 · 시험 · 승진 ■
노력이 부족하다. 다른 곳에 마음을 빼앗겨 현란하니 어찌 원하는 것을 얻겠는가. 직장인 또한 동료와의 다툼을 주의하라.

■ 애정 · 결혼 · 부부 ■
고독한 운이니 서로 다투다 헤어질 수 있다.

■ 건강 · 소송 · 소원 ■
송사는 승소하기 어렵다.

■ 여행 · 사고 · 출산 ■
가족과의 여행으로 화목함을 도모해 보는 것이 좋겠다. 순산이다.

13-5 동인지리 同人之離

䷌ → ䷝

區脫康居 慕仁入朝 湛露之歡 三爵畢恩 復歸窮廬 以安其居
구탈강거 모인입조 담로지환 삼작필은 복귀궁여 이안기거

흙집에서 사는 오랑캐가 어짐을 사모해 조정(朝廷)에 든다. 담로주 세 잔을 마시며 성은(聖恩)을 받는다. 다시 오두막으로 돌아가 편안히 산다.

註) 구탈(區脫)은 흙집을 말한다. 호인(胡人)이 제후를 희망하여 거처에서 나왔다. 흉노전(匈奴傳)에 의하면 강거(康居)는 나라 이름이다. 담로주(湛露酒)는 천자가 제후에게 연회를 베풀 때 주는 술이다.

區 : 지경 구 康 : 편안할 강 湛 : 즐길 담 畢 : 마칠 필

■ 금전 · 사업 · 창업 ■
수입과 지출이 원만하여 허황된 욕심만 없다면 득이 있겠다.

■ 이사 · 매매 · 문서 ■
매매는 양자간에 신뢰가 있고 운도 좋으니 성사된다. 이사도 길하다.

■ 취직 · 시험 · 승진 ■
하위직이나 일반직 시험은 노력에 따라 결과가 있겠다. 승진은 늦어지나 기대할 만하다.

■ 애정 · 결혼 · 부부 ■
혼사는 난관이 많겠다. 정당하게 노력해야 성사된다.

■ 건강 · 소송 · 소원 ■
뚜렷한 목표를 갖고 일을 진행시키면 문제가 없다. 소송은 종결하라.

■ 여행 · 사고 · 출산 ■
여행은 되도록 가까운 곳이 좋다. 출산은 순산이다.

13-6 동인지혁 同人之革

山陵四塞 過我徑路 欲前不得 復還故處
산릉사색 과아경로 욕전불득 복환고처

산과 언덕이 사방으로 옹색하여 나의 길을 가로 막는다. 앞으로 가고자 하지만 갈 수 없어 옛 처소로 되돌아온다.

陵 : 언덕 릉 塞 : 막힐 색 徑 : 길 경

■ 금전 · 사업 · 창업 ■
자신을 낮추고 바른 도리를 지키면 어려움에서 벗어날 수 있다. 욕심 나는 일이 있더라도 함부로 확장하지 말아야 한다.

■ 이사 · 매매 · 문서 ■
기존의 일을 고수하는 것이 유리하니 직장의 변동, 업종의 변동, 이사 등은 다음 기회로 미루어야 한다.

■ 취직 · 시험 · 승진 ■
공부가 부실하니 서두르지 말고 조용히 실력을 쌓아가라. 자신의 능력을 인정받기를 원한다면 두 배의 노력을 기울여야 한다.

■ 애정 · 결혼 · 부부 ■
연인 관계는 될 듯하면서도 발전이 없다. 인내심이 필요하다.

■ 건강 · 소송 · 소원 ■
소송은 득이 되지 않으니 가급적 피하는 것이 좋다. 건강은 무리하지 않는 것이 다음을 대비하는 길이다.

■ 여행 · 사고 · 출산 ■
가까운 곳은 좋지만 먼 곳은 불가하다. 출산은 무난하다.

14-1 대유지정 大有之鼎

履泥汙足 名困身辱 兩仇相得 身爲痛瘧
이니오족 명곤신욕 양구상득 신위통학

진흙 수렁에 빠져 발이 더럽혀지고 명예와 몸이 모욕당한다. 두 원수(怨讐)를 얻고 몸이 학질로 고생한다.

泥 : 진흙 니 汙 : 오(汚)와 동자(同字). 더러울 오 仇 : 원수 구 瘧 : 학질 학

■ 금전 · 사업 · 창업 ■
오랜 기간 자금의 어려움에 허덕이겠다. 사업을 축소하여 미래를 대비함이 현명하다.

■ 이사 · 매매 · 문서 ■
거래관계는 삼가는 것이 좋겠다. 무리하게 움직이다가 주변사람과 다투게 되고 소송으로 인해 매우 어려운 상황에 처할 수 있다.

■ 취직 · 시험 · 승진 ■
노력 없이 요행을 바라면 낭패를 본다. 시험, 취직도 상당한 노력이 필요하고 직장인은 근신하라.

■ 애정 · 결혼 · 부부 ■
연인과 다툼, 부부싸움 등으로 자칫 원수처럼 변할 수 있으니 자신을 자제하여 다스려야 더 악화되는 일이 없을 것이다.

■ 건강 · 소송 · 소원 ■
작은 일로도 다툼이 커져 소송에 휘말릴 수 있다. 소송 또한 불리하다.

■ 여행 · 사고 · 출산 ■
장거리 여행은 자제하는 것이 좋겠다. 출산은 무난하다.

14-2 대유지리 大有之離

鳧鷖遊涇　君子以寧　履德不愆　福祿來成
부예유경　군자이녕　이덕부건　복록래성

오리와 갈매기는 경수(涇水)에서 놀고 군자는 평안하다. 덕을 행하니 허물이 없고 복록이 와서 이루어진다.

鳧 : 오리 부　鷖 : 갈매기 예

■ 금전 · 사업 · 창업 ■
만사가 형통하니 웬만한 일이면 성공한다. 창업, 전업도 길하다.

■ 이사 · 매매 · 문서 ■
당사자가 서로 신뢰하니 매매는 성사된다. 이사도 길하다.

■ 취직 · 시험 · 승진 ■
노력한 만큼 대가를 얻으니 기쁘고 평안하다. 직장인은 주변사람의 도움으로 승진하고 취직을 원하는 자는 쉽게 얻는다.

■ 애정 · 결혼 · 부부 ■
애인이 없는 사람은 주변 사람의 도움으로 애인이 생긴다. 미혼 남녀는 결혼이 성사되어 즐거운 시간을 보낸다.

■ 건강 · 소송 · 소원 ■
평소에 덕을 쌓고 가난한 이웃을 생각했다면 원하는 것을 쉽게 얻고 심신이 편안하다.

■ 여행 · 사고 · 출산 ■
여행 또한 순조롭고 기쁨을 가져다 준다. 출산도 순산이다.

14-3 대유지규 大有之暌

四亂不安　東西爲患　身止無功　不出國城　乃得全完　賴其生福
사란불안　동서위환　신지무공　부출국성　내득전완　뇌기생복

사방(四方)이 어지럽고 불안하며 동서(東西)가 근심된다. 몸이 정지하여 아무런 공이 없으니 나라에 나가지 않는다. 이에 완전함을 얻고 그에 힘입어 복이 생한다.

■ 금전 · 사업 · 창업 ■
한때 금전적 어려움에 봉착한다. 어려움이 있어도 점점 나아지는 형상이니 때를 기다려라.

■ 이사 · 매매 · 문서 ■
매매가 성사되어도 이득이 없으리라. 자제하는 것이 좋다. 이사도 때가 아니니 다음으로 미루라.

■ 취직 · 시험 · 승진 ■
대체로 좋지 않으니 시험이 어렵겠다. 더욱 실력을 쌓고 다음을 기약하라. 직장인은 분수를 지키고 인화에 힘쓰라.

■ 애정 · 결혼 · 부부 ■
방해하거나 이간질하는 사람이 있어 흔들리기 쉽다. 결단이 중요하다.

■ 건강 · 소송 · 소원 ■
모두 건강하나 한 번 진단해 볼 필요는 있다. 소송도 불리하니 화해하고 근신하라

■ 여행 · 사고 · 출산 ■
여행, 출장에서 향락에 빠지지 말라. 출산은 무난하다.

14-4 대유지대축 大有之大畜 ䷍ → ䷙

繭栗犧牲 敬事鬼神 神嗜飮食 受福多孫 望季不來 孔聖厄陳
견율희생 경사귀신 신기음식 수복다손 망계부래 공성액진

어린 송아지로 제사 지내고 귀신을 정성껏 섬긴다. 신명(神明)이 음식을 좋아해 복을 주니 자손이 많아진다. 계손(季孫)씨를 기다리나 오지 않으니, 공자께서 진(陳)나라에서 액을 당하셨다.

註) 견율(繭栗)은 고치나 밤만 하다는 뜻으로, 송아지가 처음으로 조그맣게 뿔난 모양을 형용한 말이다. 繭 : 고치 견 嗜 : 즐길 기 厄 : 재앙 액

■ 금전 · 사업 · 창업 ■
현상유지를 하며 꾸준히 정진한다면 바라던 것의 반은 얻을 수 있다. 뭐든지 크게 벌이지는 말라.

■ 이사 · 매매 · 문서 ■
무리한 변화는 이로울 것이 없다. 치밀하게 계획을 세워 실행한다면 어려움에서 벗어날 수 있다.

■ 취직 · 시험 · 승진 ■
시험에는 많은 노력이 요구된다. 직장인은 현재의 위치를 지키는 것이 좋을 것이다. 취직은 낮추어서 응시하는 것이 좋다.

■ 애정 · 결혼 · 부부 ■
혼사에 과도한 욕심은 자제하라. 부부는 서로 화목하다.

■ 건강 · 소송 · 소원 ■
소송은 인내를 갖고 대처하면 시간을 끄나 승소한다.

■ 여행 · 사고 · 출산 ■
가벼운 여행이나 가까운 곳으로의 출장은 가능하다. 순산이다.

14-5 대유지건 大有之乾

南山大行 困於空桑 老沙爲石 牛馬無糧
남산대행 곤어공상 노사위석 우마무량

남산으로 크게 가다가 공상(空桑)에서 곤욕을 당한다. 오래된 가루가 돌처럼 되고 우마(牛馬)는 양식이 없다.

桑 : 뽕나무 상　　糧 : 양식 양

■ 금전 · 사업 · 창업 ■
함부로 돈을 빌려 사업을 꾀하지 말라 어려울 때는 이익을 구하지 말고 근신해야 한다.

■ 이사 · 매매 · 문서 ■
문서나 보증으로 인한 어려움에 봉착할 수 있으니 각별한 주의가 요망된다. 여유를 가지고 진행시켜야 한다.

■ 취직 · 시험 · 승진 ■
근신함이 옳다. 직장인 또한 상하 화목함에 힘쓰라.

■ 애정 · 결혼 · 부부 ■
당장은 좋은 인연을 만나기 어려우니 가까운 곳의 인연을 찾아봄이 현명하다. 부부간도 현상유지에 힘써야 한다.

■ 건강 · 소송 · 소원 ■
앞뒤가 모두 곤궁하니 진퇴양난의 어려움에 처해 있다. 자신과 주변의 건강을 돌보고 근신함이 마땅하다.

■ 여행 · 사고 · 출산 ■
장거리 여행은 자제하는 것이 좋다. 출산은 무난하다.

14-6 대유지대장 大有之大壯 ䷍ → ䷡

癭瘤瘍疥 爲身瘡害 疾病癃痾 常不危殆
영류양개 위신창해 질병륭아 상부위태

혹과 종기로 몸이 부스럼과 상처투성이다. 질병이 깊지만 항상 위독하지는 않다.

癭 : 혹 영 瘤 : 혹 류 瘍 : 종기 양 疥 : 옴 개 瘡 : 부스럼 창 癃 : 파리할 륭 痾 : 숙병 아

■ 금전 · 사업 · 창업 ■
타인과의 시비를 조심하라. 자신을 다스리며 현상유지에 힘써야 한다.

■ 이사 · 매매 · 문서 ■
변화와 변동은 이루어질 듯하면서도 쉽사리 해결되지 않으니 자칫 몸도 마음도 지치기 쉽다.

■ 취직 · 시험 · 승진 ■
취직은 기대에 못 미쳐도 성사되나 시험은 때가 아니므로 두 배의 노력이 필요하다. 직장인의 승진은 불가능하다.

■ 애정 · 결혼 · 부부 ■
일시적,향락적 사귐은 반드시 그만 두어야 한다. 자칫 망신살만 뻗친다.

■ 건강 · 소송 · 소원 ■
원하는 것은 나중으로 미루고 건강을 돌보기에 힘써야 한다. 소송도 불리하니 화해하고 종결하라.

■ 여행 · 사고 · 출산 ■
장거리 여행은 건강을 악화시킬 수 있다. 출산은 무난하다.

15-1 겸지명이 謙之明夷

䷎ → ䷣

鰌鰕去海 藏於枯里 街巷惼隘 不得自在 南北極遠 渴餒成疾
추하거해 장어고리 가항편애 불득자재 남북극원 갈뇌성질

미꾸리와 새우가 바다로 가서 고리(枯里)에 숨는다. 다니는 곳이 편협해서 자유롭지 못하다. 남북이 요원(遼遠)하고 굶주림과 목마름으로 병을 앓는다.

鰌 ; 미꾸라지 추 鰕 : 새우 하 惼 : 편협할 편 餒 : 주릴 뇌

■ 금전 · 사업 · 창업 ■
과도한 욕심은 화를 부른다. 어려운 상황이다. 현상유지에 힘써라.

■ 이사 · 매매 · 문서 ■
변화를 꾀하고 싶어도 토대가 없으니 불가능하다. 다음을 기다리며 신중히 행동하라. 문서건에 유의하여야 한다.

■ 취직 · 시험 · 승진 ■
운이 당신을 돕지 않으니 노력의 성과가 없다. 재직자는 승진을 구하지 말고 자리를 지키기에 힘쓰라.

■ 애정 · 결혼 · 부부 ■
과도한 욕심으로 상황을 악화시킬 수 있다. 혼인은 지체될 수 있다.

■ 건강 · 소송 · 소원 ■
노력하나 성사되지 않으니 심신이 고달프다. 자신을 낮추고 다음을 대비하라. 소송은 유리한 편이다.

■ 여행 · 사고 · 출산 ■
금전의 여유가 없으니 여행은 자제하라. 출산은 무난하다.

15-2 겸지승 謙之升

七竅龍身　造易八元　法天則地　順時施恩　富貴長存
칠규룡신　조이팔원　법천칙지　순시시은　부귀장존

복희씨(伏羲氏)가 팔괘(八卦)를 만드시니 천지의 법칙에 따른 것이다. 때에 따라 은혜를 베푸니 부귀가 오래도록 있으리라.

註) 성인의 심장은 구멍이 일곱(七竅)개라고 한다. 복희씨(伏羲氏)는 뱀의 몸에 사람의 머리를 하고 있다. 우연히 황하(黃河)에서 용마가 등에 그림을 지고 나왔다. 이로써 팔괘를 만들었다.

竅 : 구멍 규　施 : 베풀 시　恩 : 은혜 은

■ 금전 · 사업 · 창업 ■
중심을 확고하게 하고 근신하면 경영은 귀인의 도움으로 태평하다.

■ 이사 · 매매 · 문서 ■
비용만 낭비하고 이루어지지 않는다. 도모할수록 일은 더 꼬여간다.

■ 취직 · 시험 · 승진 ■
아직은 때가 아니니 근신하고 노력하라. 과욕을 자제하여야 한다.

■ 애정 · 결혼 · 부부 ■
연인 사이나 부부 사이 모두 처음에는 어려우나 나중에는 순리대로 풀린다. 서로의 사랑에 대한 배려가 필요하다.

■ 건강 · 소송 · 소원 ■
자신의 맡은 일에 충실하다면 상황이 좋게 돌아가 원하는 것을 얻는다. 소송은 후반에 가서 유리해진다.

■ 여행 · 사고 · 출산 ■
목적 없는 여행은 자제하라. 출산은 무난하다.

15-3 겸지곤 謙之坤

䷎ → ䷁

北辰紫宮 衣冠立中 含和建德 常受天福 鉛刀功玉 堅不可得
북진자궁 의관립중 함화건덕 상수천복 연도공옥 견불가득

북극성의 자미궁에서 관복을 입고 자세를 바로 한다. 화합하며 덕을 세우니 항상 천복(天福)을 받는다. 납으로 만든 칼로 옥을 다듬으니 단단하여 얻을 수 없다.

北辰(북진) : 북극성을 말함　含 : 머금을 함　堅 : 굳셀 견

■ 금전 · 사업 · 창업 ■

기반이 약하니 남보다 많은 노력이 요구된다. 정도를 행하고 더욱 근면하면 차츰 나아진다.

■ 이사 · 매매 · 문서 ■

주변의 도움으로 매매와 이사는 순조롭게 진행된다. 다만 그 과정에서 큰 이득은 기대하지 말라.

■ 취직 · 시험 · 승진 ■

고시나 일류대를 제외한 하위시험은 모두 가능하다. 승진은 때가 아니다. 취직은 불리하다.

■ 애정 · 결혼 · 부부 ■

연인 사이나 부부 사이나 항상 정도를 걸으니 문제가 없고 편안하다. 혼사도 성사되고 길하다.

■ 건강 · 소송 · 소원 ■

소송은 후반에는 유리하나 미리 화해하는 것이 좋다.

■ 여행 · 사고 · 출산 ■

집에 있는 것도 좋고 멀리 떠나도 큰 탈이 없다. 출산은 순산이다.

15-4 겸지소과 謙之小過

䷎ → ䷽

梅李冬實 國多盜賊 擾亂并作 王不得制
매리동실 국다도적 요란병작 왕부득제

매화와 오얏이 겨울에 열매를 맺고 나라에는 도적이 많다. 민란까지 아울러 일어나니 왕이 통제할 수 없다.

盜 : 훔칠 도　擾 : 어지러울 요

■ 금전 · 사업 · 창업 ■
때가 아니니 자신의 본분에 최선을 다하라. 횡재의 꿈이라면 일찌감치 버리는 것이 정도이다.

■ 이사 · 매매 · 문서 ■
수입보다 지출이 많아 실속이 없으므로 이사와 매매 등의 변동은 다음 기회를 기다려라.

■ 취직 · 시험 · 승진 ■
시험은 노력한 만큼 결과가 없어 안타깝다. 그러나 취직은 노력하면 가능하다. 직장인은 자기자리를 잘 보전해야 한다.

■ 애정 · 결혼 · 부부 ■
혼인은 비정상적인 관계나 상황으로 인하여 성사되기가 쉽지 않다. 부부간에도 신의를 지켜야 한다.

■ 건강 · 소송 · 소원 ■
소송은 불리하니 속히 종결하라. 자신을 낮추고 욕심을 버려야 한다.

■ 여행 · 사고 · 출산 ■
불안하게 떠나는 여행은 잃는 것이 많다. 출산은 무난하다.

15-5 겸지건 謙之蹇

右目無瞳　偏視寡明　十步之外　不知何公
우목무동　편시과명　십보지외　불지하공

오른쪽 눈에 눈동자가 없어 한쪽 눈으로만 보니 밝지 못하다. 열 걸음 밖에서는 어떤 사람인지를 알지 못한다.

瞳 : 눈동자 동　視 : 볼 시　寡 : 적을 과

■ 금전 · 사업 · 창업 ■
한 군데를 해결하면 다른 곳에서 문제가 생기니 갈수록 태산이다. 이익만 보고 함부로 덤비지 말라.

■ 이사 · 매매 · 문서 ■
타인의 말만 믿고 움직이다가 낭패를 당하기 쉽다. 지금은 때가 아니니 근신하라.

■ 취직 · 시험 · 승진 ■
시험이나 취직은 한단계 한단계 철저히 준비해야 망신당하지 않는다. 재직자는 현상유지에 힘써야 한다.

■ 애정 · 결혼 · 부부 ■
이성관계에서 실연을 당하거나 부부도 문제가 있기 쉬운 때이다.

■ 건강 · 소송 · 소원 ■
건강이 안 좋으니 각별히 신경을 써야 한다. 자칫 회복할 수 없는 상태에 이를 수 있으니 조심해야 한다.

■ 여행 · 사고 · 출산 ■
건강이 안 좋은 상태에서 떠나는 것은 삼가라. 출산은 보통이다.

15-6 겸지간 謙之艮

䷎ → ䷳

空槽注猪 豚彘不到 張弓祝雞 雄父飛去
공조주저 돈체부도 장궁축계 웅부비거

빈 구유통에 물을 주지만 돼지가 오지 않는다. 활을 당겨 닭을 쏠려고 하니 수탉이 날아서 도망간다.

槽 : 구유 조 注 : 물댈 주 彘 : 돼지 체 鳩 : 비둘기 구

■ 금전 · 사업 · 창업 ■
잘 되는 듯하다가 어려움에 봉착하니 과욕을 버리고 마음을 편안하게 하라. 창업, 전업도 때가 아니다

■ 이사 · 매매 · 문서 ■
매매는 성사되기 어렵다. 이사도 때가 아니니 다음으로 미루라.

■ 취직 · 시험 · 승진 ■
실력만 튼튼히 닦아 놓았다면 합격이나 취직 등은 무난하다. 허황된 욕심이나 요행만 바라지 않는다면 원하는 것을 얻는다.

■ 애정 · 결혼 · 부부 ■
원하는 상대와 잘 맺어지지 않는 안타까움이 있으니 열심히 노력하라.

■ 건강 · 소송 · 소원 ■
가까운 사람의 건강에 어려움이 닥칠 수 있다. 소송은 가까운 사람의 도움이 있으니 시간이 지날수록 유리해진다.

■ 여행 · 사고 · 출산 ■
머리를 식히기 위해 휴식을 갖는 것도 좋다. 출산은 무난하다.

16-1 예지진 豫之震

吾有驊騮 畜之以時 東家翁孺 來請我駒 價極可與 後無殘悔
오유화류 축지이시 동가옹유 내청아구 가극가여 후무잔회

나에게 화류가 있으니 때에 맞게 기른다. 동가(東家)의 옹유(翁孺)가 와서 나의 망아지를 청한다. 값을 잘 쳐서 주니 뒤에 뉘우침이 없다.

註) 화류는 천리마의 이름으로, 주목왕(周穆王)이 천하를 두루 돌아다닐 때 타던 팔준마(八駿馬)의 하나이다.
駒 : 망아지 구 價 : 값 가 殘 : 해칠 잔

■ 금전 · 사업 · 창업 ■
흥하고 망함이 모두 자기 손에 달렸다. 열심히 노력하여 쌓아온 자는 흥하고, 태만한 사람은 작은 어려움에 처한다.

■ 이사 · 매매 · 문서 ■
매매는 오래 끌면 불리하다. 결정을 하였으면 속히 시행하라.

■ 취직 · 시험 · 승진 ■
시험, 취직은 공이 떨어지니 하향지원해야 한다. 승진은 보수보다는 이름을 구하여야 한다.

■ 애정 · 결혼 · 부부 ■
정도를 지킬 때라야 혼인도 성사된다. 부부간에도 도리를 지켜야 한다.

■ 건강 · 소송 · 소원 ■
건강은 양호하다. 소원은 근면과 노력으로 이룬다. 소송은 비용이 과도하게 소모되나 유리하게 진행된다.

■ 여행 · 사고 · 출산 ■
여행에서 새로운 인연을 만난다. 출산은 무난하다.

16-2 예지해 豫之解

周德旣成　杼軸不傾　太宰東西　夏國康寧
주덕기성　저축부경　태재동서　하국강녕

주나라 덕이 이미 이루어지니 문장(文章)이 기울지 않는다. 재상(宰相)이 동서를 주재(主宰)하니 하국(夏國)이 평안하다.

註) 저축(杼軸) : 베틀의 북. 전(轉)하여 문장(文章)을 짓는 일을 말한다. 태재(太宰)는 나라의 정치를 총괄하는 장관을 의미한다.

■ 금전 · 사업 · 창업 ■
사업도 번창하고 재물도 풍족하다. 귀인의 도움도 있으니 하는 일마다 길하다. 창업, 전업 모두 지금이 적기이다.

■ 이사 · 매매 · 문서 ■
뜻한 바대로 일이 풀린다. 매매도 성사된다. 이사도 길하다.

■ 취직 · 시험 · 승진 ■
안정 지향적으로 응시한다면 합격통지서는 문제가 없다. 재직자는 승진보다는 이름을 구한다.

■ 애정 · 결혼 · 부부 ■
오랫동안 미뤄오던 결혼이 성사되는 기쁨이 있고 부부는 주위 사람이 부러워할 정도로 화목함이 넘친다.

■ 건강 · 소송 · 소원 ■
향락이나 쾌락에 빠지는 소원은 이루어지지 않지만 정상적인 목표는 달성되고 편안하다. 소송도 유리하다.

■ 여행 · 사고 · 출산 ■
여행이나 출장 또한 마음의 부담이 없다. 출산도 순산이다.

16-3 예지소과 豫之小過

李華再實 鴻卵降集 仁德以興 陰國受福
이화재실 홍란강집 인덕이흥 음국수복

오얏이 다시 열매를 열고 기러기 알이 내려 모인다. 어진 덕이 흥하니 음덕으로 나라가 복을 받는다.

華 : 꽃 화　鴻 : 큰 기러기 홍

■ 금전 · 사업 · 창업 ■
가을걷이가 끝난 창고지만 나갈 곳이 너무 많다. 아끼고 아끼는 것이 최선이다.

■ 이사 · 매매 · 문서 ■
매매는 성사되어도 실속이 없다. 욕심을 내지 않으면 큰 무리는 없겠다. 이사도 욕심내지 않으면 무난하다.

■ 취직 · 시험 · 승진 ■
일반직, 하위직 공무원 시험은 합격할 수 있다. 승진은 상하가 소통되지 않으니 근신해야 한다.

■ 애정 · 결혼 · 부부 ■
혼사는 조금 지체되나 성사된다. 부부 사이도 원만하다.

■ 건강 · 소송 · 소원 ■
소송은 지체될 것이니 재정적 정신적으로 대비하라. 환자는 회복된다.

■ 여행 · 사고 · 출산 ■
여행, 출장에서 소기의 목적을 달성한다. 출산은 순산이다.

16-4 예지곤 豫之坤

蔡侯朝楚 留連江濱 踰時歷月 思其后君
채후조초 유련강빈 유시역월 사기후군

채후(蔡侯)가 초나라에 입조(入朝)하여 강변에 머물렀다. 때를 넘기고 달이 지나니 세자(世子)를 생각한다.

註) 노정공(魯定公) 3년 겨울에 채나라의 소후(昭侯)가 초나라에 이르러 패옥(佩玉)과 가죽옷을 소왕(昭王)에게 헌납(獻納)했다. 소왕이 그것을 입고 채후에게도 연회(宴會)를 베풀었는데, 채후도 또한 그것을 입었다. 그중 하나를 자상(子常)이 갖고 싶어 했지만 주지 않았다. 그래서 채후는 3년간 그곳에 억류되었다. 濱 : 물가 빈 踰 : 넘을 유

■ 금전 · 사업 · 창업 ■
작은 이익은 있으나 큰 돈을 벌기는 어렵다. 큰 돈을 바라고 움직인다면 자칫 화를 당할 수 있으니 작은 이익을 지켜라.

■ 이사 · 매매 · 문서 ■
매매는 오래 지체된다. 양보해야 빨리 성사된다. 이사도 지체되나 과욕이 아니면 무난하다.

■ 취직 · 시험 · 승진 ■
직장인은 구설수에 조심하라. 시험은 하향 지원해야 한다.

■ 애정 · 결혼 · 부부 ■
연인이나 배우자 사이에 오해가 생기지 않도록 조심하라.

■ 건강 · 소송 · 소원 ■
소송은 오래 지체되니 잘 판단하여 원만하게 해결하라.

■ 여행 · 사고 · 출산 ■
장기 출장 가능성이 높다. 준비를 철저히 하라. 출산은 순산이다.

16-5 예지췌 豫之萃

中原有菽　以待雉食　飮御諸友　所求大得
중원유숙　이대치식　음어제우　소구대득

들판 한 가운데 콩이 주렁주렁 열리니 꿩이 먹기를 기다린다. 모든 친구를 대접하여 구하는 바를 크게 얻는다.

註) 시경 소완편(小宛篇) : 대부(大夫)가 유왕(幽王)을 비방한 노래　中原有菽 庶民采之 : 들판 가운데 콩이 주렁주렁 열리니 백성들이 그것을 캔다.
菽 : 콩 숙　雉 : 꿩 치

■ 금전 · 사업 · 창업 ■
주변에 베푼 공으로 사업은 원만하고 금전적 이익도 있다. 더욱 더 주변에 신경써야 한다. 창업은 무난하다.

■ 이사 · 매매 · 문서 ■
매매는 서로 양보하고 순리에 따르니 성사된다. 이사도 무난하다.

■ 취직 · 시험 · 승진 ■
중간 정도의 시험은 가능하다. 재직자는 상하가 원만하니 도움을 받아 좋은 소식이 있겠다.

■ 애정 · 결혼 · 부부 ■
주변 여건이 성숙되었으니 혼사도 성사되고 길하다. 부부 사이도 원만하니 집안이 태평하다.

■ 건강 · 소송 · 소원 ■
소송은 어려움이 있어도 주변의 도움을 받아 해결된다.

■ 여행 · 사고 · 출산 ■
여행을 가면 즐겁고 출장 또한 커다란 성과가 있다. 출산도 순산이다.

16-6 예지진 豫之晉

鵲巢柳樹 鳩集其處 任力薄德 天命不祐
작소류수 구집기처 임력박덕 천명부우

까치가 둥지를 버드나무에 트니 비둘기가 그곳에 모인다. 마음대로 박덕(薄德)한 짓을 하니 하늘이 돕지 않는다.

鵲 : 까치 작 鳩 : 비둘기 구 薄 : 엷을 박 祐 : 도울 우

■ 금전 · 사업 · 창업 ■
큰 것을 주고 작은 것을 구하는 형상이니 소리만 요란할 뿐 실속이 없다. 꼼꼼하게 계획하고 실천함이 또다른 어려움을 막는 지름길이다.

■ 이사 · 매매 · 문서 ■
매매와 이사 등의 변동은 아직 때가 아니다. 금전적 손해를 감수한다면 가능하겠다. 그렇지 않다면 때를 기다려라.

■ 취직 · 시험 · 승진 ■
노력한 만큼 운이 따르지 않는다. 그러나 노력을 기울인다면 보통 시험은 가능하다. 직장인은 구설수와 손재를 조심하라.

■ 애정 · 결혼 · 부부 ■
연인과 헤어지기 쉽고 삼각관계나 다툴 일이 발생할 염려가 있다. 이미 사귀고 있는 사람이라면 오해가 생기지 않도록 주의해야 한다.

■ 건강 · 소송 · 소원 ■
질병 중인 환자는 차도가 있다. 그러나 사건, 사고 등에 조심하여야 한다. 과욕은 금물이다.

■ 여행 · 사고 · 출산 ■
장거리 여행이나 출장으로 구설수에 오를 수 있다. 출산은 무난하다.

17-1 수지췌 隨之萃 ䷐ → ䷬

鷰雀銜泥　以生孚乳　兄弟六人　交好孝悌　得心懽忻
연작함니　이생부유　형제륙인　교호효제　득심환흔

연작(燕雀)이 풀과 진흙을 머금어 집짓고 새끼를 먹인다. 여섯 형제를 두니 효도하고 우애(友愛)가 있다. 화합하고 즐거워 한다.

鷰: 제비 연　銜 : 머금을 함　忻 : 기뻐할 흔

■ 금전 · 사업 · 창업 ■
길하다! 새로운 사업을 시작해도 좋다. 사업상의 인간관계도 좋고 금전도 들어올 것이다.

■ 이사 · 매매 · 문서 ■
대인관계가 원만하여 잘 성사된다. 이익도 있을 것이다. 이사도 무난하고 길하다.

■ 취직 · 시험 · 승진 ■
합격할 것이다. 직장인은 승진의 기회가 열려 있다. 취직도 성사된다.

■ 애정 · 결혼 · 부부 ■
젊은 남녀는 일찌감치 화촉을 밝히고 화목하다. 부부도 금슬이 좋으니 집안이 화평하다.

■ 건강 · 소송 · 소원 ■
소원, 소망 등이 이루어지는 기쁨이 있다. 소송에서도 승소한다. 몸과 마음 모두 건강하다.

■ 여행 · 사고 · 출산 ■
가족 간의 여행은 원하는 바를 얻고 더불어 화목과 기쁨도 얻는다. 출산도 순산이다

17-2 수지태 隨之兌

䷐ → ䷹

兩心不同　或欲西東　明論終始　莫適所從
양심부동　혹욕서동　명론종시　막적소종

두 마음이 같지 않으니 동서(東西)로 갈팡질팡한다. 시종(始終)을 논해 보지만 무엇을 따라야 할지 모른다.

■ 금전 · 사업 · 창업 ■
정도를 벗어나 욕심을 부리면 화를 입는다. 허영에 빠지지 않고 마음을 지키면 마침내는 풀린다.

■ 이사 · 매매 · 문서 ■
차분하게 기다리고 지혜롭게 대처하여 손해봄이 없도록 해야할 것이다. 일을 크게 벌리면 안된다.

■ 취직 · 시험 · 승진 ■
시험 성과가 실망스럽지만 기회도 다시 돌아오니 희망을 갖고 대처하라. 회사원은 직장동료와의 구설수나 다툼을 조심하라

■ 애정 · 결혼 · 부부 ■
서로 마음이 맞지 않으니 동상이몽이다. 자칫 다툼이 심해 갈라서는 아픔도 있겠다.

■ 건강 · 소송 · 소원 ■
큰 질병은 없으나 마음이 산란하니 몸의 건강 또한 조심하라. 원하는 것에 갈팡질팡하니 무엇을 취하고 무엇을 얻을지 알지 못한다.

■ 여행 · 사고 · 출산 ■
마음을 정리하고 떠나보는 것도 좋다. 출산은 무난하다.

17-3 수지혁 隨之革

載金販狗 利棄我走 藏匿淵渠 悔折爲咎
재금판구 이기아주 장닉연거 회절위구

돈을 싣고 개를 팔지만 이익이 나를 버리고 달아난다. 연못 도랑에 감추지만 후회가 꺾여 허물이 된다.
販 : 팔 판 匿 : 숨길 닉 渠 : 연꽃 거

■ 금전 · 사업 · 창업 ■
소리 요란한 수레처럼 실속이 없다. 작은 것 하나라도 알차게 챙기고 과도하게 일을 벌이는 일은 삼가라.

■ 이사 · 매매 · 문서 ■
변동운은 있어도 큰이익은 없다. 매매 이사 등에서 작은 손해를 볼 수도 있다.

■ 취직 · 시험 · 승진 ■
성과가 없으니 망신스럽기 그지없다. 그럴 때일수록 심기일전하여 재도전한다면 반드시 큰 성과가 있다.

■ 애정 · 결혼 · 부부 ■
성사될 듯하지만 잘 이루어지지 않아 애를 태운다. 진실된 마음으로 접근한다면 성과가 있을 것이다.

■ 건강 · 소송 · 소원 ■
건강은 별 이상이 없다. 노력한 만큼의 성과를 얻지 못하니 소원은 다음 기회로 미루어라.

■ 여행 · 사고 · 출산 ■
가볍게 떠나는 여행은 기쁨이 있다. 출산은 양호하다.

17-4 수지둔 隨之屯

左輔右弼 金玉滿櫃 常盈不亡 富如敖倉
좌보우필 금옥만궤 상영부망 부여오창

좌우에서 보필(輔弼)하니 금옥이 궤에 가득하다. 항상 가득차서 망하지 않으니 부유함이 큰 창고와 같다.

輔 : 도울 보 弼 : 도울 필 櫃 : 함 궤 傲 : 거만할 오

■ 금전 · 사업 · 창업 ■
용이 물을 만난 격이니 사업이 번창한다. 하는 일마다 재물이 따르니 어찌 즐겁지 않겠는가?

■ 이사 · 매매 · 문서 ■
변화와 변동에도 돈이 따른다. 새로운 것을 시작해도 큰 어려움 없이 재물이 쌓이겠다.

■ 취직 · 시험 · 승진 ■
하위직이나 일반직은 합격이 가능하고 직장인의 승진 또한 운이 열려 있다.

■ 애정 · 결혼 · 부부 ■
경제적으로 여유가 많으니 자칫 방탕할 수 있다. 자신을 잘 다스려 화목을 도모하면 큰 기쁨이 있다.

■ 건강 · 소송 · 소원 ■
건강은 활기가 넘치고 금전적으로 풍부하니 원하는 것이 쉽게 이루어지고 근심걱정이 없다.

■ 여행 · 사고 · 출산 ■
출장이나 여행 모두 큰 성과를 얻는다. 출산도 순조롭다.

17-5 수지진 隨之震

驪姬讒嬉 與二孽謀 譖啄恭子 賊害忠孝 申生以縊 重耳奔逃
여희참희 여이얼모 참탁공자 적해충효 신생이의 중이분도

여희(驪姬)가 참소함을 즐겨 서얼과 더불어 세자를 도모했다. 여러 공자(恭子)를 참소하니 충효를 해치게 했다. 신생(申生)은 목매어 죽고, 중이(重耳)는 멀리 도망갔다.

註) 여희(驪姬)는 진헌공(晉獻公)의 계비(繼妃)요, 중이(重耳)는 진문공(晉文公)이다. 공자(恭子)는 세자 신생(申生)이다. 춘추좌전(春秋左傳) 희공(僖公) 3年. 진헌공이 여희를 사랑하니, 여희가 그 아들 해제(奚齊)를 세자로 삼고자 했다. 세자인 신생과 여러 공자(公子)를 모함하니, 12월에 신생은 목매어 죽었다. 중이는 포(蒲)로 도망했고, 이오(夷吾)는 굴(屈)로 도망했다.

驪 : 검은 말 려 讒: 참소할 참 孼 : 서자 얼 縊 : 목맬 의 奔 : 달아날 분

■ 금전 · 사업 · 창업 ■
다른 사람 이야기를 듣고 쉽게 일을 벌이다가는 큰 낭패를 본다.

■ 이사 · 매매 · 문서 ■
여유를 가지고 대처하는 자세를 가져라. 서두르면 불리해진다.

■ 취직 · 시험 · 승진 ■
피나는 노력으로 하위직이나 일반직은 가능하다. 재직자는 근신하라.

■ 애정 · 결혼 · 부부 ■
연인, 부부간에 작은 싸움이 큰 싸움으로 번진다. 정도를 지켜야 한다.

■ 건강 · 소송 · 소원 ■
사주원명이 나쁜 사람은 건강에 각별히 조심하고 심사숙고해야 한다.

■ 여행 · 사고 · 출산 ■
함부로 떠나는 것은 이득이 없고 어려움만 남는다. 출산은 무난하다.

17-6 수지무망 隨之无妄

茅茹本居　與賴相扶　願慕群旅　不離其巢
모여본거　여뢰상부　원모군여　불리기소

풀뿌리가 연결되어 서로 떠받들고 있다. 무리지어 여행하기를 원하지만 그 둥지는 떠나지 않는다.

註) 주역(周易) 태(泰)괘에 말한다. '拔茅茹. 以其彙. 征吉' 띠를 뽑으려 하면, 뿌리가 연결되어 한포기만 뽑을 수가 없다. 그 동류(同類)와 함께 한다. 전진하여 길하다

茅 : 띠 모　茹 : 먹을 여　賴 : 힘입을 뢰　彙 : 무리 휘

■ 금전 · 사업 · 창업 ■
경영하는 일은 자신감을 가지고 밀고 나가라. 가만히 앉아 움직이지 않으면 이익이 내것이 되지 않는다.

■ 이사 · 매매 · 문서 ■
마음만 앞서고 몸은 따라가지 못하니 개업이나 전업은 삼가하라. 이사나 매매는 생각은 크지만 쉽게 성사되지 않아 답답하다.

■ 취직 · 시험 · 승진 ■
합격, 승진, 취직 등은 다음을 기약함이 좋다.

■ 애정 · 결혼 · 부부 ■
서로 가까워지고 멀어지는 것은 본인의 의지에 달려 있다.

■ 건강 · 소송 · 소원 ■
소송은 길게 끈다. 털어버리고 다른 일에 전념하라.

■ 여행 · 사고 · 출산 ■
떠나고자 하나 쉽게 떠나지지 않는다. 출산은 무난하다.

18-1 고지대축 蠱之大蓄

雲雷因積 大雨重疊 久不見日 使心悒悒
운뢰인적 대우중첩 구부현일 사심읍읍

구름과 우뢰가 쌓이니 큰비가 계속해서 내린다. 오랫동안 해를 보지 못하니 마음이 근심스럽다.

疊 : 겹쳐질 첩 悒 : 근심할 읍

■ 금전 · 사업 · 창업 ■
갈길은 머나 진척이 없으니 답답한 형상이다. 인내하면 길하리라.

■ 이사 · 매매 · 문서 ■
새로운 일의 시작은 신중하라. 여건이 성숙되지 않았는데 마음만 급해 자칫 일을 그르칠 수 있다.

■ 취직 · 시험 · 승진 ■
항상 노력하고 정진한다면 얻는 것이 많다. 하위직이나 일반직은 가능하나 무엇보다 당신의 노력이 필요하다.

■ 애정 · 결혼 · 부부 ■
오랜 짝과 결혼하려하나 집안의 반대가 심하다. 자신을 낮추고 진실된 마음으로 설득하도록 노력하라.

■ 건강 · 소송 · 소원 ■
건강은 매우 염려스럽다. 소송은 가급적 빨리 종결시켜야 한다.

■ 여행 · 사고 · 출산 ■
움직이고자 하나 여건이 따르지 않는다. 출산은 무난하다.

18-2 고지간 蠱之艮

天之所壞 不可强支 衆口嘈嘈 雖貴必危
천지소괴 불가강지 중구조조 수귀필위

하늘이 무너져 내리는데 억지로 버틸 수 없다. 여러 사람 입에 오르내리면 비록 귀한 사람도 반드시 위태롭다.

壞 : 무너질 괴 嘈嘈: 시끄러운 모양 혹은 떠들썩하게 지껄이는 모양

■ 금전 · 사업 · 창업 ■
평소에 인심 잃지 않도록 행동해야 자신이 어려움에 처했을 때 도움 받을 수 있다. 사업은 이득을 생각하고 인간관계는 덕을 생각하라.

■ 이사 · 매매 · 문서 ■
혼자서는 역부족이므로 도움을 받고자 하나 주변에 사람이 없다. 새로운 일의 시작은 때를 기다려야 한다.

■ 취직 · 시험 · 승진 ■
큰 욕심내지 말고 소신껏 지원하라. 자신의 의지에 따라 어려움도 극복할 수 있다.

■ 애정 · 결혼 · 부부 ■
젊은 남녀는 구설, 시비 등에 휘말려 서로 오해가 생길 수 있으므로 주변을 깨끗이 함이 좋겠다.

■ 건강 · 소송 · 소원 ■
마음을 조급하게 먹지 말고 여유를 가져라. 소송은 화해하라.

■ 여행 · 사고 · 출산 ■
여행 중 자칫 구설에 휘말리니 조심하라. 출산은 평탄하다.

18-3 고지몽 蠱之蒙

家在海隅 澆旋深流 王孫單行 無妄以趨
가재해우 요선심류 왕손단행 무망이추

집이 바다 모퉁이에 있고, 물은 빙빙 돌면서 깊이 흐른다. 왕손이 혼자 가니 속임없이 따라 간다.

澆 : 물뿌릴 요 旋 : 돌 선 趨 : 달릴 추

■ 금전 · 사업 · 창업 ■
큰 도움을 받기 어려우니 횡재수를 기대하지 말라. 궂은 일만 많고 이루는 것은 없으니 힘만 빠진다.

■ 이사 · 매매 · 문서 ■
오가는 말만 많고 이루어지는 것이 없다. 돕는 사람이 방해꾼이다.

■ 취직 · 시험 · 승진 ■
직장인은 자리를 고수하라. 취직은 어렵다. 하위직은 가능하다.

■ 애정 · 결혼 · 부부 ■
서로간에 어려움이 많아도 서로가 힘을 합쳐 헤쳐나간다.

■ 건강 · 소송 · 소원 ■
건강은 좋다. 하는 일은 신중하게 진행한다면 원하는 바를 얻을 수 있다.

■ 여행 · 사고 · 출산 ■
여행 중에 뜻이 맞는 사람을 만나 즐거운 여행을 하게 된다. 출산은 조금 지체된다.

18-4 고지정 蠱之鼎

獐鹿雉兎 群聚東國 盧黃白脊 俱往追逐 九齚十得 主君有喜
장록치토 군취동국 노황백척 구왕추축 구색십득 주군유희

노루, 사슴, 꿩, 토끼가 무리지어 동국(東國)에 모인다. 사냥개가 쫓아가 아홉을 물고 열을 얻으니 주군이 기뻐한다.

註) 노황백척(盧黃白脊)은 사냥개의 이름이다.
逐 : 뒤쫓을 축　齚 : 물, 씹을 색

■ 금전 · 사업 · 창업 ■
사업은 번창하고 금전도 들어온다. 쓸곳이 많으니 단속을 잘 하라.

■ 이사 · 매매 · 문서 ■
매매의 이익과 손실이 반반이다. 새로운 일의 시작보다는 들어오는 것을 계획성 있게 저축하라.

■ 취직 · 시험 · 승진 ■
학생은 약간 높여 응시해도 좋다. 일반 시험 응시자는 상위직이 아니라면 문이 열려 있는 상태이다. 취직이나 승진 또한 수월하다.

■ 애정 · 결혼 · 부부 ■
가족간에 모두 화목하니 하는 일이 순조롭다. 헤어졌던 연인도 다시 만난다.

■ 건강 · 소송 · 소원 ■
금전이 넉넉하고 웬만한 소원은 모두 이루어진다.

■ 여행 · 사고 · 출산 ■
출장에서의 소득은 많고 여행도 한가롭다. 출산도 순산이다.

18-5 고지손 蠱之巽

重驛置之　來除我憂　與喜俱居　同其福休
중역치지　내제아우　여희구거　동기복휴

중첩해서 역(驛)을 두어 나의 근심을 없앤다. 기쁨과 더불어 거하니 복과 편안함을 같이 한다.

■ 금전 · 사업 · 창업 ■
작은 것이 쌓여 큰 것을 이루니 점점 형통함이 있다. 전반에 조금 어려울 수 있으나 나중에 태평하여지니 조급하게 서두르지 말고 매사에 최선을 다하여야 한다.

■ 이사 · 매매 · 문서 ■
지금 수준으로의 변화, 변동은 가능하나 욕심을 부리지 말아야 손실이 없다. 무리한 확장이나 이사로 뜻밖의 어려움에 봉착할 수 있다.

■ 취직 · 시험 · 승진 ■
원하던 곳보다 한 단계 낮춘다면 합격이나 취업은 기대해도 좋다.

■ 애정 · 결혼 · 부부 ■
작은 어려움이 있어도 같이 힘을 합해 노력한다면 헤쳐나가지 못할 것이 없다.

■ 건강 · 소송 · 소원 ■
작은 소원은 이룬다. 욕심내지 말고 몸과 마음의 편안함을 추구하라.

■ 여행 · 사고 · 출산 ■
모든 일이 순조롭게 돌아가니 큰 이득은 없어도 여행은 즐겁고 편안하다. 출산도 순조롭다

18-6 고지승 蠱之升

䷑ → ䷭

雞方啄栗 爲狐所逐 走不得食 惶懼惕息
계방탁률 위호소축 주불득식 황구척식

닭이 바야흐로 좁쌀을 쪼다가 여우에 쫓긴다. 달아나느라고 먹지 못하고 두려워서 숨만 헐떡인다.

狐 : 여우 호 懼 : 두려워할 구 惶 : 두려워할 황 惕 : 두려워할 척

■ 금전 · 사업 · 창업 ■
일이 마음 먹은대로 되어 주지 않으니 심신이 산란하고 피곤하다.

■ 이사 · 매매 · 문서 ■
움직이지 않는 것이 유리하다. 다음을 기약하며 근신하라.

■ 취직 · 시험 · 승진 ■
시험운이 불리하니 두 배의 노력이 필요하다. 현재의 직장을 귀중하게 생각하여 함부로 옮기지 말고 때를 기다려라.

■ 애정 · 결혼 · 부부 ■
처음은 좋아도 사소한 다툼으로 불화의 징조가 있다. 연인 사이는 위태롭다.

■ 건강 · 소송 · 소원 ■
원하는 것을 취하려 하나 몸과 마음이 고달프고 노력한 만큼 이루어지지 않는다.

■ 여행 · 사고 · 출산 ■
떠나는 것은 좋으나 마음이 조급하다. 출산은 무난하다.

19-1 림지사 臨之師

二人俱行 各遺其囊 鴻鵠失珠 無以爲明
이인구행 각유기낭 홍곡실주 무이위명

두 사람이 함께 가다 각각 주머니를 잃어버린다. 기러기와 고니가 구슬을 잃은 것과 같으니 빛남이 없다.

囊 : 주머니 낭 鴻鵠 : 기러기와 고니 珠 : 구슬 주

■ 금전 · 사업 · 창업 ■
친한 사람이 가까이 있어도 도움이 되지 못한다. 힘들여 노력하나 공로가 없으니 인내가 필요하다.

■ 이사 · 매매 · 문서 ■
일을 꾀하고자 노력하나 성사될 가능성이 희박하다. 현재의 일을 열심히 하는 것이 이익이다.

■ 취직 · 시험 · 승진 ■
오래 노력한 보람이 아깝다. 하향지원하라. 승진은 다음을 기약하라.

■ 애정 · 결혼 · 부부 ■
음주나 향락 등으로 자칫 배우자나 연인끼리 다툴 일이 생길 수 있다. 기혼자는 가정에 충실하여 서로에 대한 애정을 보여야 한다.

■ 건강 · 소송 · 소원 ■
소송은 장기를 대비하라. 목표의식을 잃지 말고 근신해야 한다.

■ 여행 · 사고 · 출산 ■
여행, 출장은 혼자 떠나는 것이 좋다. 출산은 무난하다.

19-2 림지복 臨之復

天之所予　福祿常在　不憂危殆
천지소여　복록상재　불우위태

하늘이 내려준 복록이 항상 있다. 위태로움을 근심하지 않는다.

■ 금전 · 사업 · 창업 ■
작은것을 큰것으로 바꾸는 운이다. 거래는 활발해지고 재물도 늘어 기쁨이 크다.

■ 이사 · 매매 · 문서 ■
매매는 성사된다. 이익도 클 것이다. 이사, 문서 등 모두 유리하다.

■ 취직 · 시험 · 승진 ■
일반직 정도는 무난히 합격한다. 대신 노력은 필수이다.

■ 애정 · 결혼 · 부부 ■
곧 애인이 생기고 연인들은 쉽게 결혼에 이른다. 부부 사이도 화목하여 가정이 평화롭다.

■ 건강 · 소송 · 소원 ■
큰 어려움이 없으므로 작은 일은 성사된다. 큰 일은 쉽지 않다. 앓던 병도 회복의 기미를 보인다.

■ 여행 · 사고 · 출산 ■
마음이 편안하니 떠나는 것도 좋다. 출산도 순산이나 산모의 건강에 유의하여야 한다.

19-3 림지태 臨之泰

員怨之吳 畫策闔廬 鞭平服荊 除大咎殃 威震敵國 還受上鄕
원원지오 화책합여 편평복형 제대구앙 위진적국 환수상향

오자서(吳子胥)가 오(吳)나라를 원망하며 합려(闔廬)와 계책을 꾸몄다. 형주(荊州)를 평정하여 복속하니 큰 허물과 재앙을 제거했다. 위엄을 적국에 떨치고 귀환하여 상경(上卿)의 벼슬을 받았다.

註) : 원(員)은 초나라 오사(吳奢)의 아들로 , 자(字)는 자서(子胥)이다. 아버지 사(奢)가 초평왕(楚平王)에게 죽임을 당하자, 자서가 초나라를 멸망시켰다. 합려(闔廬)는 오나라 왕의 이름이다.

員 : 수효 원　闔 : 문짝 합　鞭 : 채찍 편　威 : 위엄 위

■ 금전 · 사업 · 창업 ■
일이 힘든 상황이다. 창업도 불가하다. 근신하며 다음을 기약하라.

■ 이사 · 매매 · 문서 ■
쌍방간에 다툼이 심해 성사되기 힘들다. 남의 말을 듣지 말라,

■ 취직 · 시험 · 승진 ■
하향 지원해야 한다. 취직도 쉽지 않다. 재직자는 구설을 조심하라.

■ 애정 · 결혼 · 부부 ■
연인, 부부 간에 다툼이 심하다. 성심을 다해야 한다. 혼사도 지체된다.

■ 건강 · 소송 · 소원 ■
소송은 포기함이 마땅하다. 건강에도 주의하여야 한다.

■ 여행 · 사고 · 출산 ■
여행 출장은 자제하라. 산모의 건강에 유의하여야 한다.

19-4 림지귀매 臨之歸妹

域域牧牧　憂禍相半　隔以岩山　室家分散
역역목목　우화상반　격이암산　실가분산

가는 곳마다 근심과 재앙이 반반이다. 바위산이 막혀 있으니 집안이 흩어진다.

域 : 지경 역　牧 : 성밖 목　隔 : 사이뜰 격

■ 금전 · 사업 · 창업 ■
열심히 노력해 여유가 생기나 자칫 다시 나갈 수도 있으니 철저함이 요구된다. 아끼고 저축하여 미래에 대비하라.

■ 이사 · 매매 · 문서 ■
이사 매매 등 모두 가능하나 큰 이익은 없다.

■ 취직 · 시험 · 승진 ■
시험은 대부분 불리하나 하위직은 성과가 있다. 취직에는 많은 노력이 필요하다. 재직자는 처신에 신중해야 한다.

■ 애정 · 결혼 · 부부 ■
연인 부부 간에 말이 많다. 혼인도 성사되기 어렵다.

■ 건강 · 소송 · 소원 ■
소송에서 승소해도 재정적 이익은 없다.

■ 여행 · 사고 · 출산 ■
여행, 출장은 무난하다. 출산은 무난하나 산모에 유의하라.

19-5 림지절 臨之節

陰淫不止 白馬爲洶 臯澤之子 就高而處
음음불지 백마위흉 고택지자 취고이처

빗물이 그치지 않으니 백마(白馬)가 물결에 휩쓸린다. 연못 주위에 살던 사람들이 높은 곳으로 올라가 거처를 마련한다.

洶 : 물결세찰 흉 臯 : 물가 고

■ 금전 · 사업 · 창업 ■
되는 듯 하다가 되지 않으니 경거망동은 금물이다. 창업도 불가하다.

■ 이사 · 매매 · 문서 ■
때가 아니니 삼가는 것이 좋겠다. 과욕을 부리다가는 낭패한다.

■ 취직 · 시험 · 승진 ■
분수에 맞는 학교나 직장을 선택하여 성실히 생활하라. 그것만이 미래를 위한 투자가 되는 것이다.

■ 애정 · 결혼 · 부부 ■
세상 살아가는데 약간의 어려움이나 다툼을 어찌 피할 수 있겠는가? 상대에 대한 배려와 이해가 있다면 어려움은 멀리 물러간다.

■ 건강 · 소송 · 소원 ■
소송은 장기전이다. 인내하며 기다려야 한다. 건강은 무난하다.

■ 여행 · 사고 · 출산 ■
출장, 여행에 큰 무리는 없다. 출산은 무난하다.

19-6 림지손 臨之損

秋蛇向穴　不失其節　夫人姜氏　自齊復入
추사향혈　불실기절　부인강씨　자제복입

가을에 뱀이 굴을 찾는 것은 계절을 잃지 않는 것이다. 부인 강씨는 제나라로 다시 돌아간다.

註) 노나라 환공(桓公)의 부인 문강은 음행이 있어서 제나라로 돌아간 것이다. 그래서 가을 뱀이 굴로 돌아가는 것이 때를 잃지 않음이라고 말한 것이다.
춘추(春秋) 환공(桓公) 18년, 환공이 부인 문강(文姜)과 함께 제나라에 가서 제나라 군주를 만났다. 제나라 군주가 문강과 간통을 해서, 환공이 이를 알고 꾸짖으니, 부인이 그걸 제나라 군주에게 고했다.

■ 금전 · 사업 · 창업 ■
바깥에 복이 있다. 사업은 무난할 것이다.

■ 이사 · 매매 · 문서 ■
기다리면 성사된다. 때를 알아야 할 것이다.

■ 취직 · 시험 · 승진 ■
하향지원하라. 수험생은 이성문제를 조심하여야 한다.

■ 애정 · 결혼 · 부부 ■
한눈 팔지 말고 색정을 조심하여야 한다. 자칫 관계가 깨질 수 있다.

■ 건강 · 소송 · 소원 ■
가을에 이루어진다. 건강은 무난하다.

■ 여행 · 사고 · 출산 ■
여행 중에 이성을 조심하라. 낭패할 수 있다. 출산은 순산이다.

20-1 관지익 觀之益

去辛就蓼 毒愈酷毒 避穽入坑 憂患日生
거신취료 독유혹독 피정입갱 우환일생

매운 것을 버리고 여뀌풀을 취하지만 독이 더욱 혹독하다. 함정을 피해 구덩이로 들어가니 우환이 날로 생긴다.

蓼 : 여귀 료 , 신고(辛苦)함의 비유로 사용됨 愈 : 나을 유 穽 : 함정 정 坑 : 구덩이 갱

■ 금전 · 사업 · 창업 ■
사업은 불리하고 경영 또한 곤란함을 당하게 된다. 금전적 어려움으로 오랜 기간 고생한다.

■ 이사 · 매매 · 문서 ■
기존의 사업과 직장을 고수하고 변화와 변동을 꾀하지 말라. 욕심을 부려 무리한 변동을 하면 손해만 따른다.

■ 취직 · 시험 · 승진 ■
불안하다. 하향지원해야 한다. 재직자는 현위치를 고수해야 한다.

■ 애정 · 결혼 · 부부 ■
오랜 인연을 소중히 하라. 부부불화가 있을 수 있으니 유의하라.

■ 건강 · 소송 · 소원 ■
환자나 노인은 건강에 전념하라. 소송은 불리하니 종결하라.

■ 여행 · 사고 · 출산 ■
여행 중에 낭패를 당할 수 있으니 자중하라. 출산은 조금 지체된다.

20-2 관지환 觀之渙

蹇衣涉河　水深漬罷　幸賴舟子　濟脫無他
건의섭하　수심지파　행뢰주자　제탈무타

옷을 걷고 강을 건너는데 물이 깊어 옷을 적신다. 다행히 뱃사공의 도움을 얻으니, 건너는데 별탈이 없다.

蹇 : 옷걷을 건　涉 : 건널 섭　漬 : 담글 지　濟 : 건널 제

■ 금전 · 사업 · 창업 ■
경영에 어려움을 겪어도 귀인의 도움으로 쉽게 헤어난다. 엉뚱한 욕심을 부리지 않고 성실하게 살아간다면 성과가 많을 것이다.

■ 이사 · 매매 · 문서 ■
매매는 훼방이 있다가도 조력자가 나타나 성사된다. 이사 또한 뜻밖의 상황으로 순조롭게 진행된다.

■ 취직 · 시험 · 승진 ■
분수에 맞으면 합격이 가능하나 무리하게 지원한다면 불가능하다. 직장인은 동료들과의 인화에 힘써야 한다.

■ 애정 · 결혼 · 부부 ■
사귀고 있는 애인이나 배우자와 사소한 시비가 발생할 수 있다.

■ 건강 · 소송 · 소원 ■
원대한 소원만 아니라면 쉽게 이루어진다. 건강에 유의하여야 한다.

■ 여행 · 사고 · 출산 ■
여행, 출장에서 구하는 바를 얻는다. 출산은 무난하다.

20-3 관지점 觀之漸

御騂從龍　至于華東　與禹相逢　送致于邦
어성종룡　지우화동　여우상봉　송치우방

붉은 말을 몰고 용을 따라 화동(華東)에 이르른다. 우(禹)임금과 서로 만나 봉토(封土)로 보내진다.

騂 : 붉은 말 성　禹 : 우임금 우

■ 금전 · 사업 · 창업 ■
무리하게 진행시키면 손해가 크다. 진퇴를 명확히 해야 한다.

■ 이사 · 매매 · 문서 ■
매매를 강행하면 손해가 발생한다. 다음으로 미루고 자중하라.

■ 취직 · 시험 · 승진 ■
항상 노력하고 정진하면 얻는 것이 많다. 하위직이나 일반직은 무난하므로 실력을 키우기 위해 힘써라.

■ 애정 · 결혼 · 부부 ■
부부가 화목하고 연인 사이에 애정이 돈독하니 문제될 것이 없다.

■ 건강 · 소송 · 소원 ■
소송에 경비만 많이 쓰고 실속이 없겠다. 건강은 무난하다.

■ 여행 · 사고 · 출산 ■
큰 이익은 없어도 여행은 즐겁다. 출산은 순산이다.

20-4 관지비 觀之否

青牛白咽 呼我于田 歷山之下 可以多耕 歲藏時節 人民安寧
청우백인 호아우전 역산지하 가이다경 세장시절 인민안녕

푸른 소가 울음 울어 밭갈이하는 나를 부른다. 역산(歷山) 아래는 경작할 곳이 많아서, 해마다 추수하니 인민들이 평안하다.

咽 : 목구멍 인 藏 : 감출 장 寧 : 안녕할 녕

■ 금전 · 사업 · 창업 ■
사업이 순조로워 기반이 조성된다. 거두어들이게 된다. 창업도 길하다.

■ 이사 · 매매 · 문서 ■
이사 매매 모두 유리하다. 순조롭게 성사되고 쌍방에 이익을 준다.

■ 취직 · 시험 · 승진 ■
분수에 맞는 학교와 직장을 찾아라. 실력만큼의 결과가 나타난다. 직장인은 승진의 운이 열려 있다.

■ 애정 · 결혼 · 부부 ■
순리대로 따르니 부부와 연인 모두 즐겁고 편안하다.

■ 건강 · 소송 · 소원 ■
가진 땅도 많고 지킬 수도 있으니 그 외에 원하는 것이 또 무엇이랴. 여러가지로 풍족하니 마음이 넉넉하다.

■ 여행 · 사고 · 출산 ■
출장, 여행 모두 길하다. 목적한 바를 달성한다. 출산도 순산이다.

20-5 관지박 觀之剝

壽如松喬 與日月俱 常安康樂 不罹憂患
수여송교 여일월구 상안강락 불리우환

목숨이 적송자(赤松子)나 왕교(王喬)와 같으니 일월(日月)과 더불어 함께 한다. 항상 건강하고 즐거우니 우환이 없다.

註) 적송자(赤松子)와 왕교(王喬)는 옛날 신선(神仙)의 이름이다.
喬 : 높을 교　俱 : 함께 구　罹 : 근심 리

■ 금전 · 사업 · 창업 ■
수입과 지출이 꾸준하여 원만하다. 무리한 확장이나 축소가 없으니 가정이 화평하다.

■ 이사 · 매매 · 문서 ■
원만하게 성사된다. 양쪽 모두 이익이 있다.

■ 취직 · 시험 · 승진 ■
노력한 보람이 있어 합격의 영광이 있다. 직장인은 주변의 추천이 있어 승진한다.

■ 애정 · 결혼 · 부부 ■
약간 문제가 있던 연인이나 부부 모두 관계가 좋아진다.

■ 건강 · 소송 · 소원 ■
건강은 아무 문제 없이 원기 왕성하다. 가족 모두가 건강하다.

■ 여행 · 사고 · 출산 ■
여행, 출장 모두 원만하다. 출산도 순산이다.

20-6 관지비 觀之比

麟趾龍身　日取三千　南上蒼梧　與福爲昏　道理夷易　安全无患
인지룡신　일취삼천　남상창오　여복위혼　도리이이　안전무환

기린의 발이요, 용의 몸이니 하루에 삼천리를 간다. 남으로 창오(蒼梧)에 올라 복과 더불어 혼인한다. 도리(道理)는 온화하고 쉬우니 안전하고 근심이 없다.

註) 시경(詩經) 린지지편(麟之趾篇) : 제후(諸侯)의 집안에 인자하고 후덕한 덕이 있음을 칭송한 노래 麟之趾 振振公子 于嗟麟兮 믿음직하고 후덕한 공자는 아아! 기린과 같구나.
趾 : 발 지　창오(蒼梧) : 호남성 영원현의 산이름　夷 : 온화할 이

■ 금전 · 사업 · 창업 ■
경영하는 일을 자신감 있게 밀고 나간다면 사업의 번창을 볼 것이다. 재물운이 사방에 왕성하니 이익이 많다.

■ 이사 · 매매 · 문서 ■
이사는 확장이 가능하고 매매 또한 순조로워 이익이 많다.

■ 취직 · 시험 · 승진 ■
중류 정도의 시험은 가능하다. 재직자는 발탁의 기쁨을 누릴 수 있다.

■ 애정 · 결혼 · 부부 ■
혼사도 성사된다. 부부 간에도 정도를 걸으니 문제가 없다.

■ 건강 · 소송 · 소원 ■
열심히 노력한다면 이루지 못할 것이 없다. 소송도 유리하다.

■ 여행 · 사고 · 출산 ■
사방 어느 곳으로 출행해도 좋다. 출산도 순산이다.

21-1 서합지진 噬嗑之晋

公悅嫗喜 孫子俱在 榮譽日登 福祿來處
공열구희 손자구재 영예일등 복록래처

공이 즐거워하고 할머니는 기뻐하니 손자가 함께 있다. 영예가 날로 높아지니 복록이 찾아온다.

嫗 : 할미 구 俱 : 함께 구 譽 : 기릴 예

■ 금전 · 사업 · 창업 ■
재물과 명예가 함께 한다. 복록을 누리고 번창하니 기쁨이 만발하다. 창업도 순조로울 것이다.

■ 이사 · 매매 · 문서 ■
확장의 기운이 왕성하고 귀인의 도움도 있겠다. 매매도 성사된다.

■ 취직 · 시험 · 승진 ■
원하는 학교에 합격한다. 취직은 조금 지체되나 성사된다.

■ 애정 · 결혼 · 부부 ■
한 마음으로 살아가니 집안이 화평하다. 짝이 없는 사람은 좋은 애인을 만나니 더 이상 기쁜 일이 있겠는가?

■ 건강 · 소송 · 소원 ■
허황된 소원만 아니면 이룬다. 건강도 양호하다. 소송은 유리하다.

■ 여행 · 사고 · 출산 ■
가족과 함께 하는 즐거운 여행은 유익하고 편안하다. 출산은 무난하다.

21-2 서합지규 噬嗑之睽

鄰不可顧　而求玉女　身多疾癩　誰當媚者
린불가고　이구옥녀　신다질나　수당미자

이웃들은 돌아보지 않지만 아리따운 아가씨를 구한다. 몸에 문둥병이 있는데 누가 사랑하겠는가.

鄰 : 이웃 린　顧 : 돌아볼 고　癩 : 문둥이 나　媚 : 아첨할 미

■ 금전 · 사업 · 창업 ■
어려운 상황이다. 손해보기 쉽다. 자중하고 인내하며 다음을 대비하라.

■ 이사 · 매매 · 문서 ■
이사, 매매는 성사돼도 손해본다. 때를 기다리는 것이 상책이다.

■ 취직 · 시험 · 승진 ■
공부하는 기간 중 가족의 도움이 컸다면 시험에 합격한다. 직장인의 작은 변화는 가능하다.

■ 애정 · 결혼 · 부부 ■
부부간에 문제가 발생한다. 연인 사이도 어렵다. 혼사도 어렵다.

■ 건강 · 소송 · 소원 ■
많은 질병에 시달리기 쉬우니 건강을 조심해야 한다. 소송은 포기하는 것이 현명한 처사이다.

■ 여행 · 사고 · 출산 ■
시비와 구설수가 있으니 다른 사람과 다투는 일은 피함이 좋겠다. 출산은 무난하다.

21-3 서합지리 噬嗑之離

鵲笑鳩舞　來遺我酒　大喜在後　授我龜紐　龍喜張口　起拜福祉
작소구무　내유아주　대희재후　수아구뉴　용희장구　기배복지

까치는 웃고 비둘기는 춤추며 나에게 술을 보낸다. 크게 기뻐한 후에 내게 거북 인장을 준다. 용(임금)이 함박웃음을 웃으니 일어나 내려준 복에 감사하며 절한다.

註) 한(漢)나라의 의례에 의하면, 열후(列侯)의 인장(印章)은 황금으로 거북 모양의 손잡이를 만들었다.
遺 : 기칠 유　授 : 줄 수　紐 : 끈 뉴　龜紐(구뉴) : 거북의 형상을 새긴 인장(印章)

■ 금전 · 사업 · 창업 ■
길하다. 열심히 뛴 만큼 소득도 있다. 본분을 지키면 창업도 길하다.

■ 이사 · 매매 · 문서 ■
성사된다. 양자간에 이익도 크다

■ 취직 · 시험 · 승진 ■
합격하여 영예를 얻는다. 직장인은 특채되거나 승진하는 기쁨이 있다.

■ 애정 · 결혼 · 부부 ■
이혼한 남녀도 좋은 짝을 만나 많은 사람들의 축하를 받게 된다.

■ 건강 · 소송 · 소원 ■
최상의 컨디션으로 건강도 좋다. 분수에 맞는 소원은 이룬다.

■ 여행 · 사고 · 출산 ■
길하다. 목적한 바를 달성한다. 출산은 순산이다.

21-4 서합지이 噬嗑之離

明滅光息　不能復食　精魄旣喪　以夜爲室
명멸광식　불능복식　정백기상　이야위실

밝음은 사라지고 빛은 꺼져가니 다시 먹지 못한다. 정기(精氣)와 혼백(魂魄)이 거의 죽어가니, 어둠으로 거처를 삼는다.

■ 금전 · 사업 · 창업 ■
어렵다. 감량경영하면서 때를 기다려야 한다. 창업은 불가하다. 분수를 알고 인내할 줄 알아야 한다.

■ 이사 · 매매 · 문서 ■
매매는 말썽만 많고 성사되지 않는다. 변동은 삼가라. 새로운 일을 계획하고 실행하면 손해와 어려움이 많다.

■ 취직 · 시험 · 승진 ■
실력도 갖추지 않고 함부로 응시하면 망신만 당하기 쉽다.

■ 애정 · 결혼 · 부부 ■
주변에 방해하는 사람이 너무 많다. 애정이 진실한지 점검하라.

■ 건강 · 소송 · 소원 ■
소원은 이루기 힘들다. 주변과 다툼이 있다면 확대시키지 않는 것이 좋겠다

■ 여행 · 사고 · 출산 ■
몰래 떠나는 여행은 반드시 관재나 구설수가 따른다. 출산은 무난하다.

21-5 서합지무망 噬嗑之无妄 ䷔ → ䷘

愛我嬰女　牽引不與　冀幸高貴　反得賤下
애아영녀　견인불여　기행고귀　반득천하

나의 어린 딸을 사랑하여 서로 끌고 당기지만 주지 않는다. 고귀해짐을 바라지만 도리어 비천(卑賤)해진다.

嬰 : 간난아기 영　牽 : 끌 견　冀 : 바랄 기

■ 금전 · 사업 · 창업 ■
잘 풀리는 듯 보이는 사업도 어려움에 직면할 수 있다. 낭비하면 금전적으로 어려움을 겪을 수 있다.

■ 이사 · 매매 · 문서 ■
지체되고 말만 많다. 성사되기 어렵다.

■ 취직 · 시험 · 승진 ■
당신의 실력으로는 역부족이다. 직장인의 변동은 가능하나 승진은 어렵다.

■ 애정 · 결혼 · 부부 ■
결혼운이 좋지 않다. 사기성이 끼어들 수 있으니 신중히 대처하라.

■ 건강 · 소송 · 소원 ■
질병에 시달릴 수 있다. 원하는 것은 성사되기 어렵다. 소송은 종료하는 것이 유리하다.

■ 여행 · 사고 · 출산 ■
객지에 나가면 손재수가 있거나 건강에 이상이 발생할 수 있다.

21-6 서합지진 噬嗑之震

車雖駕 兩靷絕 馬欲步 雙輪脫 行不至 道遇害
차수가 양인절 마욕보 쌍륜탈 행불지 도우해

수레에는 비록 말을 매었지만, 양쪽 걸이개가 끊어졌다. 말이 달리고자 하나 두 바퀴가 벗겨졌다. 가지만 이를 수 없고 길에서 해악(害惡)을 만난다.

駕 : 멍에 가 靷 : 가슴걸이 안 遇 : 만날 우

■ 금전 · 사업 · 창업 ■
구하고자 하나 얻을 수 없고 취하고자 하나 이익이 없다. 급하게 서둘면 낭패한다. 기다리고 인내하라.

■ 이사 · 매매 · 문서 ■
물질적으로 어렵고 정신적으로도 힘든 상황이다. 서두르지 말라.

■ 취직 · 시험 · 승진 ■
시험이나 취직, 승진 등 모두 운이 저조하므로 자중하여야 한다.

■ 애정 · 결혼 · 부부 ■
현재 상황이 어려우니 서로 조심해야 헤어지는 아픔을 막는다.

■ 건강 · 소송 · 소원 ■
소송은 빨리 합의하고 종결시키는 것이 순리이다.

■ 여행 · 사고 · 출산 ■
움직이는 것은 좋지 않다. 무리하게 움직이면 반드시 사건, 사고가 따른다. 출산은 무난하다.

22-1 비지간 賁之艮

清人高子 久屯外野 逍遙不歸 思我君母 公子奉請 王孫嘉許
청인고자 구둔외야 소요불귀 사아군모 공자봉청 왕손가허

청인 고극(高克)이 오랫동안 외지(外地)에 주둔하였다. 소요(逍遙)하며 돌아가지 못하니, 임금과 어머니를 그리워했다. 공자(公子)가 청해 올리니 왕손이 허락하였다.

註) 高子는 고극(高克)인이다. 정문공(鄭文公)이 고극을 미워해 청읍(淸邑)에 군사를 주둔하고 황하(黃河)에서 오랑캐를 막으라 하였다. 오랜 시간이 지났는데도 부르지 않으니 군사들이 모두 흩어져 돌아갔고, 고극도 진(陳)나라로 도망갔다.
시경(詩經) 청인편(淸人篇) – 淸人在彭 駟介旁旁 팽(彭)땅에 와 있는 청읍사람이 수레를 몰고 계속 달린다. 屯 : 진칠 둔 逍遙: 이리저리 거닒

■ 금전 · 사업 · 창업 ■
과욕을 버리라. 급히 가면 손해본다. 서두르지 않고 노력하면 이룬다.

■ 이사 · 매매 · 문서 ■
성사되기 힘들다. 성사되어도 손해본다. 가급적 다음 기회로 미루라.

■ 취직 · 시험 · 승진 ■
당장은 힘들다. 여유를 갖고 노력하면 종래는 합격한다.

■ 애정 · 결혼 · 부부 ■
이루기 어렵다. 성사되어도 잡음이 많을 것이다.

■ 건강 · 소송 · 소원 ■
질병은 오래 끌 가능성이 있다. 소송도 합의하고 화해하라.

■ 여행 · 사고 · 출산 ■
장기여행을 하게 된다. 준비를 철저히 해야 한다. 출산은 무난하다.

22-2 비지대축 賁之大畜 ䷕ → ䷙

升輿中退　擧事不逐　餔蘪毁齒　失其道理
승여중퇴　거사불축　포미훼치　실기도리

수레에 올랐다가 중간에 내리니 거사(擧事)를 이루지 못한다. 밥을 먹다가 이를 다치는 셈이니 도리(道理)를 잃는다.

餔 : 먹을 포　蘪 : 궁궁이싹 미　毁 : 다칠 훼

■ 금전 · 사업 · 창업 ■
뜻밖의 상황으로 고전한다. 항상 슬기롭게 대처하고 자신의 분수 내에서 일을 처리해야 한다.

■ 이사 · 매매 · 문서 ■
분수에 맞지 않게 일을 진행시킨다면 낭패한다. 변동은 자제하라.

■ 취직 · 시험 · 승진 ■
실력도 되지 않는데 높은 곳에 응시하면 위험하다. 직장인은 근신하라.

■ 애정 · 결혼 · 부부 ■
오해가 생기지 않도록 주의하라. 부부 간에도 도리를 지켜야 한다..

■ 건강 · 소송 · 소원 ■
가까운 사람과 다툼이 있으니 주의하라. 소송은 피하는 것이 좋다.

■ 여행 · 사고 · 출산 ■
계획없이 떠난다면 중간에 돌아올 수 있다. 출산은 무난하다.

22-3 비지이 賁之頤

䷕ → ䷚

鴻鵠高飛 鳴求其雌 雌來在戶 雄哺嘻嘻 甚獨勞苦 炰鱉膾鯉
홍곡고비 명구기자 자래재호 웅포희희 심독로고 포별회리

큰 고니가 높이 날며 암컷을 구하고자 우짖는다. 암컷은 집에 와 있고 수컷은 먹이를 먹이며 기뻐한다. 홀로 애쓰면서 자라를 굽고 잉어를 잘게 자른다.

雌 : 암컷 자 雄 : 수컷 웅 哺 : 먹을 포 嘻 : 웃을 희 甚 : 심할 심 炰 : 구울 포
鱉 : 자라 별 膾 : 잘게썰 회

■ 금전 · 사업 · 창업 ■
사업에 이성으로 인한 문제가 있을 것이다. 자중하며 대처하라. 창업은 무방하다.

■ 이사 · 매매 · 문서 ■
방해가 있으나 성사된다. 굳은 마음으로 밀고 나가라.

■ 취직 · 시험 · 승진 ■
하위 시험은 가능하나 상위 시험은 불가하다. 재직자는 주변의 방해꾼을 조심하라.

■ 애정 · 결혼 · 부부 ■
좋은 이성을 만나게 된다. 혼사도 성사된다.

■ 건강 · 소송 · 소원 ■
소송에서 유리하다. 병은 시간을 두고 회복될 것이다.

■ 여행 · 사고 · 출산 ■
여행, 출장 중 이성의 유혹이 있다. 출산은 순산이다.

22-4 비지리 賁之離

明不處暗 智不履危 終日卒歲 樂以笑歌
명불처암 지부이위 종일졸세 낙이소가

밝음은 어두움과 함께 살지 않고, 지혜로움은 위험에 처하지 않는다. 날이 다하고 해가 저물도록 즐겁게 웃으며 노래한다.

■ 금전 · 사업 · 창업 ■
주저하지 말고 과감하게 추진하라. 창업도 순조롭다.

■ 이사 · 매매 · 문서 ■
속전속결로 처리하라. 쌍방간에 이익이 있을 것이다.

■ 취직 · 시험 · 승진 ■
웬만한 시험에는 합격한다. 직장인은 능력을 인정받아 승진한다.

■ 애정 · 결혼 · 부부 ■
관계가 급속도로 발전한다. 부부간도 서로 화목하다. 혼사도 성사된다.

■ 건강 · 소송 · 소원 ■
소원은 이루어진다. 건강 또한 좋다. 소송이 걸려 있으면 신속하게 처리하는 것이 유리할 것이다.

■ 여행 · 사고 · 출산 ■
여행, 출장 모두 어디로 떠나도 무난하다. 출산은 순산이다. 산모와 아기 모두 건강하다.

22-5 비지가인 賁之家人

山東山西　各自言安　雖相登望　竟未同堂
산동산서　각자언안　수상등망　경미동당

산의 동쪽과 서쪽에서 각각 자신이 편안하다고 말한다. 서로 올라 바라보고자 하지만 마침내 같이 모이지 못한다.

■ 금전 · 사업 · 창업 ■
이익은 가까이 있고 시비는 멀리 있으니 과도하게 일을 벌리게 되면 사람으로 인해 재물의 손실이 생길 수 있다.

■ 이사 · 매매 · 문서 ■
변동은 유리하나 이익이 크지 않다.

■ 취직 · 시험 · 승진 ■
운이 들어왔어도 노력하지 않으면 소용없으니 시험의 합격여부는 자신에게 달려 있다. 직장인은 승진의 기회가 있다.

■ 애정 · 결혼 · 부부 ■
처음은 화기애애하지만 사소한 다툼으로 서로 연결되지 못할 수도 있으니 화합하도록 힘써라.

■ 건강 · 소송 · 소원 ■
주변사람들에게 평상시 덕을 쌓은 사람은 작은 소원은 이루어지나 큰 것은 성사되지 않는다.

■ 여행 · 사고 · 출산 ■
여행을 떠나는 것은 좋으나 구설과 시비는 조심해야 한다.

22-6 비지명이 賁之明夷

作室山根　人以爲安　一夕崩顚　破我壺飧
작실산근　인이위안　일석붕전　파아호손

산 밑에 집을 짓는 것은 사람이 편안하기 위함이었다. 그런데 하루아침에 무너져서 항아리에 담은 밥을 깨트린다.

崩 : 무너질 붕　壺 : 항아리 호　飧 : 저녁밥 손

■ 금전 · 사업 · 창업 ■

사업을 확장하면 낭패한다. 줄이고 줄여야 한다. 창업도 불가하다. 오직 분수를 지키고 근신하여야 한다.

■ 이사 · 매매 · 문서 ■

이사나 매매는 다음 기회로 미루어라. 말만 무성하고 성사되지 않는다. 욕심을 버리고 현재에 충실하라.

■ 취직 · 시험 · 승진 ■

노력이 있으면 이류대학이나 중위직 시험에는 합격이 가능하다. 직장인은 승진은 힘들지만 자리이동은 가능하다.

■ 애정 · 결혼 · 부부 ■

겉모양보다 속마음을 보는 것이 중요하다. 겉모양에 치우치면 자칫 진실을 놓칠 수 있다.

■ 건강 · 소송 · 소원 ■

소송은 불리하니 화해하라. 건강에 유의하여야 한다.

■ 여행 · 사고 · 출산 ■

갑자기 떠나는 여행은 삼가하라. 출산은 무난하다.

23-1 박지이 剝之頤

跪坐至暮 請求不得 膏澤不降 政戾民忒
궤좌지모 청구불득 고택부강 정려민특

해가 저물도록 무릎꿇고 부탁하지만 얻지 못한다. 은혜가 내리지 않으니, 정치(政治)는 어지럽고 백성들의 마음이 어긋난다.

註) 궤좌 : 무릎을 꿇고 앉음 . '四府備要' 에 '危坐' 라고 되어 있는 것을 문맥에 맞추어서 교정(校訂)하였음

膏澤(고택) : 은혜를 베풂 戾 : 어그러질 려 跪: 꿇어앉을 궤 忒 :어긋날 특

■ 금전 · 사업 · 창업 ■
허황되면 오히려 큰 화를 당하니 분수를 지켜라. 창업도 불가하다. 오직 분수를 지킴이 정도이다.

■ 이사 · 매매 · 문서 ■
될 듯 하면서도 이루어지지 않는다. 말만 무성하다. 다음을 기약하라.

■ 취직 · 시험 · 승진 ■
시험을 실력보다 손해를 본다. 취직도 한 단계 낮추어라. 승진 또한 경쟁자가 너무 많다.

■ 애정 · 결혼 · 부부 ■
기다리던 사람이 나타나지 않으니 마음이 공허하다.

■ 건강 · 소송 · 소원 ■
소송은 불리하니 속히 화해하라. 건강에 유의하여야 한다.

■ 여행 · 사고 · 출산 ■
여행, 출장은 자제하라. 산모와 아기의 건강에 유의하여야 한다.

23-2 박지몽 剝之蒙

齎貝贖狸 不聽我辭 繫於虎鬚 牽不得來
재패속리 불청아사 계어호수 견부득래

돈을 주고 너구리를 사지만 나의 말을 듣지 않는다. 호랑이 수염을 매어서 당겨 보지만 끌어도 오지 않는다.

齎 : 가져올 재 贖 : 바칠 속 狸 : 너구리 이 繫 : 맬 계 鬚 : 수염 수 牽 : 끌 견

■ 금전 · 사업 · 창업 ■
무리한 일에 손대지 말라. 수습하기 힘든 어려움에 처한다. 현재를 고수하여야만 손해가 없다.

■ 이사 · 매매 · 문서 ■
말썽만 많고 성사되기 힘들다. 성사되어도 이익이 없다.

■ 취직 · 시험 · 승진 ■
작은 시험은 가능하나 무리하게 높여서 치르는 시험은 반드시 낙방한다. 힘써 노력했으면 하늘의 응답을 기다려라.

■ 애정 · 결혼 · 부부 ■
결혼은 뜻대로 이루어지지 않고, 연인은 뜻이 맞지 않는다.

■ 건강 · 소송 · 소원 ■
많은 노력을 기울이나 뜻대로 되지 않아 안타깝다. 자신의 약점을 보완하여 다시 한번 시도해 봄이 옳겠다.

■ 여행 · 사고 · 출산 ■
떠나려 하나 여유가 없다. 떠나기가 쉽지 않다. 출산은 무난하다.

23-3 박지간 剝之艮

巨蛇大鰌 戰於國郊 上下隔塞 主君走逃
거사대추 전어국교 상하격색 주군주도

큰 뱀과 미꾸라지가 교외(郊外)에서 싸운다. 상하(上下)가 막히니 주군(主君)이 달아난다.

鰌 : 미구라지 추 郊 : 성밖 교 隔 : 사이뜰 격

■ 금전 · 사업 · 창업 ■
무리한 일에 손대지 마라. 수습하기 힘든 어려움에 처한다. 현재를 지켜야만 손해 보는 것이 없다. 창업도 심사숙고하라.

■ 이사 · 매매 · 문서 ■
순리대로 진행되지 않는다. 축소하여 운영하고 함부로 확장하지 말라.

■ 취직 · 시험 · 승진 ■
작은 시험은 가능하나 무리하게 높여서 치르는 시험은 불가하다. 승진은 아직 때가 아니다.

■ 애정 · 결혼 · 부부 ■
결혼은 뜻대로 이루어지지 않고 연인은 뜻이 맞지 않아 다툰다.

■ 건강 · 소송 · 소원 ■
소송은 불리하다. 화해가 최선이다. 근신하고 자중하는 것이 옳다.

■ 여행 · 사고 · 출산 ■
떠나려 하나 여유가 없으니 떠나기가 쉽지 않다. 출산은 무난하다.

23-4 박지진 剝之晉 ䷖ → ䷢

鳧舞鼓翼　嘉樂堯德　虞夏美功　要荒賓服
부무고익　가락요덕　우하미공　요황빈복

오리가 춤추고 날개치며 요(堯)임금의 덕을 즐거워한다. 순(舜)과 우(禹)임금 때는 변두리 지역 사람들도 공(功)을 아름답게 여겼다.

註) 堯는 당제(唐帝)의 이름이다. 우하(虞夏)는 순임과 우임금때의 연호이다. 요황(要荒)은 행정구역이다. 상고(上古)때는 왕기(王畿)를 중심으로 주위를 500리를 단위로 전복(甸服), 후복(侯服), 수복(綏服), 요복(要服), 황복(荒服)의 다섯 개의 구역으로 나누었었다. 그중 요복과 황복은 가장 변두리에 위치한 지역이다.

鳧 : 오리 부　翼 : 날개 익　荒 : 거칠 황　賓 : 손님 빈

■ 금전 · 사업 · 창업 ■
정도를 지켜야 낭패가 없다. 사업은 제자리를 지키고 창업은 미루어라.

■ 이사 · 매매 · 문서 ■
성사되어도 손해가 크다. 도와준다는 사람이 오히려 해가 된다.

■ 취직 · 시험 · 승진 ■
작은 시험은 가능하나 무리하게 치르는 시험은 불가하다.

■ 애정 · 결혼 · 부부 ■
결혼은 성사되기 어렵다. 연인끼리도 서로 존중하고 지킬 것을 지켜라.

■ 건강 · 소송 · 소원 ■
소송을 오래 끌지 말라. 양보하고 화해하는 것이 덕을 쌓는 일이다.

■ 여행 · 사고 · 출산 ■
떠나려 하나 여유가 없으니 떠나기가 쉽지 않다. 출산은 무난하다.

23-5 박지관 剝之觀

王母多福　天祿所伏　居之寵光　君子有福
왕모다복　천록소복　거지총광　군자유복

왕모는 복이 많아 천록(天祿)이 숨어 있었다. 사는 곳에 사랑과 영광이 있으니 군자는 복이 있다.

註) 왕모(王母)는 도기(道氣)가 서린 무위자연(無爲自然)으로 진기(眞氣)에 이르러 화생하였다.

■ 금전 · 사업 · 창업 ■
스스로 도와야 한다. 반성하고 고치는 데 주저함이 없으면 길하리라.

■ 이사 · 매매 · 문서 ■
매매에서는 양보하는 것이 오히려 이익이 된다.

■ 취직 · 시험 · 승진 ■
자기 실력에 맞게 응시하라. 허욕은 금물이다. 직장인은 자신을 다시 돌아보아야 한다.

■ 애정 · 결혼 · 부부 ■
연인 부부 사이에도 도를 잃지 말아야 한다. 결혼은 순리로 성사된다.

■ 건강 · 소송 · 소원 ■
시비를 가리기 어렵다. 양보하고 화해해서 덕을 쌓으라.

■ 여행 · 사고 · 출산 ■
여행, 출장은 무난하다. 산모의 산후조리에 유의하라.

23-6 박지곤 剝之坤

從風縱火　荻芝俱死　三害集房　十子中傷
종풍종화　적지구사　삼해집방　십자중상

바람을 따라 불을 놓으니 갈대와 지초(芝草)가 함께 탄다. 세가지 해로움이 모이니 열아들이 다친다.

註) 지(芝)는 영험한 풀이고, 적(荻)은 갈대이다. 불을 만나면 함께 타 죽으니 옥석구분(玉石俱焚: 옥과 돌이 함께 탄다)의 뜻이다.

縱 : 불놓을 종　荻 : 갈대 적　傷 : 상할 상

■ 금전 · 사업 · 창업 ■
온통 어둠뿐이다. 사업은 현상유지해야 한다. 창업도 불가하다.

■ 이사 · 매매 · 문서 ■
자세를 한껏 낮추고 움직이지 말라. 성사되어도 손해뿐이다.

■ 취직 · 시험 · 승진 ■
불리하다. 실망하지 말고 계속 정진하라. 승진은 다음 기회를 노리고 정진하여야 한다.

■ 애정 · 결혼 · 부부 ■
서로의 애정도 식었고 주변의 여건도 좋지 않다.

■ 건강 · 소송 · 소원 ■
원명이 나쁜 사람은 건강에 유의하라. 소송은 화해하거나 포기하라.

■ 여행 · 사고 · 출산 ■
자칫 사건, 사고로 어려운 상황에 놓일 수 있다. 출산은 무난하다.

24-1 복지곤 復之坤 ䷗ → ䷁

義不勝情　以欲自營　觀利危寵　折角摧頸
의불승정　이욕자영　관리위총　절각최경

정의(正義)가 감정(感情)을 이기지 못해서 하고 싶은 대로 한다. 이익을 넘겨보다 은혜마저 위태하니 뿔이 부러지고 목이 꺾인다.

營 : 경영할 영　寵 : 은혜 총　折 : 꺾일 정　摧 : 꺾을 최　頸 : 목 경

■ 금전 · 사업 · 창업 ■
헛된 욕심이 발동했다가는 큰 해를 당하고 어려움에 직면한다. 분수를 지키고 정도를 행해야만 자신을 지킬 수 있다.

■ 이사 · 매매 · 문서 ■
이익이 스스로에게 있는데 밖에서 구하는 형국이다. 분수를 알고 경거망동하지 말라.

■ 취직 · 시험 · 승진 ■
실력발휘가 어려우니 목표를 낮추는 것이 최선의 길이다. 재직자는 일일히 나서지 말라.

■ 애정 · 결혼 · 부부 ■
현재의 인연에 충실하고 한눈 팔지 말라. 다툼이 있을 수 있다.

■ 건강 · 소송 · 소원 ■
소송은 시간만 끌고 불리하다. 양보하고 화해하라. 덕을 베풀어라.

■ 여행 · 사고 · 출산 ■
훌쩍 떠나 생각하는 기회를 갖는 것도 좋다 출산은 무난하다.

24-2 복지림 復之臨

尙利壞義 月出平地 國亂天常 咎徵滅亡
상리괴의 월출평지 국란천상 구징멸망

이득을 숭상하여 정의(正義)를 무너뜨리니 달이 평지에서 떠오른다. 나라는 어지러워도 천명(天命)은 일정하니 허물이 멸망을 부른다.

壞 : 무너질 괴 徵 : 부를 징 滅 : 멸할 멸

■ 금전 · 사업 · 창업 ■
헛된 욕심을 부리면 크게 낭패한다. 바른 마음으로 일을 추진하라.

■ 이사 · 매매 · 문서 ■
송사나 구설에 휘말리지 않도록 조심하라. 현재를 지키고 다음을 대비해야 한다.

■ 취직 · 시험 · 승진 ■
결과가 기대에 미치지 않는다고 포기하지 말라. 재직자는 주변에 덕을 쌓아야 한다.

■ 애정 · 결혼 · 부부 ■
상대에게 관대하라. 사소한 일로 문제 삼기 시작하면 서로에 대한 신뢰가 무너지기 쉽다.

■ 건강 · 소송 · 소원 ■
소송은 유리할 것이 없으니 빨리 화해하라.

■ 여행 · 사고 · 출산 ■
이익을 위한 출장은 불리하다. 출산은 무난하다.

24-3 복지명이 復之明夷 ䷗ → ䷣

堯飮舜舞 禹拜上酒 禮樂所豊 可以安處 保我淑女
요음순무 우배상주 예락소풍 가이안처 보아숙여

요(堯)임금은 술 마시고, 순(舜)임금은 춤추며, 우(禹)임금은 절하며 술을 올린다. 예악(禮樂)이 풍성한 바 가히 편안한 곳으로, 나의 숙녀(淑女)를 보존한다.

■ 금전 · 사업 · 창업 ■
현재 자신의 범위 내에서 추진하면 이익이 있다. 확대하지 말라. 손해 보는 수가 있다.

■ 이사 · 매매 · 문서 ■
매매에는 별 소득이 없을 것이다. 자신을 돌아보는 계기로 삼아라.

■ 취직 · 시험 · 승진 ■
본인의 시험이면 불리하다. 타인의 시험이면 성과가 있다. 재직자는 주변에 덕을 베풀어야 한다.

■ 애정 · 결혼 · 부부 ■
관계가 욕심으로 이루어지면 낭패한다. 사랑은 허욕이 아니다.

■ 건강 · 소송 · 소원 ■
소송은 불리하다. 가급적 빨리 화해하는 것이 좋다. 그렇지 않으면 재정적으로 손해가 심할 것이다.

■ 여행 · 사고 · 출산 ■
여행, 출장 중에 한눈 팔지 마라. 출산은 무난하다.

24-4 복지진 復之震

猿墮高木 不踒手足 握珠懷玉 還歸我宅
원타고목 불위수족 악주회옥 환귀아택

원숭이가 높은 나무에서 떨어졌지만 수족을 다치진 않는다. 구슬은 움켜쥐고 옥은 가슴에 품고 나의 집으로 돌아온다.

墮 : 떨어질 타 踒 : 삘 위 握 : 쥘 악

■ 금전 · 사업 · 창업 ■
우여곡절을 겪고 늦게 성사된다. 분수밖의 재물은 얻더라도 나가기 쉬우니 지키도록 노력하라.

■ 이사 · 매매 · 문서 ■
쓸데 없이 분주하기만 하다. 분수를 지키고 과욕하지 말라.

■ 취직 · 시험 · 승진 ■
노력을 아끼지 않는다면 중류시험 정도는 가능하다. 목표를 정확하게 설정하라. 승진은 과욕이다.

■ 애정 · 결혼 · 부부 ■
원하는 상대와의 결혼은 좀더 때를 기다려야 한다.

■ 건강 · 소송 · 소원 ■
소송은 불리하다. 가급적 빨리 화해하는 것이 좋다. 잔병이 있다.

■ 여행 · 사고 · 출산 ■
여행 출장 중에 불의의 사건에 유의하라. 출산은 무난하다.

24-5 복지둔 復之屯

懸貆素餐 食非其任 失輿剝廬 休坐徙居 室家何憂
현훤소찬 식비기임 실여박여 휴좌사거 실가하우

사냥도 않고 얻은 담비가죽과 공적 없이 먹는 녹봉(祿俸)은 소인(小人)이 자기의 임무가 아닌 것을 취한 것이다. 수레를 잃고 집을 빼앗긴 뒤 앉아서 쉬며 거처를 옮기니 집안에 무슨 근심인가!

註) 1.시경(詩經) 벌단편(伐檀篇) – 현자가 명군을 만나지 못하고 소인배들이 자리를 차지하고 앉아 앞뒤를 가리지 않고 탐욕스럽게 백성을 수탈하는 모습을 노래한 시이다.
"사냥도 하지 않았거늘 어찌 뜰앞에 담비가죽이 널렸는가 군자는 공적없이 결코 나라의 녹을 먹지 않는다네."
2. 역경(易經) 산지박(山地剝) 上九 象傳 : 君子得輿 民所載也 小人剝廬 終不可用也
군자는 수레를 얻고 소인은 오두막집을 헌다. 象傳 '군자가 수레를 얻는다' 는 것은, 백성이 군자를 수레에 태워 존중하는 것을 의미하고, '소인이 오두막집을 헌다' 는 것은 결국 임용할 수 없는 자라는 것을 의미한다. 懸 : 매달 현 輿 : 수레 여 徙 : 옮길 사

■ 금전 · 사업 · 창업 ■
과욕하면 낭패한다. 작은 이익으로 만족해야 한다.

■ 이사 · 매매 · 문서 ■
매매에 손재수가 있다. 이사도 확장은 불가하다.

■ 취직 · 시험 · 승진 ■
한 단계 낮추어 응시하는 것이 현명하다. 전직의 가능성이 있다.

■ 애정 · 결혼 · 부부 ■
혼사는 순리로 풀어야 한다. 부부간에도 도리를 지켜야 한다.

■ 건강 · 소송 · 소원 ■
소송은 득될 것이 없다. 화해하거나 종결하라.

■ 여행 · 사고 · 출산 ■
철저하게 계획하고 준비한 다음에 여행을 떠나라. 출산은 무난하다.

24-6 복지이 復之頤

䷗ → ䷚

噂噂所言 莫如我恒 歡樂堅固 可以長安
준준소언 막여아항 환락견고 가이장안

수군거리는 말은 나의 항심(恒心)과 같지 않다. 즐거움이 견고(堅固)하니 오래도록 편안하리라.

噂 : 수군거릴 준 固 : 굳을 고

■ 금전 · 사업 · 창업 ■
지나친 욕심을 갖지 않으면 차츰 풀린다. 차분하게 단계 단계를 밟아가는 것이 중요하다.

■ 이사 · 매매 · 문서 ■
구설에 오르지 않도록 조심하라. 구설과 다툼이 없으면 결국 성사된다.

■ 취직 · 시험 · 승진 ■
평소에 실력을 닦았으면 좋은 결과가 기다린다. 다만 하위직, 일반직 등이 유력하다

■ 애정 · 결혼 · 부부 ■
삼각관계나 이성간의 관계로 구설에 오르기 쉬우니 몸가짐을 바르게 하라. 소문이나 떠도는 말이 오래가지는 못한다.

■ 건강 · 소송 · 소원 ■
작은 구설에 휘말릴 수 있으나 곧 해결된다. 소송은 유리하다.

■ 여행 · 사고 · 출산 ■
여행, 출장 모두 무난하다. 출산은 순산이다.

25-1 무망지비 无妄之否

天厭周德　命與南國　以禮靜民　兵革休息
천염주덕　명여남국　이예정민　병혁휴식

하늘이 주나라 정치를 싫어해 천명(天命)을 남국에 주었다. 예(禮)로써 백성을 고요히 하니 전쟁이 그쳤다.

厭 : 싫을 염　兵革(병혁) : 무기와 갑옷. 전(轉)하여 전쟁의 뜻을 지님

■ 금전 · 사업 · 창업 ■
밖에 이익이 있다. 창업도 무방하다. 허욕을 삼가고 꾸준히 노력한다면 작더라도 확실한 내것이 된다.

■ 이사 · 매매 · 문서 ■
지체된다. 성사되어도 이익이 없다. 다음으로 미루는 것이 좋다.

■ 취직 · 시험 · 승진 ■
취직, 시험을 가볍게 여기지 말라. 불리하다. 직장인은 순리에 따르라.

■ 애정 · 결혼 · 부부 ■
자칫 서로에 대한 배려가 부족해 헤어지는 수도 있겠다.

■ 건강 · 소송 · 소원 ■
바르게 생활하지 않으면 건강과 원하는 바 모두 얻기 어렵다. 소송은 오래 끄나 유리해진다.

■ 여행 · 사고 · 출산 ■
여행은 잃는 것이 많으니 삼가하는 것이 좋다. 출산은 무난하다.

25-2 무망지리 无妄之履

啞啞笑語　與歡飮酒　長樂行觴　千秋起舞　拜受大福
액액소어　여환음주　장락행상　천추기무　배수대복

깔깔 웃으며 즐겁게 말하고 함께 술 마시며 즐긴다. 오래도록 즐겁게 잔을 주고 받으며 일어나 춤춘다. 절하고 큰복을 받는다.

啞啞(액액) : 웃으며 말하는 소리　觴 : 잔 상

■ 금전 · 사업 · 창업 ■
세월의 흐름에 따라 재물도 차곡차곡 쌓여간다. 금전과 정신 모두 여유로우니 오래도록 조용하다.

■ 이사 · 매매 · 문서 ■
매매, 이사 모두 원만하다. 쌍방간에 이익이 있다.

■ 취직 · 시험 · 승진 ■
욕심내지 않고 지원하면 합격이다. 직장인은 승진운이 있다.

■ 애정 · 결혼 · 부부 ■
뜻밖의 연인이 생긴다. 결혼도 순조롭게 성사된다.

■ 건강 · 소송 · 소원 ■
오래 끌던 송사는 원만히 해결된다. 구하는 바도 얻게 될 것이다.

■ 여행 · 사고 · 출산 ■
여행, 출장 모두 유익하다. 출산도 순산이다. 산모와 아기 모두 건강하다.

25-3 무망지동인 无妄之同人 ䷘ → ䷌

壅遏隄防 水不得行 火光盛陽 陰蜺伏匿 走歸其鄕
옹알제방 수불득행 화광성양 음예복닉 주귀기향

제방을 막으니 물이 내려가지 못한다. 불볕더위로 양(陽)이 왕성하니 음습(陰濕)한 기운(氣運)은 본처(本處)로 돌아간다.

壅 : 막을 옹 遏 : 막을 알 匿 : 숨을 닉

■ 금전 · 사업 · 창업 ■
시작은 불리해도 점차 나아진다. 순리대로 인내하며 풀어간다.

■ 이사 · 매매 · 문서 ■
경쟁 상대가 많을 것이다. 속전속결로 처리하라.

■ 취직 · 시험 · 승진 ■
처음에는 불리하나 나중에는 길하다. 인내하면 좋은 결과가 있을 것이다. 승진도 기다리면 좋은 소식이 있을 것이다.

■ 애정 · 결혼 · 부부 ■
당신이 원한다면 새로운 짝을 만난다. 그러나 급히 서두르면 오히려 성사되지 않는다.

■ 건강 · 소송 · 소원 ■
소송은 오래 끈다. 화해하는 것이 좋다. 소원은 점차 이룬다.

■ 여행 · 사고 · 출산 ■
여행을 떠나는 것은 좋으나 시비와 구설이 있을지 모르니 다른 사람과 다투는 일은 피하는 것이 좋다. 출산은 무난하다.

25-4 무망지익 无妄之益

魚擾水濁 桀亂我國 駕龍出遊 東之樂邑 天賜我祿 與生爲福
어요수탁 걸란아국 가룡출유 동지락읍 천사아록 여생위복

물고기가 물을 흐리듯 걸(桀)이 나라를 어지럽게 한다. 용가마를 타고 동쪽 낙읍(樂邑)을 간다. 하늘이 나에게 녹을 주어 삶과 더불어 복이 된다.

註) 桀 : 하(夏)나라의 마지막 임금. 폭군으로 유명함
擾 : 어지러울 요 遊 : 노닐 유

■ 금전 · 사업 · 창업 ■
여건이 좋지 않아도 헤쳐나가기 위해 많은 노력을 기울인다. 그 결과 작은 성과와 결실을 얻으니 따뜻하고 원만하다.

■ 이사 · 매매 · 문서 ■
얻음과 잃음이 반반이니 완벽한 계획하에 일을 처리하여야 한다. 큰 변동은 없으나 작은 변화로도 기쁨이 있다.

■ 취직 · 시험 · 승진 ■
시험은 한 단계 낮추어 응시하는 것이 좋다. 재직자는 변동이 있다.

■ 애정 · 결혼 · 부부 ■
서로의 고집은 문제를 악화시키게 된다. 서로 양보하고 포용하라.

■ 건강 · 소송 · 소원 ■
건강에 별 이상 없다. 소송도 원만하게 해결될 것이다.

■ 여행 · 사고 · 출산 ■
여행이나 출장 등 모두 순탄하다. 출산은 무난하다.

25-5 무망지서합 无妄之噬嗑

戴喜抱子 與利爲友 天之所命 不憂危殆 郇伯勞苦 西來王母
대희포자 여리위우 천지소명 불우위태 순백로고 서래왕모

기쁨을 이고 자식을 안으며 이익과 더불어 벗이 된다. 천명(天命)은 위태함을 근심하지 않는다. 순의 제후가 백성들을 위무하니 서쪽에서 왕모(王母)가 온다.

註) 순은 주문왕(周文王)의 아들이 처음으로 다스리던 땅이고, 백(伯)은 주나라 시대 주(州)의 장(長)을 말한다. 주(州)안에 있는 제후들을 통치하던 사람. 노(勞)는 위무한다는 뜻.
왕모(王母)는 1.할머니 2.서왕모(西王母) 3.제왕의 어머니 등의 세가지 뜻이 있다.

■ 금전 · 사업 · 창업 ■
하고자 하는 일이 뜻대로 이루어진다. 재물도 솔솔 들어온다.

■ 이사 · 매매 · 문서 ■
이사나 새로운 일을 시작해도 순조롭다. 큰 이득을 기대하기는 어려우나 부족하지 않을 정도의 이득은 생긴다.

■ 취직 · 시험 · 승진 ■
시험은 보답을 받을 것이다. 직장인은 부서 이동은 가능하다.

■ 애정 · 결혼 · 부부 ■
미혼자는 배필을 만나 화촉을 밝히고 기혼자는 근심이 없다.

■ 건강 · 소송 · 소원 ■
바라는 바가 차츰 이루어지고 건강 또한 원기 왕성하다.

■ 여행 · 사고 · 출산 ■
여행이나 출장 모두 당신이 원하는 바를 이루겠다. 출산은 순산이다.

25-6 무망지수 无妄之隨

破亡之國 天所不福 難以止息
피망지국 천소불복 난이지식

패망한 나라는 하늘이 복을 주지 않는다. 머물러 쉬기가 어렵다.

■ 금전 · 사업 · 창업 ■
어렵다. 남의 것을 탐하지 말고 검소하게 생활하며 현재의 난관을 헤쳐 나가도록 노력하라.

■ 이사 · 매매 · 문서 ■
불가하다. 강행하면 낭패한다. 분수를 지키며 근신해야 한다.

■ 취직 · 시험 · 승진 ■
때가 이르지 않았으니 원하던 곳의 합격은 기대하기 어렵다. 한 단계 낮추면 하위직이나 일반직은 가능하다. 승진도 어렵다.

■ 애정 · 결혼 · 부부 ■
현재 사귀고 있는 연인이 있다면 오해가 생기지 않도록 주의하라. 사소한 오해가 이별을 부를 수 있다.

■ 건강 · 소송 · 소원 ■
건강이 나쁘지는 않으나 자신의 몸을 혹사시키지 말고 휴식을 가지는 것이 좋겠다. 소원을 이루려면 보다 많은 노력이 필요하다.

■ 여행 · 사고 · 출산 ■
얻는 것이 없다. 가급적 여행은 자제하라. 출산은 평탄하다.

26-1 대축지고 大畜之蠱

一巢九子 同公共母 柔順利貞 出入不殆 福祿所在
일소구자 동공공모 유순리정 출입불태 복록소재

한 둥지에 아홉 자식이 다 같이 어머니를 공유한다. 유순하고 곧으니 출입에 위태롭지 않고 복록이 있다.

■ 금전 · 사업 · 창업 ■
대체로 불리하다. 창업은 미루고 때를 기다려야 한다. 사업은 현상유지해야 할 것이다.

■ 이사 · 매매 · 문서 ■
무리한 변동은 화를 부른다. 때를 기다려야 한다. 욕심내지 않는 작은 변화는 가능하다. 이익도 있다.

■ 취직 · 시험 · 승진 ■
일반직이나 공사직은 가능하나 고위직은 어렵다. 승진도 때를 기다려야 한다.

■ 애정 · 결혼 · 부부 ■
혼사는 지체되나 결국 성사된다.

■ 건강 · 소송 · 소원 ■
무리하지 말라. 건강이 염려된다. 소송은 유리하나 합의하는 것이 당연하다. 소망은 이루기 어렵다.

■ 여행 · 사고 · 출산 ■
여행이나 출장 모두 순조롭게 진행되니 근심이 없다. 출산은 평탄하다.

26-2 대축지비 大畜之賁

常德自如 不逢禍災 樂只君子 福祿自來
상덕자여 불봉화재 낙지군자 복록자래

항상 덕이 자여(自如)하니 재앙을 만나지 않는다. 즐겁게 사는 군자는 복록이 스스로 온다.

註) 自如 (자여) : 자약(自若)과 같은 의미로 기색이 태연한 것을 이른다.

■ 금전 · 사업 · 창업 ■
순조롭다. 창업도 가하다. 기다리면 금전도 들어온다.

■ 이사 · 매매 · 문서 ■
서두르지 않아도 자연 성사된다. 그러나 잡음이 많을 것이니 꼼꼼하게 살펴야 한다.

■ 취직 · 시험 · 승진 ■
고시나 일류대를 빼고는 합격의 영광이 있다. 직장인은 상사의 도움으로 승진하거나 추천받는다

■ 애정 · 결혼 · 부부 ■
미혼남녀는 좋은 인연을 만난다. 결혼도 성사된다. 부부금슬이 좋다.

■ 건강 · 소송 · 소원 ■
소송은 타협하는 것이 좋다. 주변에 덕을 베풀고 욕심없이 사는 것이 소원을 이루는 것이다

■ 여행 · 사고 · 출산 ■
여행, 출장에서 목적을 달성한다. 출산은 순산이다.

26-3 대축지손 大畜之損

兩虎爭鬪 服創無處 不成仇讐 行解郤去
양호쟁투 복창무처 불성구수 행해극거

두 호랑이가 싸웠으나 상처가 없다. 원수가 되지 않아 화해하고 떠나간다.

創 : 상처 창 , 다칠 창 讐 : 원수 수 郤 : 빈틈 극

■ 금전 · 사업 · 창업 ■
먼저는 어려우나 점차 호전된다. 소득도 발생한다. 창업은 다음으로 미루라. 많은 노력이 필요하다.

■ 이사 · 매매 · 문서 ■
이사와 변동은 현재와 같은 정도에서만 가능하다. 무리한 확장이나 매매는 손실을 볼 수 있으므로 조심해야 한다.

■ 취직 · 시험 · 승진 ■
많은 노력이 있어야 합격한다. 분수에 맞게 지원하라. 직장에서 좋은 일이 있을 것이나 크지는 않다.

■ 애정 · 결혼 · 부부 ■
다툼이 있다. 혼사는 성사되기 어렵다. 부부간에도 도리를 지킨다.

■ 건강 · 소송 · 소원 ■
소송에서 패하지는 않겠으나 신속하게 종결하는 것이 좋다.

■ 여행 · 사고 · 출산 ■
여행, 출장 모두 목적을 이룬다. 출산은 무난하다.

26-4 대축지대유 大畜之大有

黃帝出遊 駕龍乘馬 東至泰山 南過齊魯 王良御右 文武何咎 不利市賈
황제출유 가룡승마 동지태산 남과제로 왕량어우 문무하구 불리시가

황제가 순유(巡遊)할 때 용가마와 말을 갖추어 동으로는 태산(泰山)에 이르고, 남으로 제나라와 노나라를 지났다. 왕량(王良)이 보필하니 문무(文武)에 무슨 허물이 있으랴? 장사는 이롭지 못하다.

註) 왕량(王良)은 옛적에 말을 잘 몰던 사람이다.

■ 금전 · 사업 · 창업 ■
큰 재물과는 인연이 없으므로 지나치게 집착하지 않아야 한다. 궁핍하지 않을 정도의 금전은 따라주나 크게 쌓이지는 않는다.

■ 이사 · 매매 · 문서 ■
잡음과 방해를 극복해야 성사된다.

■ 취직 · 시험 · 승진 ■
수험생은 유리하다. 웬만한 시험에는 합격한다. 힘쓴 만큼의 결실이 있으니 더욱 더 분발하라.

■ 애정 · 결혼 · 부부 ■
꾸준히 노력한다면 좋은 짝을 만날 수 있고 결혼에까지 이른다. 또한, 부부는 순탄하고 안정된 삶을 누린다.

■ 건강 · 소송 · 소원 ■
때로는 재물보다 명예가 소중하다. 소송은 유리하다.

■ 여행 · 사고 · 출산 ■
이익을 염두에 두지 말고 떠나라. 출산은 평탄하다.

26-5 대축지소축 大畜之小畜 ䷙ → ䷈

配合相迎 利之四鄕 昏以爲期 明星熠熠 欣喜君奭 所言得當
배합상영 이지사향 혼이위기 명성습습 흔희군석 소언득당

짝을 맞아 서로 반김은 모든 이웃에게 이로운 것이다. 저녁무렵 만나기로 약속했건만 벌써 샛별이 반짝인다. 임금이 크게 기뻐하고 말하는 바가 정당하다.

註) 시경(詩經) 동문지양(東門之楊) – 남녀가 만나기로 약속했지만 시간이 지나도 한쪽이 오지 않아 상대를 원망하는 것을 노래한 시이다. 昏以爲期 明星煌煌 : 저녁무렵 만나기로 약속했건만 벌써 샛별이 반짝이네. 熠 : 빛날 습 欣 : 기뻐할 흔 奭 : 클 석

■ 금전 · 사업 · 창업 ■
꾸준한 수입에 재물도 지속적으로 들어오나 지출이 커져 이익이 있는지 없는지 구분하기 어렵다.

■ 이사 · 매매 · 문서 ■
양자가 합의하여 성사되고 이익도 크다.

■ 취직 · 시험 · 승진 ■
가까운 사람의 도움이 크니 무리한 것이 아니라면 시험, 합격, 승진 등이 모두 가능하다. 재직자는 인간관계에 힘써야 한다.

■ 애정 · 결혼 · 부부 ■
서로간에 경계한다. 화합에 힘써야 한다.

■ 건강 · 소송 · 소원 ■
승소하겠으나 화해하는 것이 원만하다.

■ 여행 · 사고 · 출산 ■
여행, 출장 모두 길하다. 순산이다. 산모와 아기 모두 건강하다.

26-6 대축지태 大畜之泰

虎臥山隅 鹿過後朐 弓矢設張 蝟爲功曹 伏不敢起 逐全其驅 得 我美草
호와산우 녹과후구 궁시설장 위위공조 복불감기 축전기구 득 아미초

호랑이가 산모퉁이에 누어 있으니 사슴은 멀리 뒤로 지나간다. 화살 돋은 듯한 고슴도치의 공으로 (호랑이는) 엎드려서 감히 일어나지 못한다. 완전히 달아나서 아름다운 풀을 얻는다.

註) 사기(史記) 구협전(龜莢傳) 곽박주(郭璞註) : 고슴도치가 능히 호랑이를 제어한다.
朐 : 멀 구 設 : 베풀 설 蝟 : 고슴도치 위 驅 : 몰 구

■ 금전 · 사업 · 창업 ■
어려움이 있을 것이다. 애써 헤쳐나가면 결과는 좋다. 창업 불가.

■ 이사 · 매매 · 문서 ■
다툼과 잡음이 있겠으나 마침내 성사된다. 이익도 크다.

■ 취직 · 시험 · 승진 ■
노력한 만치 이룬다. 요행도 없다. 승진에는 주위의 도움이 필요하다.

■ 애정 · 결혼 · 부부 ■
혼사는 우여곡절 끝에 성사된다.

■ 건강 · 소송 · 소원 ■
어려움에 처해도 귀인이 홀연히 도와주니 가히 원하는 바를 얻을 수 있다. 남자 쪽 병이면 오래 끈다.

■ 여행 · 사고 · 출산 ■
목적을 가지고 떠나는 출장은 원하는 바 이상을 얻을 수 있다. 출산은 지체되나 순산이다.

27-1 이지박 頤之剝

弱足刖跟 不利出門 商賈無贏 折崩爲患 湯火之憂 轉解喜來
약족월근 불리출문 상가무영 절붕위환 탕화지우 전해희래

약한 발의 뒤꿈치를 자르니 출입이 불편하다. 장사에 남는 것이 없어 꺾어지고 무너질까 걱정한다. 끓는 물과 불의 근심이 해결되어 기쁨이 온다.

刖 : 발꿈치 벨 월　跟 : 발꿈치 근　贏 : 남을 영

■ 금전 · 사업 · 창업 ■
내것이 아니면 탐하지 말라. 낭패할 수 있다. 창업은 때가 아니다. 분수를 지키고 근신하여야 한다.

■ 이사 · 매매 · 문서 ■
허황된 욕심은 성사되지 않는다. 자신의 본분을 지켜 변동은 삼가하라.

■ 취직 · 시험 · 승진 ■
운은 따르지 않으니 오로지 노력밖에는 방법이 없다. 재직자는 인화에 힘쓰라.

■ 애정 · 결혼 · 부부 ■
제 짝을 두고 다른 곳을 바라보니 모습이 좋겠는가?

■ 건강 · 소송 · 소원 ■
소송에서 이기기 힘들다. 화해가 최선이다.

■ 여행 · 사고 · 출산 ■
가지 않는 것이 낫다. 무엇을 얻기 위한 출장은 불가. 출산은 무난하다.

27-2 이지손 頤之損

庭燎夜明　追古傷今　陽弱不制　陰雄坐戾
정요야명　추고상금　양약불제　음웅좌려

마당에 불을 지펴 밤을 밝히고 지난 일을 되새겨 지금을 상심한다. 양(陽)이 약해서 제어하지 못하니 암컷이 되돌아 앉아 눈물을 흘린다.

■ 금전 · 사업 · 창업 ■
길한 일이 없다. 창업도 불가하다. 심한 금전적 어려움에 직면한다. 분수를 지키고 수신하라.

■ 이사 · 매매 · 문서 ■
주변에 믿을 사람이 없다. 도와주는 사람이 방해꾼이다. 성사 불가.

■ 취직 · 시험 · 승진 ■
집안이 어지러우니 정신을 집중할 수 없다. 취직도 어렵다. 직장 동료가 바로 방해꾼이다.

■ 애정 · 결혼 · 부부 ■
혼인은 지체된다. 부부사이도 싸움이 잦다. 정도를 지키고 근신하여야 한다.

■ 건강 · 소송 · 소원 ■
패소할 가능성이 크니 속히 화해하라. 걱정 근심이 많다.

■ 여행 · 사고 · 출산 ■
가급적 떠나지 않는 것이 좋다. 출산은 무난하다.

27-3 이지비 頤之賁 ䷚ → ䷕

羣虎入邑　求索肉食　大人禦守　君不失國
군호입읍　구색육식　대인어수　군불실국

여러 호랑이가 고을에 들어와 먹을 고기를 찾아 구한다. 대인이 막아 지키니 임금은 나라를 잃지 않는다.

羣 : 무리 군　索 : 찾을 색　禦 : 막을 어

■ 금전 · 사업 · 창업 ■
불가하다. 정도를 지키지 않으면 크게 낭패한다. 분수를 지키고 현상을 고수해야 한다.

■ 이사 · 매매 · 문서 ■
급하게 서두르지 말라. 지금의 것을 지키는 것도 어렵다.

■ 취직 · 시험 · 승진 ■
때가 아니니 무리하지 말라. 수험생은 더욱 정진하라. 직장인은 매사 양보하고 인화에 힘쓰라.

■ 애정 · 결혼 · 부부 ■
혼사는 성사되기 힘들다. 부부관계도 자신의 부덕으로 불화가 있다.

■ 건강 · 소송 · 소원 ■
소송도 불리하니 화해하는 것이 좋다. 소원을 이루기에는 덕이 짧다.

■ 여행 · 사고 · 출산 ■
가급적 떠나지 않는 것이 좋겠다. 출산은 무난하다.

27-4 이지서합 頤之噬嗑 ䷚ → ䷔

隨陽轉行 不失其常 君安於鄕 國無咎殃
수양전행 불실기상 군안어향 국무구앙

밝음을 따라 움직이니 그 항상됨을 잃지 않는다. 임금은 시골에서 편안하니 나라에 재앙과 허물이 없다.

■ 금전 · 사업 · 창업 ■
초지일관하면 성과가 있다. 창업도 유리하다.

■ 이사 · 매매 · 문서 ■
정당한 변화는 이득을 가져다주지만 그렇지않으면 뜻하지 않은 상황에 부닥칠 수 있다. 소신 있게 밀고 나가라.

■ 취직 · 시험 · 승진 ■
오랫동안 노력했다면 중간직 정도의 시험은 가능하다. 의지에 따라 고위직도 도전해 봄직하다.

■ 애정 · 결혼 · 부부 ■
선남선녀가 서로 짝을 지어 만난다. 결혼 적령기에 다다랐다면 일찌감치 화촉을 밝히는 것이 좋다.

■ 건강 · 소송 · 소원 ■
초지일관하면 소원도 이룬다. 소송은 유리하나 빨리 정리하는 게 재정의 소모를 줄인다.

■ 여행 · 사고 · 출산 ■
평상심을 가지고 떠난다면 소기의 목적을 달성한다. 출산은 순산이다.

27-5 이지익 頤之益

懸貆素餐　食非其任　失輿剝廬　休坐徙居
현훤소찬　식비기임　실여박여　휴좌사거

사냥도 않고 얻은 담비가죽과 공적없이 먹는 녹봉(祿俸)은 소인(小人)이 자기의 임무가 아닌 것을 취한 것이다. 수레를 잃고 집을 빼앗긴 뒤 앉아 쉬며 거처를 옮긴다.

註) 시경(詩經) 벌단편(伐檀篇) – 현자가 명군을 만나지 못하고 소인배들이 자리를 차지하고 앉아 앞뒤를 가리지 않고 탐욕스럽게 백성을 수탈하는 모습을 노래한 시이다.
懸 : 매달 현　貆 : 담비 훤　輿 : 수레 여　徙 : 옮길 사

■ 금전 · 사업 · 창업 ■
노력하지 않고 얻으려 하면 그 재물이 온전치 못하여 화를 부른다.

■ 이사 · 매매 · 문서 ■
움직이지 않고 얻은 재물로 곤궁한 상황에 빠질 수 있다. 또한 그에 따른 소송이나 시비에서 헤어나지 못한다.

■ 취직 · 시험 · 승진 ■
재직자는 관재, 구설 등을 조심하라. 시험은 하위직만 가능하다.

■ 애정 · 결혼 · 부부 ■
상대에게 항상 새로운 모습으로 접근하라.

■ 건강 · 소송 · 소원 ■
소송은 불리하다. 가급적 화해하는 것이 좋다. 소원은 막막하다.

■ 여행 · 사고 · 출산 ■
철저하게 계획을 세워 여행을 떠나는 것이 좋겠다. 출산은 무난하다.

27-6 이지복 頤之復 ䷚ → ䷗

夏臺幽戶　文君厄處　鬼候飮食　岐人悅喜
하대유호　문군액처　귀후음식　기인열희

하대와 유리는 탕왕과 문왕이 갇혔던 곳이다. 귀후(鬼侯)가 음식을 드리니 기산 사람이 기뻐했다.

註) 유호(幽戶)는 유리를 말한다. 탕임금은 하대(夏臺)에 갇혔고, 문왕(文王)은 유리에 갇혔었다.

臺 : 누대 대　幽 : 아득할 유　岐 : 갈림길 기

■ 금전 · 사업 · 창업 ■
혼자 일을 계획하기보다 가까운 사람과 힘을 합치면 어려운 일도 쉽게 성사되고 재물도 생긴다.

■ 이사 · 매매 · 문서 ■
먹구름이 사라지고 밝은 빛이 떠오르니 금전적 여유는 생기겠지만 더욱 꾸준히 인내하고 노력해야 더 좋은 결과를 얻을 수 있다.

■ 취직 · 시험 · 승진 ■
하위직 일반직은 열심히 노력했다면 가능하다. 직장인은 자리이동이 있겠고 구직자는 취직도 가능하다.

■ 애정 · 결혼 · 부부 ■
자신의 능력을 인정하고 있는대로 받아들이는 배필을 만날 수 있다.

■ 건강 · 소송 · 소원 ■
향락에 빠지는 일을 피하고 자신을 바로 세워야 한다.

■ 여행 · 사고 · 출산 ■
무리한 일정을 되도록 피하고 가볍게 떠나라. 출산은 무난하다.

28-1 대과지쾌 大過之夬

旁多小星 三五在東 早夜晨行 勞苦無功
방다소성 삼오재동 조야신행 노고무공

넓고 많은 작은 별이 드문드문 동쪽에 있다. 이른 밤부터 새벽까지 가도 수고로우나 공이 없다.

註) 시경 소성(小星)-서열에 따라 천첩(賤妾)이 잠자리에서 군주를 모시는 노고를 노래한 시
"반짝이는 작은 별이 동녘에 드문드문 있을 때 총총걸음으로 밤길을 가서 새벽이나 밤이나 군주곁에 있으니, 타고난 운명도 여러 가지로다."
旁 : 두루 방 晨 : 새벽 신 勞 : 힘쓸 노 宵 : 밤 소 夙 : 일찍 숙

■ 금전 · 사업 · 창업 ■
열심히 노력하여 이루고자 하나 손에 남는 것이 없고 심신이 피로하다.

■ 이사 · 매매 · 문서 ■
변화의 운이 별로 없으니 상황이 나아지지 않는다. 침착하게 기다리면 순조롭게 진행되어 안정될 때가 온다.

■ 취직 · 시험 · 승진 ■
작은 시험은 합격이 가능하지만 무리한 지원은 성사되지 않는다. 직장인은 동료와의 불화로 곤욕을 치를 수 있으니 항상 덕을 베풀라.

■ 애정 · 결혼 · 부부 ■
주변을 돌아보니 좋은 남녀는 많으나 막상 내 짝을 구하기 어렵다.

■ 건강 · 소송 · 소원 ■
현재의 상태를 지키도록 노력하라.

■ 여행 · 사고 · 출산 ■
이득은 없고 힘은 드니 떠나도 아무 이득이 없다. 출산은 무난하다.

28-2 대과지함 大過之咸

愛我嬰女　牽引不與　冀幸高貴　反得下賤
애아영녀　견인불여　기행고귀　반득하천

나의 어린 딸을 사랑하여 서로 끌어 당기지만 주지 않는다. 고귀해짐을 바라지만 도리어 비천(卑賤)해진다.

嬰 : 갓난아기 영　牽 : 끌 견　冀 : 바랄 기

■ 금전 · 사업 · 창업 ■
사업에 여자를 개입시키는 것은 좋지 않다. 분수를 지키고 근신하라.

■ 이사 · 매매 · 문서 ■
성사되어도 이득이 없다. 침착하게 기다리면 안정될 때가 온다.

■ 취직 · 시험 · 승진 ■
작은 시험은 합격이 가능하지만 무리한 지원은 성사되지 않는다. 직장인은 불화로 곤욕을 치를 수 있으니 근신하라.

■ 애정 · 결혼 · 부부 ■
사귀던 연인과 다투기 쉽다. 결혼 또한 잘 성사되지 않는다.

■ 건강 · 소송 · 소원 ■
건강은 질병에 시달릴 수 있으며, 소원은 아직은 때가 아니다.

■ 여행 · 사고 · 출산 ■
객지에 나가면 손재수가 있거나, 건강에 이상이 생길 수 있으니 조심하는 것이 좋다. 출산은 무난하다.

28-3 대과지곤 大過之困

大步上車　南到喜家　送我貂裘　與福載來
대보상차　남도희가　송아초구　여복재래

큰 걸음으로 수레에 올라 남으로 희가(喜家)에 이른다. 담비 가죽옷을 보내니 복과 더불어 싣고 온다.

貂 : 담비 초　載 : 실을 재

■ 금전 · 사업 · 창업 ■
남이 보기에는 작아 보여도 의외로 많은 재물을 모을 수 있다. 귀인의 도움까지 있으니 마음놓고 경영해도 무방하다.

■ 이사 · 매매 · 문서 ■
가만히 있으면 이득을 얻을 수 없다. 바쁘고 성실하게 움직여 작은 이익을 큰 이익으로 배가시켜라.

■ 취직 · 시험 · 승진 ■
웬만한 곳은 무난하게 이루어진다. 힘써 노력하고 하늘의 뜻에 맡긴다.

■ 애정 · 결혼 · 부부 ■
장래를 약속할 만한 좋은 연인을 만난다. 또한, 오래 사귀던 연인은 화촉을 밝히는 기쁨이 있겠다.

■ 건강 · 소송 · 소원 ■
건강은 매우 왕성하다. 새로운 소망이 있더라도 쉽게 성사된다.

■ 여행 · 사고 · 출산 ■
가는 곳마다 모두 즐겁고 이익을 얻는다. 출산도 순산이다.

28-4 대과지정 大過之井

賊仁傷德 天怒不福 斬刈宗社 失其宇守
적인상덕 천노불복 참예종사 실기우수

어짐을 해치고 덕을 상하게 하니 하늘이 노하여 복을 주지 않는다. 종묘 사직을 베어버리니 집을 지키지 못한다.

斬 : 벨 참 刈 : 벨 예 宇 : 집 우

■ 금전 · 사업 · 창업 ■
운이 좋지 않아 뜻대로 되는 일이 없다. 사업도 많은 어려움에 직면하니 성실한 노력밖에 달리 방법이 없다.

■ 이사 · 매매 · 문서 ■
새로운 일은 자신에게 도움이 되지 않는다. 기존의 것도 제대로 지키지 못하는 형국이니 새로이 시작하는 것은 힘의 낭비이다.

■ 취직 · 시험 · 승진 ■
수험생은 실력발휘가 어렵다. 취직을 원하는 사람은 낮춰서 지원하라.

■ 애정 · 결혼 · 부부 ■
오해가 생겨 헤어지기 쉽다. 주변의 유혹을 조심하라.

■ 건강 · 소송 · 소원 ■
음주나 과로로 인한 질병을 조심해야 하며, 원하는 소원은 성사되기 어렵다.

■ 여행 · 사고 · 출산 ■
장기간 객지에 머물 일이 생길 수 있다. 출산은 무난하다.

28-5 대과지항 大過之恒

宜行賈市　所聚必倍　載喜抱子　與利爲友
의행고시　소취필배　재희포자　여리위우

마땅히 시장에 나가니 모으는 것이 배가 된다. 기쁨을 싣고 자식을 안으니 이익(利益)과 더불어 벗이 된다.

賈 : 장사 고　抱 : 안을 포

■ 금전 · 사업 · 창업 ■
누구와 어떤 일을 계획해도 이익이 크니 경영하는 사람은 바야흐로 때를 만났다.

■ 이사 · 매매 · 문서 ■
변화, 변동의 밝은 빛이 나를 비추니 항상 나에게 유리하게 작용한다.

■ 취직 · 시험 · 승진 ■
분수에 맞으면 합격하나 무리한 지원은 성사될 수 없다.

■ 애정 · 결혼 · 부부 ■
당신의 성실한 모습에 감동되어 쉽게 마음을 열어 주니 연인도 만나고 사랑도 얻어 즐거움에 시간 가는 줄 모른다.

■ 건강 · 소송 · 소원 ■
열심히 노력하니 성사되지 않는 것이 없으며 건강 또한 양호하다. 소송도 유리하게 전개된다.

■ 여행 · 사고 · 출산 ■
먼 여행이나 가까운 여행 모두 움직이는 곳마다 이익이 많다. 출산도 순산이다.

28-6 대과지구 大過之姤

東鄉煩煩　相與笑言　子般鞭犖　圉人作患
동향번번　상여소언　자반편락　어인작환

동쪽이 번잡하도록 서로 웃으며 이야기를 나눈다. 마부가 엿들어 자반(子般)이 채찍을 드니 마부가 근심을 일으켰다.

註) 노장공(魯藏公) 32년. 양씨(梁氏)의 집에서 기우제 의식을 연습할 때, 자반의 누이동생 여공자(女公子)도 구경하러 갔었다. 마부 락이 담밖에서 여공자를 엿보고 희롱하니, 자반이 노해서 채찍으로 때렸다. 장공이 말하기를 '차라리 죽이는 것만 못하구나. 때려도 소용없을 것이다.' 고 말했다. 락은 힘이 세어서 문밖으로 수레덮개를 던질 수 있을 정도였다. 10월에 마부 락이 자반을 죽였다.

嚮 : 향할 향　藩 : 덮을 번　垣 : 담 원　鞭 : 채찍 편　圉 : 마굿간 어

■ 금전 · 사업 · 창업 ■

현재의 것을 지키기 위해 노력하라. 사업도 쉽게 풀리지 않는다.

■ 이사 · 매매 · 문서 ■

함부로 움직이면 점점 어려움에 직면하니 자중해야한다.

■ 취직 · 시험 · 승진 ■

요행은 없고 자신의 실력에 따라 결정되니 오직 노력여하에 달려 있다.

■ 애정 · 결혼 · 부부 ■

삼각관계를 조심해야 한다. 비난받을 이성을 만날 수 있다.

■ 건강 · 소송 · 소원 ■

욕심을 버리고 자신을 낮춰라. 소송은 불리하니 속히 종결하라.

■ 여행 · 사고 · 출산 ■

여행이나 출장 모두 다툼을 조심하라. 출산은 무난하다.

29-1 감지절 坎之節

三河俱合　水怒湧躍　壞我王屋　民飢於食
삼하구합　수노용약　괴아왕옥　민기어식

세 곳 물이 함께 합해지니 물이 용솟음치며 솟구친다. 왕의 집을 무너뜨리니 백성은 먹는데 굶주린다.

註) 삼하(三河)란 하동(河東), 하내(河內), 하남(河南)으로 천하(天下)의 중심에 있다.

俱 : 함께 구　湧 : 샘솟을 용　躍 : 뛸 약　飢 : 주릴 기

■ 금전 · 사업 · 창업 ■
심한 금전적 어려움에 봉착한다. 회전도 안되고 구하고자 하나 얻을 수도 없으니 주변 사람까지 곤궁함에 빠진다.

■ 이사 · 매매 · 문서 ■
한순간 모든 것을 잃을 수 있으니 매매는 자제하라. 어려움에서 벗어나기 위해 몸과 마음이 분주하니 세상을 돌아볼 여유가 없다.

■ 취직 · 시험 · 승진 ■
마음이 편치 않으니 실력 발휘가 제대로 되지 않는다.

■ 애정 · 결혼 · 부부 ■
자신의 짝이 아님을 잘 알면서도 상대에게 자꾸 빠져들기 쉽다.

■ 건강 · 소송 · 소원 ■
뜻하지 않은 관재수나 구설에 휘말릴 수 있으니 조심하라.

■ 여행 · 사고 · 출산 ■
금전적 여유가 없으니 떠나기가 쉽지 않다. 출산은 무난하다.

29-2 감지비 坎之比

䷜ → ䷇

禹鑿龍門 通利水泉 同注滄海 民得安土
우착룡문 통리수천 동주창해 민득안토

우임금이 용문(龍門)을 뚫어 물을 통하게 하니, 물길이 연결되어 이롭다. 함께 창해(滄海)로 이어지니 백성이 농사에 편안한 땅을 얻는다.

鑿 : 뚫을 착 注 : 물댈 주 滄 : 강이름 창

■ 금전 · 사업 · 창업 ■
창업의 적기이다. 분수에 맞게 진행시키면 좋은 결과가 올 것이다.

■ 이사 · 매매 · 문서 ■
계획했던 많은 일들이 성사된다. 쉽게 이루어지지 않을 것 같던 일도 쉽게 해결된다.

■ 취직 · 시험 · 승진 ■
인간관계에 힘쓰고 노력하면 그만큼 많은 도움을 얻는다. 고위직은 어려우나 보통의 시험은 쉽게 합격한다.

■ 애정 · 결혼 · 부부 ■
서로가 노력하고 성실하게 대한다면 결혼에까지 이르게 된다.

■ 건강 · 소송 · 소원 ■
주변사람 모두가 합심하니 쉽게 이루어지고 건강 또한 활력이 넘친다.

■ 여행 · 사고 · 출산 ■
어느 곳이든 문제가 없는 여행과 출장이 된다. 출산도 순산이다.

29-3 감지정 坎之井

䷜ → ䷯

冠帶南遊　與福喜期　儌於嘉國　拜位逢時
관대남유　여복희기　요어가국　배위봉시

의관(衣冠)을 바로하고 남으로 여행하니 복과 더불어 기쁨을 기약한다. 가국(嘉國)을 순찰함에 절하고 지위를 얻는 때를 만난다.

帶 : 띠 대　儌 : 돌, 변방 요

■ 금전 · 사업 · 창업 ■
현재 경영하는 일이 때를 만난다. 재물도 쌓이고 이름도 날리니 맡은바 직무를 충실히 해야 한다.

■ 이사 · 매매 · 문서 ■
변화, 변동의 운이 왕성하니 가고 싶은 곳, 하고 싶은 일을 찾아 마음껏 돌진하라.

■ 취직 · 시험 · 승진 ■
과도한 욕심만 아니라면 노력한 대가는 반드시 돌아온다.

■ 애정 · 결혼 · 부부 ■
전에 없던 연애운이 들어왔으니 결혼도 이루어지고 금술도 아주 좋다.

■ 건강 · 소송 · 소원 ■
열심히 노력하니 이루어진다. 소송은 유리하나 오래 끈다.

■ 여행 · 사고 · 출산 ■
여행이나 출장 모두 원하던 바를 얻고 이익도 크다. 출산도 순산이다.

29-4 감지곤 坎之困

山沒丘浮 陸爲水魚 燕雀無巢 民無室廬
산몰구부 육위수어 연작무소 민무실여

산이 가라앉고 언덕이 물에 뜨니 육지가 물고기처럼 된다. 제비는 둥지가 없고 백성은 집이 없다.

沒 : 잠길 몰 陸 : 뭍 육 廬 : 오두막 려

■ 금전 · 사업 · 창업 ■
경영은 과도한 손실로 오랫동안 후유증에서 헤어나지 못한다. 사업을 합리적으로 축소하여 어려움에 대비하자.

■ 이사 · 매매 · 문서 ■
계획했던 일들이 뜻대로 되지 않는다. 이사, 매매 모두 서두를수록 손해를 보게 된다.

■ 취직 · 시험 · 승진 ■
의기소침해져 실력 발휘가 어려울 수 있으니 뱃심 있게 도전하라.

■ 애정 · 결혼 · 부부 ■
연인과 심각한 언쟁이 생겨나고 부부간에도 불화가 끊이지 않는다.

■ 건강 · 소송 · 소원 ■
소송은 불리하니 화해하고 종결하라. 건강에 유의하여야 한다.

■ 여행 · 사고 · 출산 ■
무리하게 움직이지 말라. 나쁜 사람을 만날 수 있다. 출산은 무난하다.

29-5 감지사 坎之師

䷜ → ䷆

雷行相逐 無有休息 戰於平陸 爲夷所覆
뇌행상축 무유휴식 전어평육 위이소복

우뢰같이 서로 쫓고 쫓으니 휴식조차 없다. 평지에서 싸우다가 오랑캐에게 망한다.

■ 금전 · 사업 · 창업 ■
늑대를 피하려다 호랑이를 만난 격이니 작은 어려움을 피하려다 더 큰 문제와 부닥친다. 죽을 각오로 밀고 나가는 수밖에 달리 방법이 없다.

■ 이사 · 매매 · 문서 ■
무리하게 움직이면 심각한 상황에 처하게 된다. 이래 저래 손실이 많으니 움직일 수가 없다.

■ 취직 · 시험 · 승진 ■
시험운 또한 저조하여 꾸준한 노력없이는 얻을 것이 아무것도 없다. 직장인은 구설수를 조심하여야 한다

■ 애정 · 결혼 · 부부 ■
뜻하지 않은 라이벌이나 방해자로 인해 곤란을 당하고 몸과 마음이 지치기 쉽다.

■ 건강 · 소송 · 소원 ■
건강을 조심하라. 뜻하지 않은 질병으로 고생할 수 있다. 원하는 바를 이루기는 커녕 현상유지도 힘이 든다.

■ 여행 · 사고 · 출산 ■
운이 쇠락했으니 자중하라. 출산은 평탄하다.

29-6 감지환 坎之渙

三足孤鳥　靈明督郵　司過罰惡　自賊其家　毁敗爲憂
삼족고조　영명독우　사과벌악　자적기가　훼패위우

세 발 가진 외로운 새가 영명(靈明)하게 살핀다. 과오를 다스리고 죄악(罪惡)을 벌하니 스스로 그 집을 해쳐서 상처입고 패함이 근심된다.

註) 三足鳥 : 삼족오(三族烏)를 말함 . 태양에 산다고 믿어지는 전설상의 새

督 : 살펴볼 독　郵 : 역참 우　司 : 다스릴 사

■ 금전 · 사업 · 창업 ■
잘 되는 듯 하다가 어려움에 직면하니 과욕을 버리고 운세에 순응하며 때를 기다리는 것이 최선이다.

■ 이사 · 매매 · 문서 ■
변화는 어렵다. 현재의 일에 만족하고 새로운 일을 삼가는 것이 좋다.

■ 취직 · 시험 · 승진 ■
기회가 썩 좋지 않다. 실력을 연마해 두어야 다음을 기약할 수 있다.

■ 애정 · 결혼 · 부부 ■
오랜기간 사귀던 사람일지라도 오해가 생겨 서먹한 관계가 될 수 있다. 한눈을 팔거나 화를 내는 일이 없도록 조심해야 한다.

■ 건강 · 소송 · 소원 ■
뜻하지 않은 사고를 당할 수도 있다. 소송은 불리하니 화해하라.

■ 여행 · 사고 · 출산 ■
집에 있는 것이 좋다. 시비구설이 있다. 출산은 평탄하다.

30-1 리지려 離之旅

公孫駕車　載遊東齊　延陵子産　遺季紵衣　疾病哀悲
공손가차　재유동제　연릉자산　유계저의　질병애비

공손씨가 수레를 타고 동쪽의 제나라에 여행한다. 연릉의 자산(子産)이 계찰(季札)에게 모시옷을 주며, 정나라의 질병을 슬퍼했다.

註) 춘추좌전(春秋左傳) 양공(襄公) 29年
오(吳)나라의 계찰(季札)이 정나라에 예방했다. 공자(公子) 산(産)을 보고는 , 마치 전부터 아는 사람인 듯이 대했다. 그가 공자 산에게 비단띠를 선물하니, 공자 산은 모시옷을 선물하였다. 찰은 공자에게 '정나라의 정권을 쥐고 있는 분이 거만하니, 환난이 곧 일어날 것이오. 그때에는 당신에게 정권이 올 것이니, 당신이 정치를 하게되면 근심하여 예(禮)로써 정치를 하시오 그렇지 않으면 정나라는 패망할 것이오' 라고 말했다.　　延 : 끌연　陵 : 언덕릉　紵 : 모시 저

■ 금전 · 사업 · 창업 ■
가장 합리적인 규모로 축소 경영하여야 한다. 창업은 다음으로 미루라.

■ 이사 · 매매 · 문서 ■
들어오는 것이 작아도 그것에 만족하고 매사에 신중하게 대처하라.

■ 취직 · 시험 · 승진 ■
많은 노력을 기울인다면 하위직 정도의 시험은 가능하다.

■ 애정 · 결혼 · 부부 ■
혼인은 우여곡절 끝에 성사된다.

■ 건강 · 소송 · 소원 ■
인내와 노력이 힘들어도 결과를 위해 참아야 한다. 소송도 불리하다.

■ 여행 · 사고 · 출산 ■
철저한 사전 준비가 필요하다. 출산은 산모의 건강에 유의해야 한다.

30-2 리지대유 離之大有

大樹之子 同條共母 比至火中 枝葉盛茂
대수지자 동조공모 비지화중 지엽성무

큰 나무의 자식은 같은 가지에 어미를 같이한다. 여름에 이르니 가지와 잎사귀가 무성하더라.

■ 금전 · 사업 · 창업 ■
그동안 노력했던 일들이 결실을 맺게 되어 수확이 있다. 창업도 적기이니 철저히 준비하여 진행시켜라.

■ 이사 · 매매 · 문서 ■
부단히 노력한다면 보상받게 될 것이다. 매매에 이익이 크다.

■ 취직 · 시험 · 승진 ■
일반직, 하위직, 공사직 등은 합격이 가능하고 직장인은 승진의 기쁨이 있다

■ 애정 · 결혼 · 부부 ■
혼인도 성사된다. 부부 간에도 금슬이 좋다.

■ 건강 · 소송 · 소원 ■
건강은 양호하고 활기는 넘친다. 희망은 대다수가 성취되어 마음이 풍요롭고 별 어려움도 없다. 소송도 유리하게 전개된다.

■ 여행 · 사고 · 출산 ■
향락적인 여행만 아니라면 여행이나 출장 모두 기쁘고 즐겁구나. 출산도 순산이고 산모와 아기 모두 건강하다.

30-3 리지서합 離之噬嗑

金城鐵郭　上下同力　政平民歡　寇不敢賊
금성철곽　상하동력　정평민환　구불감적

쇠로 만든 철옹성에서 상하가 힘을 합친다. 정사는 공평하여 백성이 기뻐하니 도적이 감히 도적질을 하지 못한다.

註) 관중(關中)의 금성(金城)은 천리(千里)에 걸쳐 있으니, 하늘이 내린 나라이다.

■ 금전 · 사업 · 창업 ■
방심하면 재물에 손실이 있겠다. 매사에 주의하고 근신하여야 한다. 창업은 다음으로 미루라.

■ 이사 · 매매 · 문서 ■
다툼과 잡음이 따르고 성사되기 힘들다. 다음으로 미루는 것이 좋다.

■ 취직 · 시험 · 승진 ■
하위직은 가능하다. 취직 승진은 쉽지 않다. 인화에 힘써야 한다.

■ 애정 · 결혼 · 부부 ■
구설이 많겠다. 혼인도 성사가 쉽지 않다.

■ 건강 · 소송 · 소원 ■
다툼과 시비가 있다. 소송도 불리하니 화해하거나 포기하라.

■ 여행 · 사고 · 출산 ■
여행, 출장에는 철저한 준비가 요구된다. 출산은 무난하다.

30-4 리지비 離之賁

平公有疾　迎醫秦國　和不能愈　晉人赴國
평공유질　영의진국　화불능유　진인부국

평공(平公)이 병이 나서 진(秦)나라 의원을 맞이 한다. 화(和)가 치유하지 못하니 진(晉)나라 사람이 나라에 부고(訃告)했다.

註) 진평공(晉平公)이 병이 나자 진(秦)에서 의원을 구했다. 화(和)로 하여금 병을 보게 했는데, 의원이 말하기를 '병을 어찌할 수 없다' 고 했다. 마침내 세상을 떠나 부고(訃告)했다.

迎 : 맞을 영　愈 : 나을 유　赴 : 알릴 부 , 부고할 부

■ 금전 · 사업 · 창업 ■
예상치 못한 일로 주변사람도 안타깝고 자신도 불안하다. 경영하기가 상당히 어렵다.

■ 이사 · 매매 · 문서 ■
건강이 안좋아 다른것에 신경쓸 겨를이 없다. 매매도 성사되기 어렵다.

■ 취직 · 시험 · 승진 ■
시험, 취직, 승진은 다음 기회로 미루어라.

■ 애정 · 결혼 · 부부 ■
건강이 좋지 않으니 새로운 인연이나 이성을 구하려 하지 않는구나.

■ 건강 · 소송 · 소원 ■
건강에 유의하라. 소송도 불리하니 가급적 빨리 화해하라.

■ 여행 · 사고 · 출산 ■
떠나지 않는 것이 좋다. 낭패볼 가능성이 있다. 출산은 지체된다.

30-5 리지동인 離之同人

素車僞馬　不任重負　王侯出征　憂危爲咎
소차위마　불임중부　왕후출정　우위위구

간소한 수레에 말을 위장(僞裝)하였으니 무거운 짐을 실을 수 없다. 왕후가 출정(出征)하며 위태함을 근심하니 허물이 된다.

■ 금전 · 사업 · 창업 ■
작게 경영하라. 재물운이 신통치 않다. 창업보다는 구업을 유지하라.

■ 이사 · 매매 · 문서 ■
변화, 변동이 자신에게 별다른 의미가 되지 못하고 이익도 되지 못한다. 움직임보다 내실을 키우도록 노력하여야 한다.

■ 취직 · 시험 · 승진 ■
두 배의 노력을 경주해야 하위직이라도 얻을 수 있다.

■ 애정 · 결혼 · 부부 ■
이성이나 연인에게 성실한 자기 모습만을 보여줘라. 지나치게 과장된 모습을 보이면 그로 인해 문제가 발생할 수 있다.

■ 건강 · 소송 · 소원 ■
질병이나 뜻하지 않은 사건 사고에 유의하여야 한다. 소송도 힘에 부친다. 작은 소원은 가능성이 있다.

■ 여행 · 사고 · 출산 ■
무리한 여정은 삼가라. 불편한 여행이 되겠다. 출산은 무난하다.

30-6 리지풍 離之豊

五利四福　俱田居邑　黍稷盛茂　多獲高積
오리사복　구전거읍　서직성무　다획고적

다섯가지 이익과 네가지 복으로 밭을 갖추고 읍에 산다. 곡식도 무성히 잘 자라니 수확이 많아 높이 쌓는다.

黍稷(서직) : 오곡(五穀)의 하나인 메기장과 차기장을 말함.

■ 금전 · 사업 · 창업 ■
작은 것을 주고 큰것을 이루니 이익이 많다. 창업도 무난하다.

■ 이사 · 매매 · 문서 ■
가까운 사람과 상의하고 조언을 구한다면 이사는 확장하고 매매 또한 유리하게 성사된다.

■ 취직 · 시험 · 승진 ■
중위직 정도의 시험은 무난하게 합격한다. 아래위의 도움으로 승진도 가능하겠다.

■ 애정 · 결혼 · 부부 ■
새로운 인연이 생길 수도 있고 원래 사귄 연인은 사랑의 결실을 맺는 기쁨이 있다.

■ 건강 · 소송 · 소원 ■
뜻한 바를 얻을 수 있고 건강 또한 걱정할 것이 없다. 송사도 승소한다.

■ 여행 · 사고 · 출산 ■
여행이나 출장 모두 즐거움이 있겠다. 출산은 순산이다.

▪ 초씨역림 下經 ▪

31-1 함지혁 咸之革

朝鮮之地　箕子所保　宜家宜人　業處子孫
조선지지　기자소보　의가의인　업처자손

조선(朝鮮)은 기자(箕子)가 보호하는 곳이다. 집안과 사람에게 마땅하여 화목하니 자손이 대를 이어 산다.

註) 기자(箕子)는 주왕(紂王)의 숙부(叔父)이다. 무왕(武王)이 주(紂)를 정벌하니 마침내 주(周)에 귀환(歸還)하여 조선의 제후로 봉해졌다.

■ 금전 · 사업 · 창업 ■
주변과 화합한다면 경영에 이익이 남는다. 전업, 창업은 숙고하라.

■ 이사 · 매매 · 문서 ■
뜻같지 않다. 매매는 성사가 쉽지 않다. 이사도 때가 아니다.

■ 취직 · 시험 · 승진 ■
하위직이나 가능하다. 승진은 다음 기회를 준비하라.

■ 애정 · 결혼 · 부부 ■
지체되나 성사될 것이다. 부부간에도 도리를 지켜야 한다.

■ 건강 · 소송 · 소원 ■
건강은 보통이다. 소송은 불리하다. 속히 화해하고 종결하라.

■ 여행 · 사고 · 출산 ■
먼 거리로 출장을 갈 수 있으니 사전에 철저히 대비한다면 기쁨을 얻는다. 출산은 무난하다.

31-2 함지대과 咸之大過

汎汎柏舟 流行不休 耿耿寤寐 心懷大憂 仁不遇時 隱退窮居
범범백주 유행불휴 경경오매 심회대우 인부우시 은퇴궁거

저 잣나무 배는 물에 떠서 흘러가되 흐르는 것을 쉬지 않는다. 시름에 잠겨 밤 깊어도 잠 못 이루니 마음에 큰 근심을 품음이다. 어진 사람도 때를 만나지 못하면 은퇴하여 궁하게 거한다.

註) 시경(詩經) 백주(栢舟) – 남편의 사랑을 받지 못하는 부인의 심경을 그린 시이다.
汎彼栢舟 亦汎其流 耿耿不寐 如有隱憂 저 잣나무배는 물에 떠서 흘러 가는데 나는 시름에 잠겨 밤 깊어도 잠 못 이루네.
汎: 뜰 범 耿耿(경경): 마음이 편치 않은 모양 寤: 깰 오 寐: 잠잘 매

■ 금전 · 사업 · 창업 ■
일이 뜻대로 안되니 세상에 혼자로다. 인내하며 때를 기다려야 한다.

■ 이사 · 매매 · 문서 ■
무리한 이사나 확장은 더 큰 화를 불러올 수 있다.

■ 취직 · 시험 · 승진 ■
시험은 불리하다. 직장인은 현재의 위치를 지키도록 노력해야 한다.

■ 애정 · 결혼 · 부부 ■
관심을 가지고 상대에 대해 배려를 아끼지 않아야 한다.

■ 건강 · 소송 · 소원 ■
소송도 불리하다. 속히 종결하라. 건강에도 유의해야 한다.

■ 여행 · 사고 · 출산 ■
가급적 여행, 출장은 자제하는 것이 좋다. 출산은 무난하다.

31-3 함지췌 咸之萃 ䷞ → ䷬

桀跖並處　民之愁苦　擁兵荷糧　戰於齊魯　合巹同牢　姬姜並居
걸척병처　민지수고　옹병하량　전어제로　합근동뇌　희강병거

걸(桀)과 도척(盜跖)이 함께 있으니 백성들은 괴롭다. 식량을 군대로 옹호해 가다가 제(齊)와 노(魯)에서 전쟁한다. 혼인하여 한울타리에서 희강(姬姜)과 함께 산다.

主) 盜跖(도척)은 고대(古代)의 큰 도적이며, 桀(걸)은 하(夏)나라 말기의 폭군임.
姬姜(희강) : 희(姬)는 주(周)나라의 성이고 , 강(姜)은 제(齊)나라의 성으로 두 나라가 모두 큰 나라이기 때문에 큰나라의 공주란 뜻으로 쓰인다. 전(轉)하여 궁녀(宮女)라는 의미도 있다.
擁 : 안을 옹 , 호위할 옹　荷 : 짐 하　巹 : 합환주 근

■ 금전 · 사업 · 창업 ■
욕심이 넘쳐 세상물정을 간과한다면 벗어나기 힘든 어려움에 처한다.

■ 이사 · 매매 · 문서 ■
안이하게 대처한다면 재물의 손해가 크고 득이 없다. 분수를 지켜라.

■ 취직 · 시험 · 승진 ■
분수에 맞추어 선택하라. 요행도 없고 노력한 만큼의 결과도 어렵다.

■ 애정 · 결혼 · 부부 ■
오래 사귀던 연인과 결별하거나 주변의 방해가 심각해지는 형상이다.

■ 건강 · 소송 · 소원 ■
자신을 돌아보고 근신할 때이다. 소송은 불리하니 화해하라.

■ 여행 · 사고 · 출산 ■
여행 중 어려움에 처할 수 있다. 출산은 평탄한 편이다.

31-4 함지건 咸之蹇

天厭周德　命與南國　以禮靜民　兵革休息
천염주덕　명여남국　이예정민　병혁휴식

하늘이 주나라 정치를 싫어해 천명(天命)을 남국에 주었다. 예(禮)로써 백성을 고요히하니 전쟁이 그쳤다.

厭 : 싫을 염　兵革(병혁) : 무기와 갑옷. 전(轉)하여 전쟁의 뜻을 지님

■ 금전 · 사업 · 창업 ■
서두르지 말고 평상심을 유지하라. 변동이 심하나 이익이 없다.

■ 이사 · 매매 · 문서 ■
새로운 일보다는 현재의 일을 소중히 여기고 정진하라

■ 취직 · 시험 · 승진 ■
취직은 기대한 자리는 아니라 할 지라도 가능하다. 시험에는 결단력이 필요하다.

■ 애정 · 결혼 · 부부 ■
삼각관계를 조심하라. 구설수에 휘말리기 쉬우니 조심하라.

■ 건강 · 소송 · 소원 ■
소송 진행에 변덕이 심하다. 분주하기만 하고 진전이 없다.

■ 여행 · 사고 · 출산 ■
사방이 편안하니 먼 곳이든 가까운 곳이든 자유자재로 떠나도 아무 문제가 없다. 출산도 무난하다.

31-5 함지소과 咸之小過

䷞ → ䷽

鷰雀銜茅 以生孚乳 昆第六人 昆好孝悌 各同心願 和悅相樂
연작함모 이생부유 곤제육인 교호효제 각동심원 화열상락

제비가 띠를 물어 둥지를 만들고 새끼를 낳아 기른다. 형제 여섯이 예쁘고 효도하며 우애가 있다. 각각 마음으로 원하는 바가 같으니 화합하고 서로 즐거워하더라.

鷰 : 제비 연　銜 : 머금을 함

■ 금전 · 사업 · 창업 ■
다른 사람보다 먼저 추진하니 영리를 꾀하는 듯 보인다. 그러나 결과를 마무리하는 데 각별한 주의를 기울여야 한다.

■ 이사 · 매매 · 문서 ■
이사, 매매 모두 자신에게 유리한 방향으로 진행된다.

■ 취직 · 시험 · 승진 ■
합격운이 있으니 고시나 일류대도 노력만 있다면 가능하다. 직장인은 자리이동, 승진 등 모두 가능하다.

■ 애정 · 결혼 · 부부 ■
원하는 상대와 화촉을 밝히니 기쁨이 넘친다.

■ 건강 · 소송 · 소원 ■
건강하고 활기차니 어떤 소원이든 평소에 원하던 것이 이루어진다.

■ 여행 · 사고 · 출산 ■
화합하고 즐거우니 여행을 떠나기에는 안성맞춤이다. 순산이다.

31-6 함지돈 咸之遯

過時不歸　苦悲雄雌　徘徊外國　與母分離
과시불귀　고비웅자　배회외국　여모분리

때가 지나도 돌아오지 않아 자웅(雌雄)이 슬퍼한다. 외국(外國)을 배회(徘徊)하니 어미와 더불어 이별한다.

■ 금전 · 사업 · 창업 ■
운세의 침체가 심하니 계획했던 일들이 엉뚱한 결과로 나타난다. 일한 만큼의 결실은 없고 고달프니 어쩌겠는가.

■ 이사 · 매매 · 문서 ■
일이 복잡하게 얽힐 뿐 가능성이 없다. 노력은 있으나 시작도 끝도 없어 결과가 없으니 자신을 낮추고 조용히 때를 기다려야 한다.

■ 취직 · 시험 · 승진 ■
하위직, 전문대 정도는 가능하다. 직장인은 외직발령을 조심해야 한다.

■ 애정 · 결혼 · 부부 ■
서로가 사랑하나 이별이 눈앞에 있다. 자칫 연인과 헤어지기 쉬우니 작은 오해도 없도록 주의하라.

■ 건강 · 소송 · 소원 ■
되는 일이 없어 힘들고 고달프니 건강을 잃기 쉽다. 또한 가족과의 이별로 힘들 수 있으니 평상심을 잃지 마라.

■ 여행 · 사고 · 출산 ■
멀리 떠나 가족을 그리워한다. 출산은 무난하다.

32-1 항지대장 恒之大壯

[hexagram symbols] → [hexagram symbols]

朽根枯株 不生肌膚 病在心腹 日以焦勞
후근고주 불생기부 병재심복 일이초로

썩은 뿌리, 마른 그루터기에는 살이 생기지 아니하고 병이 심복에 있으면 날로 마르고 괴로워한다.

朽 : 썩을 후 株 : 그루 주 肌 : 살 기 焦 : 그을릴 초

■ 금전 · 사업 · 창업 ■

때를 기다리나 때가 오지 않고 금전적으로 어려움이 많다. 자신을 낮추고 능력에 맞추어 경영해 나간다면 작지만 발전이 있다.

■ 이사 · 매매 · 문서 ■

완벽한 계획하에 시작해야 하고 문서 등에는 철저한 준비가 필요하다.

■ 취직 · 시험 · 승진 ■

한 단계 낮추어 응시함이 유리하다. 승진은 다음 기회를 보라.

■ 애정 · 결혼 · 부부 ■

힘든 상황에 휩쓸려 자칫 사랑을 잃기 쉽다. 진실된 사랑이 있어야만 주변의 어려움을 물리치고 사랑이 성사되겠다.

■ 건강 · 소송 · 소원 ■

소송은 여의치 않다. 가급적 화해하고 종료시켜라.

■ 여행 · 사고 · 출산 ■

혼자만의 여행은 자제하는 것이 좋다. 출산은 무난하다.

32-2 항지소과 恒之小過 ䷟ → ䷽

疊疊累累　如岐之室　一身十子　古公治邑
첩첩루루　여기지실　일신십자　고공치읍

첩첩이 쌓여 기산(岐山)의 집과 같다. 한 사람이 열명의 자식을 데리고 따르니 주태왕(周太王)이 읍을 다스린다.

[註] 고공(古公)은 주(周)나라 태왕(太王)이니 덕을 쌓고 의로움을 행했다. 훈죽의 난(亂)으로 빈읍을 버리고 기산(岐山)의 아래에 이르렀다. 빈읍 사람들이 '어진 사람을 잃을 수 없다' 하며 노인을 부축하고 어린이를 끌고 모여드니 저자거리와 같았다.

■ 금전 · 사업 · 창업 ■
평소에 덕을 쌓으니 어려움이 있어도 사람들의 도움으로 쉽게 풀린다. 어려움은 물러가고 사람들도 모이니 평안함이 따른다.

■ 이사 · 매매 · 문서 ■
주변의 도움으로 점차 성사된다. 허욕은 금물이다. 중도를 지켜라.

■ 취직 · 시험 · 승진 ■
웬만한 시험에는 합격한다. 취직도 가능하다. 승진은 위아래가 화합하여 밀어주어야 한다.

■ 애정 · 결혼 · 부부 ■
오랫동안 미뤄오던 결혼이 성사되는 경사가 있다. 가정도 화목하다.

■ 건강 · 소송 · 소원 ■
덕을 베푸니 어려움이 있어도 극복한다. 소송은 화해가 최선이다.

■ 여행 · 사고 · 출산 ■
여행에 이득이 있고 목적을 달성한다. 출산도 순조롭다.

32-3 항지해 恒之解

鳥飛無翼　兎走折足　雖欲會同　未得醫工
조비무익　토주절족　수욕회동　미득의공

새가 날고자 하나 날개가 없고 토끼가 달아나려 하나 발이 부러졌다. 비록 만나고자 하지만 치료를 받지 못한다.

■ 금전 · 사업 · 창업 ■
뜻은 있으나 이루어지지 않고 여건도 마련되지 않으니 마음만 급하다.

■ 이사 · 매매 · 문서 ■
새로이 뜻을 펼칠 수 없다. 매매도 성사가 어렵다. 근신하여야 한다.

■ 취직 · 시험 · 승진 ■
노력한 만큼의 결과가 신통치 않으므로 한 단계 낮추어야 한다.

■ 애정 · 결혼 · 부부 ■
자신의 건강이 좋지 않으므로 자칫 상대에게 소홀할 수 있다. 혼사도 지체될 가능성이 높다.

■ 건강 · 소송 · 소원 ■
소송은 오래 끄나 유리하다. 소원은 다음 기회를 기다려야 한다.

■ 여행 · 사고 · 출산 ■
객지에서 질병을 얻을 수 있으니 출장이나 여행은 삼가하라. 출산도 산모와 아기의 건강에 유의하여야 한다.

32-4 항지승 恒之升

三狸捕鼠　遮遏前後　死於壞城　不得脫走
삼리포서　차알전후　사어괴성　불득탈주

세 마리 이리가 쥐를 잡고 앞뒤를 가로 막는다. 허물어진 성에서 죽으니 도망갈 수 없다.

捕 : 잡을 포　遮 : 막을 차　遏 : 막을 알

■ 금전 · 사업 · 창업 ■
친한 사람 때문에 낭패할까 염려된다. 일이 풀리지 않아 집안팎이 모두 불안하다. 창업은 미루라.

■ 이사 · 매매 · 문서 ■
운이 좋지 않다. 매매는 성사가 어렵다. 성사되어도 이득이 없다.

■ 취직 · 시험 · 승진 ■
현재로서는 합격이나 승진 모두 어렵다. 더욱 분발하는 것 이외에는 방법이 없다.

■ 애정 · 결혼 · 부부 ■
애정은 삼각관계가 되기 쉬우니 다툼이 잦아지겠다. 혼사가 성사되어도 무리가 따른다.

■ 건강 · 소송 · 소원 ■
구설에 휘말린다. 소송은 불리하니 속히 종결하라. 건강에 유념하라.

■ 여행 · 사고 · 출산 ■
사방을 둘러보아도 갈 곳이 없다. 출산은 지체된다.

32-5 항지대과 恒之大過

重弋射卒 不知所定 質疑蓍龜 孰可避之 大明神報 荅告以肌
중익사졸 불지소정 질의시구 숙가피지 대명신보 답고이기

무거운 화살로 병사를 쏘나 정할 곳을 알지 못한다. 시초(蓍草)와 거북점에 질의(質疑)하니 누가 가히 피하겠는가! 신명의 알림이 크게 밝으니 고기로써 보답한다.

註) 시초(蓍草)와 거북이는 점치는 도구
弋 : 주살 익　蓍 : 시초 시　孰 : 누구 숙　肌 : 고기 기

■ 금전 · 사업 · 창업 ■
순리에 따라야 한다. 과욕하면 손해를 본다.

■ 이사 · 매매 · 문서 ■
매매가 성사되어도 이익 볼 것이 없다.

■ 취직 · 시험 · 승진 ■
일반직은 큰 탈없이 노력한 만큼의 대가를 얻겠다. 승진도 가능하나 전출의 가능성이 있다.

■ 애정 · 결혼 · 부부 ■
장래를 약속할 만한 괜찮은 인연을 만난다. 혼인도 성사된다.

■ 건강 · 소송 · 소원 ■
작은 일 하나라도 확실하게 밀고 나가야 일이 해결된다.

■ 여행 · 사고 · 출산 ■
여행, 출장은 무난하다. 출산도 무난하다.

32-6 항지정 恒之鼎

䷟ → ䷱

騋牝龍身　日取三千　南上蒼梧　與福爲婚　道理夷易　身安無患
래빈룡신　일취삼천　남상창오　여복위혼　도리이이　신안무환

키 큰 말과 용의 몸으로 하루 삼천리를 간다. 남으로 창오에 올라가 복(福)과 더불어 혼인한다. 도리(道理)가 평이(平易)하니 몸은 편안하고 근심이 없다.

註) 시경(詩經) 정방지중(定之方中) – 위(衛)나라의 문공(文公)을 칭송한 노래이다. 이민족이 침입할 때 제환공(齊桓公)의 도움을 받아 나라를 중흥시키고 새 수도를 건설하자 백성들이 기뻐서 이 노래를 지었다. 騋牝三千 : 나라가 부강하여 키 큰 말이 삼천이나 된다.
騋 : 큰말 래　牝 : 암컷 빈　蒼梧(창오) : 호남성 영원현의 산이름

■ 금전 · 사업 · 창업 ■
작은 것을 큰 것으로 바꾸니 하는 일이 모두 배가 되어 돌아온다.

■ 이사 · 매매 · 문서 ■
만사가 대길하고 안락하니 변화도 순조롭게 이루어진다.

■ 취직 · 시험 · 승진 ■
보통의 시험은 모두 무난하게 이루어진다. 자신감을 가지고 도전하여 노력한 만큼의 성과를 거둬들여라.

■ 애정 · 결혼 · 부부 ■
좋은 분위기에서 그리운 사람을 만나 즐거운 시간을 가지게 된다.

■ 건강 · 소송 · 소원 ■
건강도 양호하니 걱정할 것이 없다. 소송도 유리하다.

■ 여행 · 사고 · 출산 ■
여행에서 목적한 바를 달성한다. 출산도 순산이다.

33-1 돈지동인 遯之同人

入市求鹿　不見頭足　終日至夜　竟無所得
입시구록　불현두족　종일지야　경무소득

시장에 가서 사슴을 구하나 머리와 발을 보지 못한다. 해가 저물고 밤이 되지만 마침내 소득이 없더라.

■ 금전 · 사업 · 창업 ■
수고로움이 너무 크다. 욕심부리지 말고 분수를 지켜라. 창업도 현 시점에서는 불가하다.

■ 이사 · 매매 · 문서 ■
변화를 도모하다 오히려 낭패한다. 자중하고 다음을 기약하라.

■ 취직 · 시험 · 승진 ■
지금은 때가 아니다. 근신하면서 실력을 키워야 한다. 직장에서는 다툼을 조심하라.

■ 애정 · 결혼 · 부부 ■
혼인은 성사되어도 불안하다. 부부간 불화를 경계하라.

■ 건강 · 소송 · 소원 ■
본인의 의지가 어느 때보다도 중요한 역할을 한다. 노력은 많아도 성과가 미흡하니 안타깝다.

■ 여행 · 사고 · 출산 ■
가급적 떠나지 않는 것이 좋다. 출산은 순산이다.

33-2 돈지구 遯之姤

陳嬀敬仲 兆興齊姜 乃適營丘 八世大昌
진규경중 조흥제강 내적영구 팔세대창

진(陳)나라 규경중이 흥할 조짐이 있어 제(齊)나라 영구(營丘)로 갔다. 팔세손(八世孫)에 이르러 그와 어깨를 나란히 할 자가 없었다.

註) 춘추좌전(春秋左傳)에 의하면 규는 성씨(姓氏)이고, 경중(敬中)은 진나라 공자(公子) 완(完)이다. 노장공(魯莊公) 12年 공자 완이 제나라로 도망와서, 백공(百公)을 다스리는 관청의 장관이 되었다. 예전에 의(懿)씨가 경중에게 딸을 아내로 주려고 점을 쳤다. 술사(術士)가 '규씨의 후예가 강(姜)씨에게 길러질 것입니다. 팔세 뒤에는 그와 어깨를 나란히 할 사람이 없을 것입니다.' 고 말했다. 강(姜)씨는 제나라의 성씨(姓氏)이고, 영구(營丘)는 제나라의 봉토이다.

■ 금전 · 사업 · 창업 ■
겨울 뒤에 봄이 오는 이치이니 창업보다는 현업을 발전시켜라.

■ 이사 · 매매 · 문서 ■
서서히 기회가 돌아오니 매매도 성사된다. 분수를 지키면 이득이 있다.

■ 취직 · 시험 · 승진 ■
고시는 어려우나 보통시험은 합격한다. 직장에서도 희소식이 있다.

■ 애정 · 결혼 · 부부 ■
새로운 인연을 만나 행복을 만들어 가겠다. 혼사는 아직 이르다.

■ 건강 · 소송 · 소원 ■
소원은 인내와 노력으로 이룬다. 소송은 불리하니 화해하라.

■ 여행 · 사고 · 출산 ■
여행, 출장 모두 길하다. 출산은 약간 지체된다.

33-3 돈지비 遯之否

䷠ → ䷋

海老水乾　魚鱉盡索　藁落無潤　獨有沙石
해로수건　어별진색　고락무윤　독유사석

바다가 쇠퇴하여 물이 마르니 물고기와 자라가 죽는다. 건조함에 떨어지니 윤택(潤澤)함이 없고 홀로 모래와 돌에 있다.

鱉 : 자라 별　藁 : 마를 고　沙: 모래 사

■ 금전 · 사업 · 창업 ■
사업운이 침체되니 재물과 문서로 인한 싸움이 발생하고 사람과의 관계가 척박해지기 쉽다. 지출에 각별히 신경을 써서 대비하라.

■ 이사 · 매매 · 문서 ■
여건은 주어지지 않고 힘만 들어 외로운 형상이다. 조력자조차 힘이 되지 못하니 몸을 낮추고 때를 기다려야 한다.

■ 취직 · 시험 · 승진 ■
시험성적은 저조하고 직장인은 구설 시비 등이 따른다.

■ 애정 · 결혼 · 부부 ■
만나면 헤어지는 것이 인생사이다. 어려운 만큼 성숙한다.

■ 건강 · 소송 · 소원 ■
당신이 원하는 바가 이루어지기 어려운 상태이니 자중함이 좋겠다. 소송건이 있으면 빨리 화해하라.

■ 여행 · 사고 · 출산 ■
절대 근신함이 좋겠다. 출산은 평탄하다.

33-4 돈지점 遯之漸

端坐生患 憂來入門 使我不安
단좌생환 우래입문 사아불안

단정히 앉아도 재앙이 생긴다. 우환이 문으로 들어오니 나로 하여금 불안케 한다.

■ 금전 · 사업 · 창업 ■
주변의 어려움이 나를 힘들게 하지만 미리 방비를 철저히 한 사람은 헤어나기가 쉽다. 운이 안 좋을 때일수록 욕심을 접고 타인에게 베풀며 때를 기다리는 것이 좋다.

■ 이사 · 매매 · 문서 ■
불운에 끌려갈 수 있으니 인내하고 성실한 자세를 견지하라. 근신하면 어려움에서 벗어날 수 있다.

■ 취직 · 시험 · 승진 ■
하위직이나 일반직은 가능하나 많은 노력이 필요하다.

■ 애정 · 결혼 · 부부 ■
하나를 해결하면 하나가 어려워지니 함께 있을 뿐 남남이다.

■ 건강 · 소송 · 소원 ■
원하는 것 모두 당신의 것이 아니니 마음을 비우고 다음 기회를 기다려야 한다.

■ 여행 · 사고 · 출산 ■
얻는 것 하나 없으니 현재의 위치에서 머무는 것이 유리하다.

33-5 돈지려 遯之旅

䟽足息肩 有所忌難 金城鐵郭 以銅爲關 藩屛自衛 安上無患
파족식견 유소기난 금성철곽 이동위관 번병자위 안상무환

절름발이가 짐을 벗고 쉬지만 꺼리고 어려움이 있다. 쇠로 만든 철옹성에 구리로 빗장을 만든다. 병풍처럼 둘러 방비하니 윗사람을 편안히 하고 근심이 없다.

註) 관중(關中)의 금성(金城)은 천리(千里)에 걸쳐 있으니, 하늘이 내린 나라이다.
䟽 : 절름발이 파 鐵 : 단단할 철 藩 : 지킬 번 屛 : 병풍 병 衛 :지킬 위

■ 금전 · 사업 · 창업 ■
힘들게 일구어 빛을 본다. 두세 배의 노력으로 기반을 잡으니 평안하다. 노력의 대가가 주어지니 기쁘지 않겠는가!

■ 이사 · 매매 · 문서 ■
성사된다. 하지만 조급하게 서두르거나 행동하지 말아야 한다.

■ 취직 · 시험 · 승진 ■
웬만한 시험에는 합격한다. 안전 지원이 마음을 편하게 한다.

■ 애정 · 결혼 · 부부 ■
혼인은 성사되나 우여곡절을 겪겠다.

■ 건강 · 소송 · 소원 ■
소송은 오래 끈다. 인내를 가지고 대처해야 한다.

■ 여행 · 사고 · 출산 ■
가고 싶은 장소 가고 싶은 시간에 마음껏 움직여도 좋다. 여행 출장 모두 원하는 바를 얻겠다. 출산은 무난하다.

33-6 돈지함 遯之咸

野有積庾 穡人駕取 不逢虎狼 暮歸其宇
야유적유 색인가취 불봉호랑 모귀기우

들판에 노적가리를 쌓아두고 농부가 실어 온다. 호랑이나 이리를 만나지 않고 해질 무렵 집으로 돌아온다.

庾 : 노적가리 유 穡人 : 농부를 말함 狼 : 이리 랑

■ 금전 · 사업 · 창업 ■
노력한 만큼 큰 이익이 있어 사업이나 경영이 순조롭다. 이익도 크니 창고에 재물이 가득 쌓인다.

■ 이사 · 매매 · 문서 ■
매매는 성사된다. 양자 모두 이익이다.

■ 취직 · 시험 · 승진 ■
시험에 합격하고 실력과 능력을 인정받는다. 승진의 기회가 있다.

■ 애정 · 결혼 · 부부 ■
혼인은 원하면 성사되나 마음이 끌리지 않는다.

■ 건강 · 소송 · 소원 ■
적극적인 마음가짐이 필요하다. 건강도 양호하고 소원도 성취되는 기쁨도 있겠다. 소송건이 있다면 유리하게 전개될 것이다.

■ 여행 · 사고 · 출산 ■
가는 곳마다 이루어지는 것이 많으니 원하는 곳으로 마음껏 떠나도 좋겠다. 출산도 순산이다.

34-1 대장지항 大壯之恒 ䷡ → ䷟

東壁餘光 數暗不明 主母嫉妬 亂我業事
동벽여광 수암불명 주모질투 난아업사

동벽(東壁)의 빛이 자주 어둡고 밝지 않다. 본처가 질투하여 나의 일을 어지럽게 한다.

註) 동벽(東壁)은 별자리의 이름이다. 주모(主母)는 첩이 본처를 부르는 말이다.

■ 금전 · 사업 · 창업 ■
사업은 현상유지가 맞다. 창업은 불가하다. 분수를 지키고 근신하라.

■ 이사 · 매매 · 문서 ■
매매는 당분간 어려움을 겪게될 것이다. 이사는 연기하는 것이 좋다.

■ 취직 · 시험 · 승진 ■
작은 시험은 가능하다. 무리하면 낙방한다. 승진은 다음을 기약하라

■ 애정 · 결혼 · 부부 ■
혼사가 성사되어도 말이 많겠다. 부부간에도 정도를 지켜야 한다.

■ 건강 · 소송 · 소원 ■
소송은 상대가 유리하니 면밀히 대처해야 한다.

■ 여행 · 사고 · 출산 ■
길한 운이 없으니 자제하는 것이 안전하다. 출산은 무난하다.

34-2 대장지풍 大壯之豊

䷡ → ䷶

顧念所生 隔在東平 遭離滿沸 河川決潰 幸得無恙 復歸相室
고념소생 격재동평 조리만불 하천결궤 행득무고 복귀상실

살아나갈 바를 돌아보고 생각하다가 떨어져 동평(東平)에 있다. 만나고자 떠나지만 강물이 가득 용솟음쳐 하천이 무너진다. 다행히 무양(無恙)함을 얻어 다시 서로 집으로 돌아온다.

顧 : 볼아볼 고 遭 : 만날 조 沸 : 용솟음칠 불 潰 : 무너질 궤 恙 : 근심 양

■ 금전 · 사업 · 창업 ■
수입은 있겠으나 나가는 것도 많다. 변화는 점진적으로 추진하라.

■ 이사 · 매매 · 문서 ■
매매 당사자 간에 시비가 많다.

■ 취직 · 시험 · 승진 ■
노력한 만큼 성과를 얻지 못하니 섭섭하구나! 한 단계 낮추어 응시함이 좋겠다. 직장인은 승진의 가능성이 있다.

■ 애정 · 결혼 · 부부 ■
기다리던 사람이 나타나지 않으니 오랜 기간 외로움으로 울적하구나! 혼사는 성사되어도 우여곡절이 많다.

■ 건강 · 소송 · 소원 ■
욕심이 과도하면 망신만 당하고 만다. 소원은 점진적으로 노력해야 한다. 소송은 불리하니 속히 화해하라.

■ 여행 · 사고 · 출산 ■
여행, 출장 모두 아무 문제 없다. 출산도 무난하다.

34-3 대장지귀매 大壯之歸妹 ䷡ → ䷵

五烏六鴟 相對蹲跂 禮讓不行 虞芮爭訟
오오육치 상대준기 예양불행 우예쟁송

다섯 까마귀와 여섯 수리가 서로 마주보고 웅크리고 있다. 예의(禮義)와 사양(辭讓)함이 행해지지 않으니 우(虞), 예(芮) 두나라가 쟁송(爭訟)한다.

註) 우(虞)와 예(芮)는 나라의 이름이다. 두 나라가 밭의 경계를 다투었는데 해결을 보지 못해서 주나라에 해결을 보러 갔다. 경계를 넘어서니 농민이 서로 밭이랑을 사양하는 풍속(風俗)을 보고 서로 부끄러워 했다. 이에 서백(西伯 : 문왕)을 만나지 않고 돌아오며 감동해서 서로 '우리들은 소인배(小人輩)이니 군자의 뜰에 들어갈 수 없겠소.' 라고 말했다. 이에 양보하고 서로 그 밭을 취하지 않았다.
鴟 : 수리 치 蹲 : 웅크릴 준 跂 : 발돋움할 기

■ 금전 · 사업 · 창업 ■
과욕하면 낭패한다. 창업도 불가하다. 분수를 지키고 근신하라.

■ 이사 · 매매 · 문서 ■
매매는 이루어지지 않고 말썽만 많다.

■ 취직 · 시험 · 승진 ■
노력한 대가가 미흡하다. 취직, 승진도 쉽지 않다. 구설수가 있다.

■ 애정 · 결혼 · 부부 ■
새로운 연인을 만나기 어렵다. 부부간에도 불화를 조심하라.

■ 건강 · 소송 · 소원 ■
기존의 환자는 합병증을 조심하라. 소송은 불리하니 종결하라.

■ 여행 · 사고 · 출산 ■
장거리 여행은 자제하는 것이 좋겠다. 출산은 평탄하다.

34-4 대장지태 大壯之泰

衆惡之堂 相聚爲殃 出毒良人 使道不通
중악지당 상취위앙 출독량인 사도불통

모든 악의 집에 서로 모여 재앙을 만든다. 선량한 사람에게 독을 뿜으니 도(道)를 통하지 못하게 한다.

■ 금전 · 사업 · 창업 ■
축소하고 정도로 운영하라. 재운이 없으니 근신하여야 한다.

■ 이사 · 매매 · 문서 ■
과욕하면 낭패한다. 매매는 성사가 어렵다. 정도를 걸어야 한다.

■ 취직 · 시험 · 승진 ■
당신을 취직시켜 준다는 구실로 사기하려는 사람을 경계하라. 조급해 하지 말고 차근차근 준비해 나가라.

■ 애정 · 결혼 · 부부 ■
욕심이 너무 크면 거짓 사랑이 되기 쉽다. 상대방의 마음을 보지 않고 겉모양만 보면 낭패가 생긴다.

■ 건강 · 소송 · 소원 ■
자신을 낮추고 근신함이 좋겠구나! 무리한 변화가 있으면 반드시 건강 악화와 구설수에 오르기 쉽다.

■ 여행 · 사고 · 출산 ■
여행, 출장 모두 길한 운이 없으니 자제하라. 출산은 평탄하다.

34-5 대장지쾌 大壯之夬

䷡ → ䷪

桃李華實　累累日息　長大成熟　甘美可食　爲我利福
도리화실　누루일식　장대성숙　감미가식　위아리복

복숭아와 오얏의 빛나는 열매가 주렁주렁 열린다. 크게 자라 성숙하면 달고 아름다워 먹을만하다. 나의 이로운 복이 된다.

■ 금전 · 사업 · 창업 ■
정도를 지키면 모든 것이 이루어진다. 창업도 길하다.

■ 이사 · 매매 · 문서 ■
계획한 일이 이루어진다. 매매도 쉽게 이루어지고 이사나 개업도 적기이다. 새로운 변화를 꿈꾸는 것도 좋겠다.

■ 취직 · 시험 · 승진 ■
무리하게 실력보다 높여 응시하지 않는다면 손쉽게 합격 통지서를 받게 된다. 직장인도 승진의 영광이 있겠다.

■ 애정 · 결혼 · 부부 ■
혼인도 성사되고 또한 길하다. 부부사이도 원만하다.

■ 건강 · 소송 · 소원 ■
소원이 성취되니 평소에 세운 뜻이 이루어진다. 건강은 아팠던 사람도 서서히 회복된다. 소송은 별 문제가 없으니 곧 해결된다.

■ 여행 · 사고 · 출산 ■
출장은 성과물이 가득하다. 임산부는 순산하겠다.

34-6 대장지대유 大壯之大有

褒后生蛇 經老皆微 追跌衰光 酒滅黃離
포후생사 경로개미 추질쇠광 주멸황리

포후(褒后)가 뱀을 낳은 것을 늙도록 숨겼다. 빛을 노쇠하게 하고 술로 제왕의 중화지도(中和之道)를 멸망케 한다.

註) 1. 포후(褒后)는 포사이다. 옛날에 하후씨가 쇠해지니 두 마리 용이 뜰에 내려왔다. 그 타액을 감추어 두었는데, 하(夏)나라와 상(商)나라때는 감히 풀지 못했다. 주나라때 이르러 풀러 보았는데, 용의 타액은 검은 도롱뇽으로 변한 뒤 어린 궁녀의 몸속으로 들어갔다. 궁녀는 아비없이 아이를 잉태한 뒤 두려워서 길에 버렸다. 어떤 사람이 밤에 우는 것을 가엾게 여겨 밤에 주워다 포(褒)땅으로 도망가서 길렀다. 포(褒)나라 사람이 죄를 지어서 이 여자를 주(周)나라 유왕(幽王)에게 바쳤다. 유왕은 그녀를 총애하여 포사라고 불렀는데, 이름에 검은 도마뱀이란 뜻이 숨겨져 있었다. 微 : 숨길 미 跌 : 넘어질 질

2. 황리 (黃離) : 역경(易經) 중화리(重火離)의 六二에 이르기를 '黃離. 元吉' 이라고 했다. 또 상전(象傳)에 이어서 말하기를 '得中道 (중도를 얻었다)' 고 했다. 황색(黃色)은 중앙의 색깔이므로, 이로 인하여 후대에는 황리를 제왕의 중화지도(中和之道)를 일컫게 되었다.

■ 금전 · 사업 · 창업 ■
어디에도 길함이 없다. 무리하면 낭패한다. 창업도 순조롭다.

■ 이사 · 매매 · 문서 ■
매매는 성사되지 않는다. 분수를 지키고 근신하여야 한다.

■ 취직 · 시험 · 승진 ■
하향지원해야 안전하다. 직장인은 동료의 방해가 있겠다.

■ 애정 · 결혼 · 부부 ■
다른 이성이 나타난다. 두 마음을 두면 모두를 잃을 수 있다.

■ 건강 · 소송 · 소원 ■
관재가 확대됨을 막아야 한다. 오직 근신하여야 한다.

■ 여행 · 사고 · 출산 ■
여행, 출장은 자제하는 것이 좋다. 출산은 무난하다.

35-1 진지서합 晉之噬嗑 ䷢ → ䷔

大尾小頭 重不可搖 上弱下强 陰制其雄
대미소두 중불가요 상약하강 음제기웅

꼬리는 크고 머리가 작으니 무거워서 흔들지 못한다. 위는 약하고 아래가 강하니 음(陰)이 양(陽)을 제압한다.

■ 금전 · 사업 · 창업 ■
한동안은 심각한 자금의 어려움에 허덕이다가 우연한 기회에 융통되면서 수입이 서서히 늘어 뒤늦게 안정세를 찾게 된다.

■ 이사 · 매매 · 문서 ■
무리하게 밀고 나가다가 소송에 휩싸이거나 구설수에 오를 우려가 있으니 각별히 주의하라. 다음 기회에 변동을 꾀하는 것이 더 유리하다.

■ 취직 · 시험 · 승진 ■
시험에는 크게 유리하니 합격할 수 있겠다. 취직 또한 유리하다.

■ 애정 · 결혼 · 부부 ■
당신이 원한다면 짝이 없더라도 새로운 배필을 만나지만 너무 서두르면 오히려 구설수만 겪는다.

■ 건강 · 소송 · 소원 ■
덕을 쌓고 가난한 이웃을 먼저 생각한 사람만이 작은 소원을 이룬다. 욕심이 많은 사람은 건강도 불리해지고 소송 또한 어렵게 꼬인다.

■ 여행 · 사고 · 출산 ■
원거리 여행은 자제하라. 산모는 건강에 각별히 신경써야 한다.

35-2 진지미제 晉之未濟

䷢ → ䷿

邑兵衛師　如轉蓬時　居之危凶
읍병위사　여전봉시　거지위흉

고을의 병사가 군대를 방위함이 쑥대처럼 빽빽하다. 머물러 살기에 위태하고 흉하다.

衛 : 지킬 위　蓬 : 쑥대 봉

■ 금전 · 사업 · 창업 ■
처음에는 막힘이 많고 진전이 없다가 차츰 풀린다. 지출이 많다.

■ 이사 · 매매 · 문서 ■
매매할 때는 계약 문서, 이사할 때는 하자 여부를 잘 살펴보아야 한다. 자칫 방심하면 문서로 인한 손실이 있겠다.

■ 취직 · 시험 · 승진 ■
초반에는 어렵다가 후반에는 하위직 정도는 가능하다. 직장에서의 승진 운동은 소모만 많다.

■ 애정 · 결혼 · 부부 ■
혼사는 지체되고 말이 많다. 부부 간에도 불화가 있을 수 있다.

■ 건강 · 소송 · 소원 ■
소원은 선행과 덕에 달려 있다. 송사는 지체되고 오래 끈다.

■ 여행 · 사고 · 출산 ■
여행 중에 어려운 일이 있겠다. 산모와 아기의 건강에 유의하라.

35-3 진지려 晋之旅

䷢ → ䷷

東行西維 南北善迷 逐旅失群 亡我襦衣
동행서유 남북선미 축여실군 망아유의

동으로 가도 서로 연결되니 남북이 어리둥절하다. 마침내 여행의 무리를 잃어버리고 나의 저고리도 잃어버린다.

■ 금전 · 사업 · 창업 ■
좋지 않은 상황이다. 손재가 발생할 수 있다. 창업도 불가하다.

■ 이사 · 매매 · 문서 ■
문서로 인한 사고가 생길 수 있겠으니 작은 것 하나라도 철저히 계획을 세워 추진함이 좋겠다. 자칫 안일하게 처리하면 문서로 인하여 재물에 큰 손실이 우려된다.

■ 취직 · 시험 · 승진 ■
노력은 많지만 성과가 없다. 더욱 정진하고 다음을 기약하라. 지금은 승진을 생갈할 때가 아니니 덕을 쌓고 근신하라.

■ 애정 · 결혼 · 부부 ■
불화가 심하다. 정도를 지키고 베풀어야 한다.

■ 건강 · 소송 · 소원 ■
불리한 상황이다. 소송에서 패할 가능성이 있으니 화해하고 종결하라.

■ 여행 · 사고 · 출산 ■
장거리로 떠나는 여행은 주의하라. 산모는 건강한 아이를 출산한다.

35-4 진지박 晋之剝

䷢ → ䷖

天命玄鳥　下生大商　造定四表　享國久長
천명현조　하생대상　조정사표　향국구장

하늘이 제비에 명하여 내려가 상(商)나라를 낳았다. 천하를 바로잡아 나라가 오래도록 제사지냈다.

註) 현조(玄鳥)는 제비의 별칭이다. 제비가 상(商)의 시조 설(契)을 낳았다고 한다.
시경(詩經) 현조(玄鳥) – 종묘에 제사지내는 노래로, 은나라의 발상부터 천하를 차지하게된 내력을 말한다. 天命玄鳥 降而生商 古帝命武湯 正域彼四方 하늘이 제비에게 명하여 상나라 조상을 낳게했다. 상제께서 무위(武威)를 갖춘 탕왕에게 천하를 바로잡게 하셨다.

■ 금전 · 사업 · 창업 ■
정도를 지키지 않으면 낭패한다. 분수를 지키지 않으면 손해본다.

■ 이사 · 매매 · 문서 ■
문서로 인한 손해가 발생할 수 있으니 유의하라. 매매도 잡음만 많다.

■ 취직 · 시험 · 승진 ■
노력한 만치 이루어지겠다. 승진에도 많은 노력이 필요하다.

■ 애정 · 결혼 · 부부 ■
잡음이 있다. 연인, 부부 사이에도 지킬 것을 지켜야 한다.

■ 건강 · 소송 · 소원 ■
소송은 어려워도 여러 사람의 도움으로 극복된다. 소원은 수신을 얼마나 했는가에 달려 있다.

■ 여행 · 사고 · 출산 ■
가급적 장거리 여행은 자제하는 것이 좋다. 산모와 아기 다 건강하다.

35-5 진지비 晉之否

北風寒凉　雨雪益빙　憂思不樂 哀悲傷心
북풍한량　우설익빙　우사불락 애비상심

북풍이 한랭하고 비와 눈내리니 더욱 얼음 언다. 근심 생각에 즐겁지 않고 슬퍼서 상심(傷心)한다.

註) 시경(詩經) 북풍(北風) –나라가 어지러워지자 평생을 사이좋게 지내던 자와 함께 난리를 피해 가는 모습을 노래한 것이다.
"북풍은 차갑고 눈은 펑펑 쏟아진다." – 나라 안이 어수선하여 편안하지 않은 것을 비유한 것이다.

■ 금전 · 사업 · 창업 ■
상당한 어려움에 봉착하겠다. 창업도 때가 아니다. 과욕하지 말라.

■ 이사 · 매매 · 문서 ■
노력은 많으나 성사되기 힘들다. 성사되어도 실익이 없다.

■ 취직 · 시험 · 승진 ■
노력한 만큼의 성과를 절대 기대할 수 없다. 승진은 아직 때가 아니다. 분수를 지키고 근신하여야 한다.

■ 애정 · 결혼 · 부부 ■
상대 집안 문제로 다툼이 있을 수 있다. 새로운 연인은 아직 아니다.

■ 건강 · 소송 · 소원 ■
타인과 다투지 말라. 손재수나 관재수에 시달린다. 소송은 종결하라.

■ 여행 · 사고 · 출산 ■
먼거리 여행은 자제하라. 사고의 위험성이 있다. 출산은 무난하다.

35-6 진지예 晉之豫

桑葉腐蠹　衣敝如絡　女功不成　絲布如玉
상엽부두　의폐여락　여공불성　사포여옥

뽕잎이 썩고 좀먹으니 옷이 해져서 누더기 같다. 여자의 공덕(功德)이 이루어지지 않으니 실과 옷감이 구슬같이 귀하다.

腐 : 썩을 부　蠹 : 좀 두　絡 : 헌솜 락　絲 : 실 사

■ 금전 · 사업 · 창업 ■
지출을 줄이는 데 최선을 다해야 비록 적은 돈이라도 얻을 수 있다. 큰 재물은 인연이 없으니 생각할 필요도 없다.

■ 이사 · 매매 · 문서 ■
매매가 이루어져도 이익이 없다. 이사도 때가 아니다

■ 취직 · 시험 · 승진 ■
노력은 많은데 공이 없다. 더욱 정진하라. 승진도 아직 때가 아니다.

■ 애정 · 결혼 · 부부 ■
결혼에 사기성이 끼어들 수도 있으니 신중하게 대처하라.

■ 건강 · 소송 · 소원 ■
질병 중인 환자는 차도가 있다. 그러나 사건, 사고에 특히 조심해야 한다. 소송은 자칫, 쉽게 생각하면 일이 꼬이게 됨을 명심하라.

■ 여행 · 사고 · 출산 ■
목적이 성사되기 쉽지 않으니 철저한 준비를 가지고 출발해야 한다. 산모와 아기는 건강에 각별히 신경을 써야 하겠다.

36-1 명이지겸 明夷之謙 ䷣ → ䷎

狼虎所宅　不可以居　爲我患憂
낭호소택　불가이거　위아환우

이리와 호랑이가 사는 곳에 거주하는 것은 옳지 못하다. 나의 우환거리가 된다.

■ 금전 · 사업 · 창업 ■
처해 있는 상황이 좋지 않다. 사업은 현상유지하는 것이 순리이다. 창업은 다음 기회로 미루라.

■ 이사 · 매매 · 문서 ■
방해가 많아 성사되기 힘들다. 성사되어도 이득이 없다. 문서로 인하여 구설이 생길 수 있다.

■ 취직 · 시험 · 승진 ■
장애가 많아 취직, 합격이 쉽지 않다. 승진도 다음 기회를 노려야겠다.

■ 애정 · 결혼 · 부부 ■
혼사는 방해가 많아 성사되기 어렵다. 성사되어도 말이 많다.

■ 건강 · 소송 · 소원 ■
소송은 장애가 많고 불리하다. 주변의 장애들을 먼저 제거해야 한다.

■ 여행 · 사고 · 출산 ■
가급적 장거리 여행은 자제하는 것이 좋다. 출산은 무난하다.

36-2 명이지태 明夷之泰

切切之患 凶憂不成 虎不敢齰 利當我身
절절지환 흉우불성 호부감색 이당아신

절박(切迫)한 근심이 흉한 근심으로 되지는 않는다. 호랑이가 감히 물지 않으니 당연히 내 몸이 이롭다.

切切(절절) : 근심하는 모양을 말한다. 齰 : 깨물 색

■ 금전 · 사업 · 창업 ■
타인의 재물을 탐하지 마라. 욕심을 버리면 오히려 편안하다. 현상유지는 가능하겠으나 일확천금의 꿈은 헛된 것이다.

■ 이사 · 매매 · 문서 ■
매매 당사자가 서로 다투니 성사되기 어렵다.

■ 취직 · 시험 · 승진 ■
분수에 맞추어서 응시해야 낮은 곳의 취직이나 합격이 가능하다.

■ 애정 · 결혼 · 부부 ■
정직한 마음으로 성실하게 상대해야 한다. 혼사는 성사되기 어렵다.

■ 건강 · 소송 · 소원 ■
뜻하는 바를 얻기는 아직 어렵다. 소송은 화해를 먼저 청하는 것이 순리이다.

■ 여행 · 사고 · 출산 ■
장거리 출행은 삼가하라. 출산은 무난하다.

36-3 명이지복 明夷之復

偽言妄語　轉相註誤　不知狼處
위언망어　전상주오　불지랑처

거짓말과 망녕된 말은 전해지면서 서로 보태고 그릇되 어지니, 어그러진 근원을 알지 못한다.

偽 : 거짓 위　註 : 기술할 주　狼 : 이리 랑

■ 금전 · 사업 · 창업 ■
사업에 사기성이 개입한다. 매사 철저하게 살펴야 한다. 금전적 이득을 바랄 때가 아니다.

■ 이사 · 매매 · 문서 ■
말만 많고 잡음도 많다. 성사되지 않는다. 문서에 사기성이 있다. 각별히 유의하여야 한다.

■ 취직 · 시험 · 승진 ■
우여곡절이 있으나 취직은 성사된다. 시험은 하향지원하라.

■ 애정 · 결혼 · 부부 ■
가까운 사람이 당신의 연인을 가로채려 하니 대비하라. 결혼은 지체되고 힘만 빠진다.

■ 건강 · 소송 · 소원 ■
소송은 정면으로 대응하라. 소원도 정도를 걸을 때라야 가능하다.

■ 여행 · 사고 · 출산 ■
장기간 출장은 구설수에 오를 수 있다. 출산은 무리없이 순산이다.

36-4 명이지풍 明夷之豊

日月之途 所行必到 無凶無咎 安寧不殆
일월지도 소행필도 무흉무구 안녕불태

일월의 운행하는 길은 가는 바가 반드시 도착한다. 흉함도 없고 허물도 없어 안녕하고 위태하지 않다.

■ 금전 · 사업 · 창업 ■
노력하고 구하면 이룬다.

■ 이사 · 매매 · 문서 ■
매매가 성사가 되어도 별 이득이 없다. 이사도 다음 기회로 미루는 것이 좋겠다.

■ 취직 · 시험 · 승진 ■
공을 쌓은 결과로 합격한다. 승진도 아래 위에 쌓은 덕으로 가능하다.

■ 애정 · 결혼 · 부부 ■
결혼은 상대 쪽이 미루어 지체된다. 부부 사이는 원만하게 풀린다.

■ 건강 · 소송 · 소원 ■
소송의 원인은 금전이니 이래저래 손해가 난다. 소원은 오직 근면과 덕으로 이룬다.

■ 여행 · 사고 · 출산 ■
가족과 함께 하는 여행이 좋다. 혼자서는 구설수에 말릴 수 있다. 출산은 산모와 아기 모두 건강하다.

36-5 명이지기제 明夷之旣濟

踊泉滈滈 南流不絕 卒爲江海 壞敗邑里 家無所處 將師襲戰 獲其醜虜
용천호호 남류부절 졸위강해 괴패읍리 가무소처 장사습전 획기추로

용솟음치는 샘물이 남으로 흘러 그치지 않는다. 마침내 강과 바다가 되어 읍과 마을을 무너뜨린다. 집과 거처할 곳이 없고 군사를 거느리고 습격하니 그 추한 오랑캐를 잡는다.

踊 : 뛸 용 滈滈 : 물이 희게 비치는 모양 襲 : 엄습할 습 醜 : 추할 추 虜 : 사로잡힐 로

■ 금전 · 사업 · 창업 ■
소득이 없다. 평상심으로 모든 일에 대처해야 한다. 창업도 불가하다.

■ 이사 · 매매 · 문서 ■
과욕하지 않고 작게 추진하면 성사된다. 단 크게 벌리면 낭패한다.

■ 취직 · 시험 · 승진 ■
노력 여하에 달려 있다. 사필귀정이다. 승진은 지체되어 성사된다.

■ 애정 · 결혼 · 부부 ■
혼인은 지체되고 잡음이 많다. 정도로서 행하라.

■ 건강 · 소송 · 소원 ■
소원은 늦게 주변에 쌓은 덕으로 이룬다. 소송은 오래 끄나 승소한다.

■ 여행 · 사고 · 출산 ■
장거리 여행은 매우 불리하다. 출산은 산모의 건강에 유의하여야 한다.

36-6 명이지비 明夷之賁

先禮春成　陳寶雞鳴　陽明失道　不能自守　消亡爲咎
선예춘성　진보계명　양명실도　불능자수　소망위구

먼저 예로써 봄에 제사 지내니 진창에서 닭이 운다. 날이 밝으면 길을 잃어 능히 스스로 지키지 못하고 꺼져 없어지니 허물이 된다.

註) 진창현(陳倉縣)에 보부인(寶夫人)의 사당이 있어서, 엽군신(葉君神)과 더불어 모이므로 여기서 제사를 지낸다. 밤에 들판에 사는 닭이 울면 소로 제사했다고 한다.

■ 금전 · 사업 · 창업 ■
한때, 심한 급전적 어려움에 봉착하니 미리 비축해 둠이 좋겠다. 창업도 불가하다. 분수를 지키고 수신하라.

■ 이사 · 매매 · 문서 ■
손해가 어느 정도 발생해도 미련을 버리고 빨리 매매하라. 이사는 다음 기회로 미루는 것이 순리이다.

■ 취직 · 시험 · 승진 ■
실력에 맞추어 지원해야 합격의 가능성이 있다.

■ 애정 · 결혼 · 부부 ■
구관이 명관이다. 새로운 인연이 손짓해도 현혹당하지 말라.

■ 건강 · 소송 · 소원 ■
소송이 매우 불리하게 진행되니 속히 합의하고 종결하라.

■ 여행 · 사고 · 출산 ■
먼거리 여행은 금전사고가 있을 수 있다. 산모와 아기 모두 건강하다.

37-1 가인지점 家人之漸

執斧破薪 使媒求婦 和合二姓 親御飮酒 居彼隣里 姑公悅喜
집부파신 사매구부 화합이성 친어음주 거피인리 고공열희

도끼를 잡고 땔나무를 패면서 중매장이로 하여금 며느리를 구한다. 두 성이 화합하고 친히 모시고 술을 마시니 이웃 마을에 사는 시부모가 기뻐한다.

執 : 잡을 집　斧 : 도끼 부　薪 : 땔나무 신　姑 : 시어미 고

■ 금전 · 사업 · 창업 ■
구하고 노력하면 성취된다. 분수를 감안하여 창업하라.

■ 이사 · 매매 · 문서 ■
이익과 손해가 반반이다. 문서상의 어려움을 겪고 금전의 손실이 있을 수 있으니 사소한 실수를 주의하라.

■ 취직 · 시험 · 승진 ■
노력한 만치 그대로 반영된다. 직장인의 승진은 덕과 인화에 달려있다.

■ 애정 · 결혼 · 부부 ■
노처녀 노총각은 좋은 배필을 만나 결혼한다. 짝사랑도 이루어진다.

■ 건강 · 소송 · 소원 ■
소송은 빨리 합의하고 화해하는 것이 덕을 쌓는 것이다.

■ 여행 · 사고 · 출산 ■
분위기에 들떠서 여행을 떠나면 후유증이 심각하다. 출산은 순산이다.

37-2 가인지소축 家人之小畜 ䷤ → ䷈

杲杲白日 爲月所食 損上毁下 鄭昭出走
고고백일 위월소식 손상훼하 정소출주

밝고 높은 해가 점점 일식(日食)으로 이지러진다. 상하(上下)가 훼손되니 정소공(鄭昭公)이 달아난다.

註) 춘추좌전(春秋左傳) : 정장공(鄭莊公)은 등나라 의만(鄧曼)을 아내로 맞아 세자 홀(忽)을 낳았다. 또 송(宋)나라의 옹씨에게 장가들어 공자(公子) 돌(突)을 낳았다. 노환공(魯桓公) 11년에 정장공이 세상을 뜨니, 홀이 계승했다. 제중(祭中)이 다시 돌(突)을 세우니, 홀이 위나라로 도망갔다. 홀(忽)은 정소공(鄭昭公)의 이름이다. 團 : 둥글 단 毁 : 헐 훼

■ 금전 · 사업 · 창업 ■
친한 사람이나 가까운 사람으로부터 배반당할 일이 생길 수 있겠으니 주변사람의 사탕발림에 현혹되지 말아야 할 것이다.

■ 이사 · 매매 · 문서 ■
성사될 듯 성사되지 못한다. 문서에 철저해야 한다. 소송이 붙는다.

■ 취직 · 시험 · 승진 ■
합격과 승진은 때가 아니니 다음 기회로 미루는 것이 좋겠다.

■ 애정 · 결혼 · 부부 ■
연인과의 다툼으로 곤란함을 겪겠으니 반드시 인내함이 필요하다.

■ 건강 · 소송 · 소원 ■
소송을 확대시키지 말라. 화해하도록 힘쓰는 것이 좋겠다.

■ 여행 · 사고 · 출산 ■
장기출장이나 원거리 여행이 있겠다. 산모는 순산의 기쁨이 있겠다.

37-3 가인지익 家人之益

天馬五道 炎火分處 往來上下 相隨哭歌 凶惡如何
천마오도 염화분처 왕래상하 상수곡가 흉악여하

천마(天馬)의 다섯 가지 길은 불꽃과 불이 나누어지는 곳이다. 상하로 갔다왔다 하며 서로 따르며 곡하고 노래하니 흉악함이 어떠한가?

■ 금전 · 사업 · 창업 ■
노력은 있으나 이루기 어렵다. 참고 인내하면 후에는 이득이 있다.

■ 이사 · 매매 · 문서 ■
매매는 지체되나 성사된다. 이사는 현재와 비슷한 조건이면 가능하다.

■ 취직 · 시험 · 승진 ■
하위직이나 일반직은 노력했다면 가능하겠다. 재직자는 윗사람에게는 질책을 받고 아랫사람들 사이에선 구설수에 오르내린다.

■ 애정 · 결혼 · 부부 ■
좋은 상대를 소개받겠지만 욕심이 지나쳐 놓쳐버리기 쉽다. 결혼은 될 듯 말듯 꼬이고 부부간의 다툼도 있겠다.

■ 건강 · 소송 · 소원 ■
욕심으로 구하면 허사다. 소송은 불리하다. 화해하는 것이 순리다.

■ 여행 · 사고 · 출산 ■
여행, 출장에 철저한 준비가 필요하다. 출산은 순산으로 건강한 아기를 얻는 기쁨이 있겠다.

37-4 가인지동인 家人之同人 ䷤ → ䷌

擊鼓合戰　士怯叛亡　威令不行　敗我成功
격고합전　사겁반망　위령불행　패아성공

북을 치며 전쟁(戰爭)하니 군사가 겁먹고 배반하여 도망간다. 위엄과 명령이 행해지지 않으니 패망한다.

擊 : 부딪칠 격　怯 : 겁낼 겁　叛 : 배반할 반

■ 금전 · 사업 · 창업 ■
요행은 절대로 기대하지 마라. 일이 계획했던 대로 풀리지 않는다. 분수 밖의 금전이 들어온다 해도 곧 사라진다.

■ 이사 · 매매 · 문서 ■
동업하지 말아야 한다. 이용만 당하거나 도움을 받지 못하게 된다. 이사, 매매는 다음 기회로 미루라.

■ 취직 · 시험 · 승진 ■
하위직이나, 일반직은 합격이 가능하다. 타인보다 두 배의 노력이 필요하다. 직장인은 승진은 어렵고 부서의 이동이 있겠다.

■ 애정 · 결혼 · 부부 ■
짝과 결혼을 하려는데 반대에 부딪히니 마음을 비우고 설득해야 한다 .

■ 건강 · 소송 · 소원 ■
친척이나, 가까운 사람과의 불화를 조심하라.

■ 여행 · 사고 · 출산 ■
먼 거리 여행은 건강의 악화가 두렵다. 출산은 아무 탈없다.

37-5 가인지비 家人之賁

畫龍頭頸 文章不成 甘言美語 詭辭無名
화룡두경 문장불성 감언미어 궤사무명

용의 머리와 목을 그리는데 무늬와 채색이 이루어지지 않는다. 달콤하고 아름다운 말은 기만하는 말로 이름이 없다.

■ 금전 · 사업 · 창업 ■
남의 말에 현혹되지 말라. 말속에 기만이 있다. 넘어가면 낭패다.

■ 이사 · 매매 · 문서 ■
매매에 이성 관계를 개입시키지 말라. 속전속결하여야만 성사 가능성이 높다.

■ 취직 · 시험 · 승진 ■
시험은 불리하나, 하위직과 같은 부분은 성과가 있다. 직장인은 자리 지키기에 힘써야 한다.

■ 애정 · 결혼 · 부부 ■
젊은 남녀는 삼각관계가 이루어져 시비가 생길지도 모른다. 약혼한 사람이 있으면 서둘러 식을 올려라.

■ 건강 · 소송 · 소원 ■
가까운 사람일수록 철저히 대비하라. 대인관계에 방심하다가는 사소한 시비가 소송으로까지 발전하게 된다.

■ 여행 · 사고 · 출산 ■
가까운 사람과 여행을 떠나는 기회가 올 것이다. 출산은 순산이다.

37-6 가인지기제 家人之旣濟 ䷤ → ䷾

播天舞地 曉亂神所 居樂無咎
파천무지 효란신소 거락무구

하늘은 베풀고 땅은 춤추어 두려워하면서도 신명(神明)의 거처를 어지럽게 하였다. 그러나 즐겁게 살면 허물이 없다.

播 : 베풀 파 曉 : 새벽 효

■ 금전 · 사업 · 창업 ■
사업상 외지에 나가는 것을 삼가라. 이득은 없고 손해가 발생한다.

■ 이사 · 매매 · 문서 ■
지체되고 잡음만 많다. 성사되어도 이득이 없다. 현상을 고수하라.

■ 취직 · 시험 · 승진 ■
일반직이나 하위 시험은 가능하다. 직장인은 발령이 있다.

■ 애정 · 결혼 · 부부 ■
마음을 조급하게 먹지 말고 여유를 가져라. 혼인은 지체될까 두렵다.

■ 건강 · 소송 · 소원 ■
사주원명이 나쁜 사람은 매우 위험한 때이니 건강을 조심해야 한다. 소송은 패하지는 않겠지만 지출이 과도하다.

■ 여행 · 사고 · 출산 ■
먼 거리 출장을 자제하라. 해를 끼치는 사람이 두렵다. 출산은 순산이고 아기와 산모 모두 건강하다.

38-1 규지미제 睽之未濟

生宜地乳　上皇大喜　隆我福祉　貴壽無極
생의지유　상황대희　융아복지　귀수무극

마땅히 기름진 땅에서 살아가니 상황(上皇)이 크게 기뻐하사 나의 복지(福祉)를 높이시니 귀함과 수명에 다함이 없다.

■ 금전 · 사업 · 창업 ■
사업가는 자본도 늘어나고 경영도 순조로워 수입이 좋아진다. 창업도 적절한 시기이다.

■ 이사 · 매매 · 문서 ■
확장하고 넓혀가는 즐거움이 있으니 이사도 좋다. 매매도 이익이 크고 원만하게 이루어진다.

■ 취직 · 시험 · 승진 ■
직장인은 윗사람의 인정을 받아 승진하는 기쁨이 있다. 구직자도 직장이 생긴다. 수험생은 상위직만 빼고 모두 유리하다.

■ 애정 · 결혼 · 부부 ■
길하다. 혼사도 무난하게 성사된다.

■ 건강 · 소송 · 소원 ■
타인과 다투지 말라. 가벼우면 구설수에 오르내릴 것이요 심한 경우에는 몸을 상한다.

■ 여행 · 사고 · 출산 ■
어느 곳으로 가든 별로 걱정할 것이 없다. 산모와 아기 모두 건강하다.

38-2 규지서합 睽之噬嗑

居處不安 徙反觸患
거처불안 사반촉환

거처가 불안하다고 이사하면 도리어 우환을 당한다.

徙 : 옮길 사 觸 : 닿을 촉 患 : 근심 환

■ 금전 · 사업 · 창업 ■
노력하나 이익이 없고 금전 나갈 일만 생긴다. 창업, 전업 불가하다.

■ 이사 · 매매 · 문서 ■
잡음도 많고 금전도 낭비하면서 끝내 성사되지 않는다.

■ 취직 · 시험 · 승진 ■
고위직 중위직의 시험은 불가하다. 하위직이나 일반직의 시험은 노력에 따라 달라진다. 직장인은 승진이 어렵다.

■ 애정 · 결혼 · 부부 ■
비난받을 이성과 만날 운이 있으니 주의하라.

■ 건강 · 소송 · 소원 ■
소송은 불리하니 합의하고 종결시켜라. 건강에 유의하여야 한다.

■ 여행 · 사고 · 출산 ■
가까운 곳은 유리하나, 먼 곳은 불리하다. 가족과 함께 시간을 보내는 것이 좋겠다. 산모와 아기 모두 건강하다.

38-3 규지대유 暌之大有

䷥ → ䷍

狐狸雉兎 畏人逃去 分首竄匿 不知所處
호리치토 외인도거 분수찬익 불지소처

여우, 너구리, 꿩, 토끼가 사람을 두려워해 도망갔다. 제각기 달아나서 숨으니 있는 곳을 알지 못한다.

狐 : 여우 호 狸 : 너구리 리 逃 : 도망할 도 竄 : 달아날 찬

■ 금전 · 사업 · 창업 ■
처음에는 일이 꼬이다가 뒤늦게 운이 찾아든다. 사업은 현상유지하라.

■ 이사 · 매매 · 문서 ■
현재의 장소, 현재의 위치를 고수하는 것이 좋겠다. 변화나 변동을 꿈꾸다가는 어려운 상황에 처할 수 있다.

■ 취직 · 시험 · 승진 ■
현재의 직업을 유지하라. 전직은 상당한 어려움이 따르니 주의하라. 시험 합격에는 두 배의 노력이 필요하다.

■ 애정 · 결혼 · 부부 ■
불화가 있겠다. 오직 정도로서 임해 나가라.

■ 건강 · 소송 · 소원 ■
소송은 불리하니 화해하라.

■ 여행 · 사고 · 출산 ■
객지에서 손재수, 관재수의 위험이 있다. 출산은 보통이다.

38-4 규지손 睽之損

天戶東墟 盡旣爲災 跰跰黯聾 秦伯受殃
천호동허 진기위재 변변암롱 진백수앙

천호(天戶)의 동쪽터가 다 되어 이미 재앙이 미쳤다. 걸음 걷기도 어려운데 귀까지 어두우니 진백(秦伯)이 재앙을 받았다.

跰 : 발에 못박힐 변 　聾 : 귀머거리 롱

■ 금전 · 사업 · 창업 ■
친한 사람과 함께 일을 하지 말라. 오히려 관계가 악화될 수 있다.

■ 이사 · 매매 · 문서 ■
문서관계를 신중하게 처리해야 이득을 볼 수 있다. 이사운은 보통이며, 매매는 약간의 손해 가능성이 있다.

■ 취직 · 시험 · 승진 ■
노력이 배가되지 않으면 하위직 시험도 불가하다. 재직자는 외직이나 별직으로 파견되는 변화가 있겠다.

■ 애정 · 결혼 · 부부 ■
이성관계는 실연당할 가능성이 크며 새로 만난 배우자를 빼앗길 우려도 있다. 부부관계도 걱정이다.

■ 건강 · 소송 · 소원 ■
함부로 움직이지 말아야 사건, 사고가 없겠다. 먼저 양보하고 사소한 시비는 그냥 넘겨버리는 것이 구설수에서 벗어나는 길이다.

■ 여행 · 사고 · 출산 ■
장거리 여행은 정신적 피곤함을 부른다. 출산은 무난하다.

38-5 규지리 睽之履

味暮乘車　履危陷溝　亡失群物　摧折兩軸
매모승차　이위함구　망실군물　최절량축

어두워질 무렵 수레에 올랐다가 위험을 밟아 구덩이에 빠진다. 모든 물건을 잃어버리고 수레바퀴마저 꺾어진다.

味 : 어두울 매　陷 : 빠질 함　溝 : 도랑 구　摧 : 꺾일 최　軸 : 수레바퀴 축

■ 금전 · 사업 · 창업 ■
자신을 도와줄 사람이 전혀 없으니 앞뒤가 꽉 막혀 있다. 과욕을 버리고 정도를 걸으면 차츰 풀린다.

■ 이사 · 매매 · 문서 ■
이사할 마음이 있어도 옮기지 말라. 매매는 이루어질 듯 하나 이루어지지 않는다.

■ 취직 · 시험 · 승진 ■
아직은 때가 아니구나... 더욱더 노력을 게을리하지 말아야 할 것이다.

■ 애정 · 결혼 · 부부 ■
현재 사귀고 있는 애인이나 배우자와의 사소한 시비가 다툼으로까지 발전하니 심해지면 송사에까지 이르게 된다.

■ 건강 · 소송 · 소원 ■
가까운 사람으로 인해 소송까지 이르게 되니 냉철한 판단이 필요하다.

■ 여행 · 사고 · 출산 ■
장거리 여행은 자제해야 건강을 지킬 수 있다. 출산은 무난하다.

38-6 규지귀매 睽之歸妹

鉐刀功玉　無不鑽鑿　龍體其擧　魯班爲輔　三仁翼事　所求必喜
석도공옥　무불찬착　용체기거　노반위보　삼인익사　소구필희

납 칼로 옥을 다듬으니 끊고 구멍뚫지 않을 수 없다. 용의 몸을 갖추어 만드니 노반(魯班)이 돕는다. 세명의 어진 사람이 일을 도우니 구하는 바에 반드시 기쁨이 있다.

註) 노반(魯班)은 공륜자(公輸子)의 이름이다. 공륜자는 춘추시대(春秋時代) 노(魯)나라의 명장(明匠)이다.
鑽 : 끌 찬　鑿 : 뚫을 착　翼 : 도울 익

■ 금전 · 사업 · 창업 ■
이익은 멀리 있고 시비는 가까이 있으니 일을 벌이지 말라.

■ 이사 · 매매 · 문서 ■
좋은 운이 도래하니 성사된다. 이사, 매매가 이루어지니 기쁨이 매우 크다.

■ 취직 · 시험 · 승진 ■
학생은 안전하게 응시하라. 직장인은 승진의 기운이 보인다.

■ 애정 · 결혼 · 부부 ■
급하게 서둘지 말고 애정을 하나씩 쌓아나가라.

■ 건강 · 소송 · 소원 ■
소송은 냉정하게 처리해야 승산이 있다.

■ 여행 · 사고 · 출산 ■
여행에 큰 부담은 없다. 출산도 순산이다.

39-1 건지기제 蹇之旣濟

道陟多阪 牛馬蜿蟺 車不利載 請求不得
도척다판 우마완선 차불리재 청구부득

길을 오르는데 비탈이 많아서 우마가 꼬불꼬불한 길을 간다. 수레에 싣고 가기가 불리하니 청구해도 얻지 못한다.

蜿蟺 : 지렁이처럼 산세가 구불구불한 모양.

■ 금전 · 사업 · 창업 ■
금전운이 좋지 않으니 일확천금을 꿈꾸지 말고 작은 이익이라도 꾸준히 한푼 두푼 모아가는 것이 좋겠다.

■ 이사 · 매매 · 문서 ■
지금 현재와 같은 수준으로의 이사와 변동은 가능하나 무리한 확장이나 매매는 뜻밖의 손실을 가져온다.

■ 취직 · 시험 · 승진 ■
직장인은 전출이동을 조심하라. 하위직 시험이나 일반직은 가능하다.

■ 애정 · 결혼 · 부부 ■
혼사는 지체되고 잡음이 많다. 늦게 성사된다.

■ 건강 · 소송 · 소원 ■
소송으로 인한 금전적 어려움을 겪게된다. 빨리 종결시키는 것이 좋다.

■ 여행 · 사고 · 출산 ■
무리한 여행은 결과가 좋지 않을 수 있다. 출산은 보통이다.

39-2 건지정 蹇之井

荷蕢隱名　以避亂傾　終身不仕　逐其潔淸
하궤은명　이피란경　종신불사　축기결청

삼태기를 지고 이름을 숨기어 어지러움을 피한다. 종신토록 벼슬하지 아니하여 그 결백함을 이룬다.

註) 하궤는 은사(隱士)를 말한다.
논어(論語) 헌문편(憲問篇)
공자께서 위(衛)나라에서 경쇠를 두들기셨는데, 삼태기를 지고서 공자의 문앞을 지나가는 자가 듣고서 말하였다. "마음이 천하에 있구나. 경쇠를 두들김이여!"

■ 금전 · 사업 · 창업 ■
사업을 하는 사람은 자기 분수를 파악하여야 한다. 현상유지에 힘써라.

■ 이사 · 매매 · 문서 ■
매매도 불가하다. 때도 아니고 조건도 좋지 않다. 근신할 때이다.

■ 취직 · 시험 · 승진 ■
자신의 능력과 실력을 고려하지 않고 욕심을 부리면 붙을 수 있는 것도 떨어진다. 승진은 더 많은 노력이 필요하다.

■ 애정 · 결혼 · 부부 ■
사소한 말다툼으로 인한 불화의 징조가 있다. 결혼은 미뤄질 수 있다.

■ 건강 · 소송 · 소원 ■
소송은 오래 끄니 가급적 화해하는 것이 좋다.

■ 여행 · 사고 · 출산 ■
원거리 출장은 자제하라. 구설수가 있다. 출산은 무난하다.

39-3 건지비 蹇之比

䷦ → ䷇

送我季女　至于蕩道　齊子旦夕　久留連處
송아계여　지우탕도　제자단석　구류련처

나에게 계녀를 보냈는데 탕도에 이르렀다. 제자가 조석으로 오래도록 머물고 있다.

[註] 계녀(季女)는 제양공(齊襄公)의 누이이며, 노환공(魯桓公)의 부인이다. 환공 18년에 공이 부인 강씨와 더불어 제나라에 갔었다.

■ 금전 · 사업 · 창업 ■
투자를 하여 꾸준히 진척시키면 소득이 있다. 창업은 신중해야 한다.

■ 이사 · 매매 · 문서 ■
이사는 보류하는 것이 유리하겠다. 매매는 쉽게 이루어지지 않는다.

■ 취직 · 시험 · 승진 ■
자신이 노력한 대가에는 못 미치지만 고시와 같은 큰 시험만 아니라면 가능하겠다.

■ 애정 · 결혼 · 부부 ■
오랜 기간 사귄 사람이 아니라면 결혼에까지 이르기는 어렵다.

■ 건강 · 소송 · 소원 ■
소송은 어려움에 봉착할 수 있으니 근신하라.

■ 여행 · 사고 · 출산 ■
장거리 여행에 대한 대비를 철저히 하라. 출산은 무난하다.

39-4 건지함 蹇之咸

日月並居　常暗且微　高山崩顚　丘陵爲谿
일월병거　상암차미　고산붕전　구릉위계

해와 달이 함께 있으니 항상 어둡고 희미하다. 높은 산이 무너져 언덕이 골짜기가 된다.

■ 금전 · 사업 · 창업 ■
혼자서 모든 일을 처리하지 말라. 힘을 합치면 성과가 좋으리라.

■ 이사 · 매매 · 문서 ■
매매는 양자가 합심하여야 이루어지고 쌍방 간에 이득도 있다. 이사는 자제함이 좋겠다.

■ 취직 · 시험 · 승진 ■
시험은 아직 때가 아니다. 승진도 다음 기회로 미루어라.

■ 애정 · 결혼 · 부부 ■
결혼을 약속했는데 옛 애인이 찾아오거나 양가 부모의 반대 등으로 어려움이 커진다.

■ 건강 · 소송 · 소원 ■
소송은 오래 끌면 불리하다. 가급적 화해하는 것이 좋다. 소원을 이루려면 분수를 지키고 덕을 쌓아라.

■ 여행 · 사고 · 출산 ■
무리한 운전이나 장거리 여행은 불리하다. 산모, 아기 모두 건강하다.

39-5 건지겸 蹇之謙

天門開闢　牢戶廖闊　桎梏解脫　抱囚縱釋
천문개벽　뇌호료활　질곡해탈　포수종석

하늘문이 열리니 감옥문이 텅 빈다. 족쇄와 쇠고랑을 풀고 가두었던 죄수를 석방하였다.

牢 : 우리 뢰　廖 : 공허할 료　闊 : 트일 활　桎梏(질곡) : 쇠고랑과 족쇄

■ 금전 · 사업 · 창업 ■
사업의 확장이나 변화를 꾀하기 가장 좋은 시기이다. 창업도 유리하다.

■ 이사 · 매매 · 문서 ■
문서로 인한 기쁜 일이 생기겠다. 매매도 쉽게 성사되고 이사는 확장의 기쁨이 크다.

■ 취직 · 시험 · 승진 ■
일류대를 제외하고는 모두 가능하다. 직장인은 상사의 도움을 얻어 승진이 되고 실업자는 취직의 영광이 있다.

■ 애정 · 결혼 · 부부 ■
미혼자는 평생의 배필과 화촉을 밝히는 즐거운 경사가 있겠다.

■ 건강 · 소송 · 소원 ■
은밀히 진행시키던 소송이나 소원이 마침내 성공하여 융성하게 될 것이니 반드시 기쁜 일이 생긴다.

■ 여행 · 사고 · 출산 ■
여행 중에 사고를 조심하라. 출산은 산모, 아기 모두 건강하다.

39-6 건지점 蹇之漸

麟鳳所翔 國無咎殃 賈市十倍 復歸惠里
인봉소상 국무구앙 가시십배 복귀혜리

기린과 봉황이 맴도는 곳은 나라에 재앙이 없다. 장사해서 열배의 이익을 남기고 다시 혜리(惠里)로 돌아온다.

■ 금전 · 사업 · 창업 ■
조력자의 도움이 있으니 사업에 이익이 크다. 창업에도 도움이 있다.

■ 이사 · 매매 · 문서 ■
오랜 기간 학수고대했던 매매가 성사되겠고 이익도 크다. 이사는 확장의 기쁨이 있겠다.

■ 취직 · 시험 · 승진 ■
공사직, 일반직, 하위직 공무원은 합격이 가능하다. 직장인은 오랜 기간 기다리던 승진이 이루어진다. 구직자는 직장을 얻겠다.

■ 애정 · 결혼 · 부부 ■
여행 중에 애인이 생기거나 친한 사람의 소개로 만나 결혼에까지 이르겠다. 부부관계는 약간의 서먹함이 존재한다.

■ 건강 · 소송 · 소원 ■
몸은 날아갈 듯 매우 원기 왕성하다. 오랜 기간 지속된 병도 회복되니 기쁨이 크다. 오래 끌던 송사도 해결된다.

■ 여행 · 사고 · 출산 ■
여행, 출장 모두 소기의 목적을 달성한다. 출산도 순산이다.

40-1 해지귀매 解之歸妹

䷧ → ䷵

春桃生華　季女宜家　受福多年　男爲邦君
춘도생화　계녀의가　수복다년　남위방군

봄 복숭아가 화려해지니 막내가 시집간다. 오래도록 복을 받더니 남편이 임금이 된다.

註) 시경(詩經) 도요편(桃夭篇) – 신부를 축하하는 시
桃之夭夭, 灼灼其華 , 之子于歸, 宜其室家
복숭아꽃의 왕성함이여! 불타는 듯 화려하구나.
그 아이의 시집감이여 ! 그 집안에 마땅하구나.

■ 금전 · 사업 · 창업 ■
사업에 정신적 물질적 소모가 있으나 이득도 크다. 창업도 가하다.

■ 이사 · 매매 · 문서 ■
형상은 있는 듯하면서 실상은 보이지 않으니 매매가 쉽지 않다.

■ 취직 · 시험 · 승진 ■
노력한 만큼의 결과는 얻겠다. 중위직 시험이나 공사직, 일반직 시험은 합격이 가능하다. 직장인은 승진의 기쁨이 크다.

■ 애정 · 결혼 · 부부 ■
윗사람에게 좋은 짝을 소개 받는다. 혼인도 성사될 것이다.

■ 건강 · 소송 · 소원 ■
송사도 발생할 일이 없으나 잦은 구설수는 있겠다.

■ 여행 · 사고 · 출산 ■
무리하지 않는다면 여행은 해도 좋다. 출산은 작은 사고를 예방하라.

40-2 해지예 解之豫

裹糗荷糧 與利相逢 高飛有德 君子獲福
과구하량 여리상봉 고비유덕 군자획복

미싯가루를 보자기에 싸서 양식을 지고 이익과 더불어 서로 만난다. 높이 나는 덕이 있어 군자가 복을 얻는다.

裹 : (보자기 같은 것에) 쌀 과　荷 : 멜 하　獲 : 얻을 획

■ 금전 · 사업 · 창업 ■
계획한 일들이 순조로우니 하루가 다르게 재물이 늘어간다. 나가서 구하니 창고가 가득하다.

■ 이사 · 매매 · 문서 ■
이사나 확장 같은 변화도 반드시 가까운 사람에게 도움을 청하고 함께 일을 도모하는 것이 현명하겠다.

■ 취직 · 시험 · 승진 ■
웬만한 시험에는 합격한다. 집안에 명예도 따른다.

■ 애정 · 결혼 · 부부 ■
부부사이가 화목하다. 혼사도 순조로울 것이다.

■ 건강 · 소송 · 소원 ■
오랜 기간 끌던 문제가 해결되고 건강도 양호하다.

■ 여행 · 사고 · 출산 ■
무리하게 떠나는 여행은 삼가는 것이 좋겠다. 출산도 순산이다.

40-3 해지항 解之恒

鳥集茂林　順柔利貞　心樂願得　感戴慈母
조집무림　순유리정　심락원득　감대자모

새가 무성한 수풀에 모이니 유순하여 이치에 따른다. 마음은 즐겁고 원하는 것을 얻으니, 감동해서 어진 어머니를 생각한다.

■ 금전 · 사업 · 창업 ■
만사가 순리대로 운행한다. 사업은 번창하고 순조롭게 이루어진다. 창업도 가능하다.

■ 이사 · 매매 · 문서 ■
믿는 사람에게 손해를 당하니 매매는 신중히 하라. 사람을 함부로 믿지 말고 문서를 특히 조심하라. 손재수가 있을까 두렵다.

■ 취직 · 시험 · 승진 ■
큰 시험만 빼고 대다수의 시험은 가능하겠다. 구직자는 취직이 가능하고 직장인은 승진의 기회가 있다.

■ 애정 · 결혼 · 부부 ■
부부가 화합하고 서로 한마음 같이 살아가니 집안이 화평하구나!

■ 건강 · 소송 · 소원 ■
오랜 기간 앓아오던 병도 회복의 기쁨이 있으며 오랜 기간 지속되던 소송도 쉽게 해결될 것이다. 소원은 덕을 쌓아야 한다.

■ 여행 · 사고 · 출산 ■
객지에서 질병을 얻을 수 있으니 여행이나 출장은 삼가라. 산모와 아기의 건강은 큰 문제가 없다.

40-4 해지사 解之師

☳☵ → ☷☵

推車上山　力不能任　顚蹶蹉跌　傷我中心
추차상산　역불능임　전궐차질　상아중심

수레를 밀어 산을 오르니 힘이 부족해 감당하지 못한다. 산꼭대기에서 미끄러져 넘어지니 중심(中心)을 잃어 버린다.

顚 : 꼭대기 전　蹶 : 넘어질 궐　蹉跌: 발을 헛디뎌 넘어짐

■ 금전 · 사업 · 창업 ■
나중에는 어려워지니 저축에 힘써야 한다. 창업은 심사숙고하라.

■ 이사 · 매매 · 문서 ■
새로운 일을 시작하거나 이사하기에 적합한 시기가 아니다.

■ 취직 · 시험 · 승진 ■
시험은 노력한 만큼의 결과가 없으니 불리하다. 직장인은 자립보전에 힘써야 한다.

■ 애정 · 결혼 · 부부 ■
부부관계는 사소한 문제로 매우 악화됨을 주의하라. 애인 사이에도 사랑싸움을 경계해야 할 것이다.

■ 건강 · 소송 · 소원 ■
자신을 낮추고 부탁한다면 작은 소원은 이루어진다. 소송은 불리하니 조속히 합의하고 해결하는 것이 좋다.

■ 여행 · 사고 · 출산 ■
무리하게 떠나는 여행만은 삼가는 것이 좋겠다. 출산은 무난하다.

40-5 해지곤 解之困 ䷧ → ䷮

萬物初生 蟄蟲振起 益壽增福 日受其喜
만물초생 칩충진기 익수증복 일수기희

만물이 시생(始生)하니 겨울잠 자던 벌레가 떨치고 일어난다. 목숨과 복이 늘어나니 나날이 그 기쁨을 받는다.

■ 금전 · 사업 · 창업 ■
처음은 어렵지만 뒤늦게 꾸준한 수입이 생겨나니 저축만 잘 한다면 꾸준한 성장이 보장될 것이다. 인내를 가지고 기다리는 것이 좋겠다.

■ 이사 · 매매 · 문서 ■
매매는 순리대로 이루어지고 쌍방간에 이익도 크겠다.

■ 취직 · 시험 · 승진 ■
직장인은 외직으로 나갈 운이다. 시험에는 합격할 가능성이 높다.

■ 애정 · 결혼 · 부부 ■
여행 중에 새로운 짝을 만나는 기쁨이 있다.

■ 건강 · 소송 · 소원 ■
자신이 맡은 일에 충실한 사람은 건강도 좋아지고 소원도 이루어진다. 향락이나 도박에 빠지면 건강이 악화되고 관재, 구설수에 오르내린다.

■ 여행 · 사고 · 출산 ■
집에 있는 것도 좋으며 멀리 떠나도 큰 탈이 없다. 산모와 아이 모두 건강하다.

40-6 해지미제 解之未濟

干旄旌旗 執職在郊 雖有寶玉 無路致之
간모정기 집직재교 수유보옥 무로치지

대부(大夫)의 깃발이 우뚝 솟아 교외(郊外)에서 휘날린다. 비록 보옥이 있더라도 가져올 길이 없다.

註) 직(職)은 당연히 치(幟)이다. 간모는 대부(大夫)의 깃발이다.
시경(詩經) 간모(干旄) - 위나라의 대부(大夫)가 위후의 사자가 되어 아직 관직에 등용되지 않은 어진 사람의 초려(草廬)를 방문한 것을 노래한 시이다.
"우뚝 솟은 깃발 준(浚)읍의 교외(郊外)에서 펄럭이네"

■ 금전 · 사업 · 창업 ■
사업은 현재상태를 유지하거나 축소시키는 것이 현명하겠다.

■ 이사 · 매매 · 문서 ■
집이나 사무실을 확장하여 이사할 것이다. 매매는 이익이 클것이다.

■ 취직 · 시험 · 승진 ■
장애가 있어 약간의 막힘은 있으나 여러 곳에 응시하다 보면 뒤늦게 기쁨이 있을 것이다.

■ 애정 · 결혼 · 부부 ■
주변에 방해하는 사람이 너무 많아 부부간에 오해가 발생한다.

■ 건강 · 소송 · 소원 ■
질병이나 사고에 주의하라. 급작스런 사고로 인한 위태함이 있겠다.

■ 여행 · 사고 · 출산 ■
향락적인 여행은 정신적, 육체적 아픔으로 돌아온다. 순산이다.

41-1 손지몽 損之蒙

䷨ → ䷃

四手共身　莫適所閑　更相訪接　動失事便
사수공신　막적소한　갱상방접　동실사편

네 손이 몸을 같이 하니 가는 곳마다 한가(閑暇)하지 않다. 다시금 서로 의논해 보지만 움직임에 편리함을 잃는다.

■ 금전 · 사업 · 창업 ■
아직은 때가 아니니 창업은 유보하라. 사업적으로도 금전적 어려움이 따르겠다

■ 이사 · 매매 · 문서 ■
매매는 성사되어도 이득이 없다. 이사도 적기가 아니다.

■ 취직 · 시험 · 승진 ■
시험은 쉽지 않다. 더욱 노력과 정성이 필요하다. 승진은 아래 위의 호응으로 순조로울 것이다.

■ 애정 · 결혼 · 부부 ■
오직 정직과 성실로써 대해야 한다. 혼사는 불리하고 성사되어도 여러 말이 많겠다.

■ 건강 · 소송 · 소원 ■
소송은 초반에는 불리하나 후반에는 유리하다. 소원은 아직은 힘들다.

■ 여행 · 사고 · 출산 ■
너무 멀리 떠나지 말라. 장거리 여행은 고생이 많다. 출산은 무난하다.

41-2 손지이 損之頤

十丸同投 爲雉所維 獨得跳脫 完全不虧
십환동투 위치소유 독득도탈 완전불휴

열 개의 구슬을 같이 던짐은 꿩을 얽어매기 위함이다. 홀로 뛰어 벗어나니 완전하고 이지러지지 아니하였다.

投 : 던질 투　維 : 맬 유　跳 : 뛸 도　虧 : 이지러질 휴

■ 금전 · 사업 · 창업 ■
시기가 좋지 않다. 과욕하여 무리하면 낭패한다. 분수를 지키고 근신하면 큰 허물은 없다.

■ 이사 · 매매 · 문서 ■
이사는 잠시 보류하는 것이 좋다. 매매 또한 지금은 적기가 아니다.

■ 취직 · 시험 · 승진 ■
시험은 평소의 실력대로 나타나니 노력한 보답은 받을 것이다. 직장인은 작은 변화는 가능하나 승진은 어렵다.

■ 애정 · 결혼 · 부부 ■
냉정을 되찾을 필요가 있다. 결혼은 될듯 하면서도 꼬이니 적극성이 절대 필요하다.

■ 건강 · 소송 · 소원 ■
유흥이나 오락에 빠져 관재수나 구설에 오르기 쉽다. 자중하라.

■ 여행 · 사고 · 출산 ■
이동하는 것은 불리하니 가급적 자제하라. 산후조리가 필요하다.

41-3 손지대축 損之大畜

婴兒孩笑 未有所識 狡童而爭 亂我政事
영아해소 미유소식 교동이쟁 난아정사

어린 아이가 웃는 것은 아는 바가 없기 때문이다. 교활한 아이들의 다툼이 나의 정사를 어지럽힌다.

婴 : 간난아이 영　孩 : 어린아이 해　狡 : 간교할 교

■ 금전 · 사업 · 창업 ■
창업은 절대로 손대지 말아야 한다. 금전 거래도 가급적 하지 말라.

■ 이사 · 매매 · 문서 ■
매매 당사자간에 다툼이 있다. 성사되어도 이익이 없다. 문서로 인한 어려움이 있을 수 있으니 주의하라.

■ 취직 · 시험 · 승진 ■
시험은 불리하다. 하향지원하라. 승진도 다음을 기약함이 맞겠다.

■ 애정 · 결혼 · 부부 ■
곡해와 다툼이 있다. 혼사도 쉽게 성사되기 어렵다.

■ 건강 · 소송 · 소원 ■
건강 악화가 예상되니 휴식하라. 소송은 꼬이니 화해하는 것이 좋다.

■ 여행 · 사고 · 출산 ■
향락이나 오락에 빠져들면 매우 위험한 처지가 된다. 출산은 산모의 산후조리에 신경써야 한다.

41-4 손지규 損之睽

府藏之富　王以賑貸　捕魚河海　苟罔多得
부장지부　왕이진대　포어하해　구망다득

창고에 감추어둔 재물을 임금이 백성에게 대여하여 구휼한다. 강과 바다에서 고기를 잡으니 진실로 그물에 많이 잡힐 것이다.

賑 : 구휼할 진　貸 : 빌릴 대　罔 : 그물 망

■ 금전 · 사업 · 창업 ■
순리에 따라야 한다. 과욕하면 오히려 손해를 본다. 덕을 쌓아라.

■ 이사 · 매매 · 문서 ■
타인의 도움으로 이사나 매매에 확장과 이익이 가능해진다.

■ 취직 · 시험 · 승진 ■
합격의 영광을 안게 되니 명예를 얻는다. 취직, 승진 모두 유리하다.

■ 애정 · 결혼 · 부부 ■
짝이 없는 사람이라도 좋은 이성을 소개받는다. 혼사도 지체되나 결국은 성사된다.

■ 건강 · 소송 · 소원 ■
건강은 몸과 마음 모두 좋다. 비용이 과도하게 지출되나 소송은 유리하게 전개된다.

■ 여행 · 사고 · 출산 ■
어느 장소를 가나 문제가 전혀 없다. 출산도 거리낄 것이 전혀 없다.

41-5 손지중부 損之中孚

䷨ → ䷼

鄰不我顧 而望玉女 身疾瘡癩 誰肯媚者
인불아고 이망옥녀 신질창라 수긍미자

이웃들은 돌아보지 않지만 아리따운 아가씨를 구한다. 몸에 문둥병이 있는데 누가 사랑하겠는가.

鄰 : 이웃 린 顧 : 돌아볼 고 癩 : 문둥이 나 媚 : 아첨할 미

■ 금전 · 사업 · 창업 ■
간절하게 원하고 밀고 나가면 사업도 번창한다. 다만 요행수를 바라면 손재수나 구설수가 있다.

■ 이사 · 매매 · 문서 ■
욕심 때문에 계약하러 온 사람을 돌려보내고 뒤늦게 후회한다. 조금 손해를 본다는 생각으로 모든 일에 임해야 할 것이다.

■ 취직 · 시험 · 승진 ■
자신의 능력보다 과도하게 높이 응시하면 불가하니 한 단계 낮추어라. 승진은 불리하니 현직을 고수하라.

■ 애정 · 결혼 · 부부 ■
과대포장하여 과시하다간 뒤늦게 발각되어 헤어지게 되고 만다.

■ 건강 · 소송 · 소원 ■
소송은 빨리 화해하는 것이 좋다. 계속 진행하면 구설에 말린다.

■ 여행 · 사고 · 출산 ■
차로 인한 사고 때문에 여행에 불편함이 있을 것이다. 순산이다.

41-6 손지림 損之臨

元吉不咎　安寧不殆
원길불구　안녕부태

본래 길(吉)하여 허물이 없으니 안녕하고 위태하지 않다.

■ 금전 · 사업 · 창업 ■
서서히 운이 들어오기 시작한다. 끈기 있게 풀어나가면 이득도 있다. 창업은 서두르지 말라.

■ 이사 · 매매 · 문서 ■
늦게 이루어지니 답답하다. 여러 사람과 상의하여 일을 처리해야 이사도 가능하고 매매도 손해가 없다.

■ 취직 · 시험 · 승진 ■
일반직이나 공사직은 합격이 가능하겠지만 나머지는 불가하다. 직장인의 승진은 불가능하고 취직도 어렵다.

■ 애정 · 결혼 · 부부 ■
자칫 오해가 생겨 어려움이 있겠다. 진실된 마음으로 대해라.

■ 건강 · 소송 · 소원 ■
소송은 지체될 것이나 유리하게 전개된다.

■ 여행 · 사고 · 출산 ■
여행을 멀리 떠나면 시비에 휘말리거나 다툼이 생겨난다. 출산은 어려움이 따르니 무조건 조심하라.

42-1 익지관 益之觀

☴☳ → ☴☷

鵠思其雄 欲隨鳳東 順理羽翼 出次須日 中留北邑 復反其室
곡사기웅 욕수봉동 순리우익 출차수일 중류북읍 복반기실

고니가 그 수컷을 생각하고 봉황을 따라 동으로 간다. 순리(順理)에 따라 날개짓하고 뒤따른다. 중도에 북읍(北邑) 에 머물게 되니 집으로 되돌아 온다.

鵠 : 고니 곡 須 : 모름지기 수 留 : 머물 유

■ 금전 · 사업 · 창업 ■

금전적인 어려움이 있던 사람은 밖에 있던 이익이 서서히 찾아든다.

■ 이사 · 매매 · 문서 ■

이사는 무난하다. 매매는 현재 손해를 보아야 가능하니 다음 기회를 노려봄도 현명하다.

■ 취직 · 시험 · 승진 ■

항상 노력하고 정진해 나간다면 얻는 것이 많다. 하위직이나 일반직은 가능하나 상위직인 고시나 일류대는 불가능하다.

■ 애정 · 결혼 · 부부 ■

오래 전부터 알고 지내던 연인과는 연분이 더욱 돈독해지고 원한다면 결혼까지 연결된다.

■ 건강 · 소송 · 소원 ■

오랫동안 미루었던 소원은 이루어진다.
일이 바쁘다고 해서 자신의 건강을 돌보지 않으면 위험하다.

■ 여행 · 사고 · 출산 ■

음주 후 이동은 사고를 부른다. 출산은 무난하다.

42-2 익지중부 益之中孚

䷩ → ䷼

戴盆望天　不見星辰　顧小失大　福逃牆外
재분망천　불견성진　환소실대　복도장외

항아리를 머리에 이고 하늘을 보니 별을 보지 못한다. 작은 것을 돌아보다 큰 것을 잃으니 복이 담 밖으로 도망간다.

盆 : 항아리 분　顧 : 돌아볼 고　牆 : 담장 장

■ 금전 · 사업 · 창업 ■
시간이 흐를수록 하락한다. 움직일 때가 아니다. 창업은 미루라.

■ 이사 · 매매 · 문서 ■
매매는 이루어지지 않는다. 성사되어도 이득이 없다. 현상유지하라.

■ 취직 · 시험 · 승진 ■
큰 시험은 어렵지만 일반직은 가능하다. 직장인은 변화의 운이 있다.

■ 애정 · 결혼 · 부부 ■
서로간에 고집을 너무 피우니 되는 일이 없다.

■ 건강 · 소송 · 소원 ■
사주 원명이 좋지 않은 사람은 건강 악화가 우려되고 사건, 사고에 휘말리기 쉽다.

■ 여행 · 사고 · 출산 ■
여행, 출장 등에 득될 것이 없다. 산모와 아기 모두 건강하다.

42-3 익지가인 益之家人

䷩ → ䷤

麒麟鳳凰 善政得祥 陰陽和調 國無災殃
기린봉황 선정득상 음양화조 국무재앙

정치를 잘해서 기린과 봉황의 상서로움을 얻는다. 음양이 조화되어 나라에 재앙이 없더라.

■ 금전 · 사업 · 창업 ■
큰 재물은 생기지 않아도 생활이 궁핍하지 않을 만큼의 수입은 보장된다. 과욕하지 말라.

■ 이사 · 매매 · 문서 ■
무리하게 집을 확장하면 금전적 어려움이 클 것이다. 매매 당사자가 다투니 소리만 요란하다.

■ 취직 · 시험 · 승진 ■
가까운 사람의 도움이 크니 무리한 것만 아니라면 시험합격, 승진 등이 가능하겠다.

■ 애정 · 결혼 · 부부 ■
연인과의 사이가 서먹서먹해지다가도 주변사람의 도움으로 새롭게 연결되는 기쁨이 있다. 결혼도 가능하다.

■ 건강 · 소송 · 소원 ■
과로의 우려가 있으니 휴식이 필요하다. 또한 질병, 부상의 염려도 있으니 주의하라. 소송은 어려운 상황으로 치닫는다.

■ 여행 · 사고 · 출산 ■
이익을 취하는 여행은 불리하다. 출산은 무난하다.

42-4 익지무망 益之無妄

䷩ → ䷘

水流趨下　逐成東海　求我所有　買鱣與鯉
수류추하　축성동해　구아소유　매전여리

물이 흘러 내려가 드디어 동해를 이룬다. 내게 있는 바를 구해 전어와 잉어를 산다.

■ 금전 · 사업 · 창업 ■
꾸준히 수입이 보장되며 순탄하게 흘러간다. 순리로 응하니 무탈하다.

■ 이사 · 매매 · 문서 ■
자신의 분수에 맞지 않는 사업을 진행시키거나 욕심을 내면 문서로 인한 사고가 생긴다. 매매는 스스로 이룬다.

■ 취직 · 시험 · 승진 ■
욕심이 과도해 실력도 되지 않는데 높여 응시하다가는 낭패한다. 직장인은 아래 위가 호응하니 승진한다.

■ 애정 · 결혼 · 부부 ■
과대포장하여 과시하다가는 뒤늦게 망신한다.

■ 건강 · 소송 · 소원 ■
분주하게 움직이니 소송은 해결되겠다. 순리에 따르면 소원도 이룬다.

■ 여행 · 사고 · 출산 ■
여행, 출장 모두 무난하다. 출산은 무난하다.

42-5 익지이 益之履

平國不君　夏氏作亂　烏號竊發　靈公隕命
평국불군　하씨작란　오호절발　영공운명

평국(平國)이 임금노릇을 못하니 하씨가 난을 일으켰다. 활을 몰래 쏘니 영공이 운명하였다.

註) 평국(平國)은 진령공(陳靈公)의 이름이다. 진령공은 하희(夏姬)와 간통했는데, 그 아들 징서(徵舒)가 싫어했다. 마굿간에서 징서가 활로 진령공을 쏘아 죽였다.

烏號(오호) : 황제(黃帝)가 가졌었다는 활의 이름　竊 : 몰래 절　隕 : 떨어질 운

■ 금전 · 사업 · 창업 ■
가지가지 사고를 조심하라. 신중히 일을 추진하고 근신하는 것이 맞다.

■ 이사 · 매매 · 문서 ■
이사나 매매는 스스로 결정하라. 가급적 연기하는 것이 이롭다.

■ 취직 · 시험 · 승진 ■
큰 시험은 불가하다. 하위직은 가능하다. 승진은 다음을 기약하라.

■ 애정 · 결혼 · 부부 ■
연인과 헤어지기 쉽다. 삼각관계의 가능성이 있다. 혼사도 어렵다.

■ 건강 · 소송 · 소원 ■
사건, 사고에 유의하여야 한다. 소송은 일이 꼬이니 합의하라.

■ 여행 · 사고 · 출산 ■
장기간 여행이나 출장은 불리하다. 출산은 별다른 이상이 없다.

42-6 익지둔 益之屯

伯虎仲熊　德義淵泓　使布五敎　陰陽順序
백호중웅　덕의연홍　사포오교　음양순서

백호(伯虎)와 중웅(仲熊)은 덕과 의가 깊었다. 오륜(五倫)을 가르쳐 세상에 펴니 음양(陰陽)이 순조로왔다.

註) 백호(伯虎)와 중웅(仲熊)은 고신씨의 아들이다. 오교(五敎)는 父子有親, 君臣有義, 夫婦有別, 長幼有序, 朋友有信 의 오륜(五倫)을 말한다.

■ 금전 · 사업 · 창업 ■
횡재의 꿈은 버리는 것이 좋다. 근신하며 집안에 신경써야 한다.

■ 이사 · 매매 · 문서 ■
좋지 않다. 성사되어도 손해다. 정도를 지키면 문서건은 해결된다.

■ 취직 · 시험 · 승진 ■
힘쓴 만큼 결실이 있겠다. 하위직, 일반직은 가능하다. 직장인은 구설수가 있으니 조심하여 현위치를 고수하여야 한다.

■ 애정 · 결혼 · 부부 ■
잘못 짝을 만나 뒤늦게 후회할 일이 생긴다. 냉철하게 사람을 평가해야 좋은 배필을 만날 수 있음을 명심하라.

■ 건강 · 소송 · 소원 ■
한 때 부상을 당하거나 신병으로 고생할 우려가 있으니 주의하라. 시비나 다툼이 생겨 소송할 일이 생길까 염려된다.

■ 여행 · 사고 · 출산 ■
행락에 치중하는 여행은 절대로 불가하다. 출산은 무난하다.

43-1 쾌지대과 夬之大過

䷪ → ䷛

久陰霖雨　塗行泥潦　商人休止　市空無寶
구음림우　도행니료　상인휴지　시공무보

오랜 장마비로 길이 진흙탕이다. 상인(商人)이 휴식하니 시장이 비어서 보물이 없다.

霖 : 장마 림　塗 : 길 도　潦 : 장마비 료

■ 금전 · 사업 · 창업 ■
때도 아니고 업종도 좋지 않다. 지출에 적극적인 방어가 필요하다.

■ 이사 · 매매 · 문서 ■
정신적, 육체적으로 피곤할 뿐이다. 소모만 많고 성사되지 않겠다.

■ 취직 · 시험 · 승진 ■
시험 운은 좋다. 노력이 따라주면 합격이다. 현재 직장에 있는 사람은 구설수를 조심해야 할 것이다.

■ 애정 · 결혼 · 부부 ■
약혼한 사람이라도 오해가 생겨 헤어지기 쉽다. 과음하거나 실수를 범하지 말고 다른 이성에게 한눈 팔지 말라.

■ 건강 · 소송 · 소원 ■
사주 원명이 나쁜 사람은 형제, 친척, 친구 등과 서로 다투고 심하면 상해나 소송으로까지 이어지게 된다.

■ 여행 · 사고 · 출산 ■
혼자 떠나는 여행은 반드시 어려움이 있다. 출산은 평탄하다.

43-2 쾌지혁 夬之革

江南多蝮　螫於手足　寃煩詰屈　痛徹心腹
강남다복　석어수족　원번힐굴　통철심복

강남에는 독사가 많아 수족을 문다. 원통하고 번열이 나며 구부러지니 아픔이 사무친다.

蝮 : 독사 복　螫: 쏠 속　煩 : 답답할 번　詰 : 물을 힐　徹 : 통할 철

■ 금전 · 사업 · 창업 ■
수입은 적은데 지출은 많으니 자금난에 허덕인다. 절약이 최선이니 한 푼이라도 모아두는 것이 좋다

■ 이사 · 매매 · 문서 ■
지나치게 욕심을 부리면 낭패한다. 이사도 확장은 자제하라.

■ 취직 · 시험 · 승진 ■
큰 시험은 불가하다. 하향지원해야 한다. 직장에서 작은 변화가 있다.

■ 애정 · 결혼 · 부부 ■
혼사는 성실하게 임하면 늦게라도 성사된다.

■ 건강 · 소송 · 소원 ■
사소한 시비가 소송으로까지 발전되니 자신을 낮추는 것이 좋겠다.

■ 여행 · 사고 · 출산 ■
바쁘게 돌아다니지만 소득은 전혀 없다. 순간의 방심이 화를 부를 수 있다. 출산은 평탄하다.

43-3 쾌지태 夬之兌

䷪ → ䷹

以緡易絲　抱布自媒　棄禮急情　卒罹憂悔
이민이사　포포자매　기예급정　졸리우회

낚시줄을 실로 바꾸고 옷감을 안고 스스로 중매한다. 예를 버리고 감정(感情)에 급하니 마침내 근심하고 뉘우친다.

註) 시경(詩經) 맹(氓) – 타관에서 온 남자의 유혹에 넘어가 그의 아내가 되었다가 끝내는 버림받는 여자의 심경을 노래한 시이다.
氓之蚩蚩 抱布貿絲 낯설고 고지식해 보이는 사나이가 화폐를 가지고 와서 실을 사겠다 하네.
匪來貿絲 來卽我謀 실을 사러 온 것이 아니라 나를 유혹하러 왔던 것이네.
緡 : 낚시줄 민　罹 : 근심 리　悔 : 뉘우칠 회　氓 : 백성 맹　蚩 : 어리석을 치　匪 : 대나무상자 비

■ 금전 · 사업 · 창업 ■
꾸준하게 노력하면 약간의 돈은 들어온다. 사업은 현상유지에 힘쓰라.

■ 이사 · 매매 · 문서 ■
매매는 어려운 상황이다. 이사, 이전도 때가 아니다.

■ 취직 · 시험 · 승진 ■
직장인은 동료와 다툴 가능성이 있다. 시험은 하향 안전 지원하라.

■ 애정 · 결혼 · 부부 ■
방해꾼이 많아 오해가 생길 수 있다. 귀가 무거워야 한다.

■ 건강 · 소송 · 소원 ■
소송은 함정에 빠질 수 있으니 일찍 화해하는 것이 좋다.

■ 여행 · 사고 · 출산 ■
장기간의 여행, 출장은 사고의 위험이 있다. 자제하는 것이 좋다. 출산은 약간 지체되나 순산이다.

43-4 쾌지수 夬之需

薄爲藩蔽 勁風吹却 欲上不得 復歸其宅
박위번폐 경풍취각 욕상불득 복귀기택

엷게 덮은 휘장을 거센 바람이 불어 걷어낸다. 위로 올라가고자 하나 얻지 못하고 다시 집으로 돌아간다.

勁風(경풍) : 거센 바람을 말함

■ 금전 · 사업 · 창업 ■
과욕하지 않아야 한다. 진퇴를 잘 파악하여 경영하면 순조롭다.

■ 이사 · 매매 · 문서 ■
이사는 다음으로 미루어라. 매매는 도와주는 사람이 있어 성사된다.

■ 취직 · 시험 · 승진 ■
충분히 노력한 보람을 얻게 된다. 큰 시험을 제외하고는 합격, 승진, 취직의 기쁨이 있겠으니 기회를 놓치지 말고 과감히 도전하라.

■ 애정 · 결혼 · 부부 ■
사소한 말다툼이 큰 싸움으로 확대되기 쉽다. 자신을 낮추고 상대방을 배려하는 노력이 필요하다.

■ 건강 · 소송 · 소원 ■
소송은 시간을 끄나 유리하게 전개된다. 재정적으로 유리하다.

■ 여행 · 사고 · 출산 ■
여행, 출장 모두 무난하다. 출산은 순산이다.

43-5 쾌지대장 夬之大壯

䷪ → ䷡

四足俱走 奴罷在後 兩戰不勝 敗於東楚
사족구주 노파재후 양전불승 패어동초

네 발로 함께 달아나니 노복(奴僕)들이 피로해서 뒤로 처진다. 두번 싸워도 이기지 못하고 동초(東楚)에게 패한다.

■ 금전 · 사업 · 창업 ■
새로운 사업을 꿈꾸다가 문서로 인한 속임수를 당하거나 보증으로 인한 재물의 손실을 당할 수 있다.

■ 이사 · 매매 · 문서 ■
이사는 긍정적인 일은 아니지만 가능하다. 매매는 손해를 볼 때만 가능하겠다.

■ 취직 · 시험 · 승진 ■
실력도 딸리고 운도 따르지 않는다. 승진도 다음을 기약하라.

■ 애정 · 결혼 · 부부 ■
관계를 지속하기가 피곤해진다. 혼인도 성사되기 쉽지 않다.

■ 건강 · 소송 · 소원 ■
욕심으로 가득 찬 소원은 절대로 불가능하다. 소송은 이로움이 없고 피곤할 뿐이다. 빨리 화해하는 것이 순리이다.

■ 여행 · 사고 · 출산 ■
장거리 여행은 도중에 작은 사고가 생기겠다. 출산은 무난하다.

43-6 쾌지건 夬之乾

狼戾美謀 無言不殊 允厭帝心 悅以獲祐
낭려미모 무언불수 윤염제심 열이획우

이리처럼 교활한 꾀로 말하지 않으면 죽지 않는다. 진실로 상제(上帝)의 마음에 든다면 하늘의 도움을 얻는다.

戾 : 어그러질 려 殊 : 죽일 수

■ 금전 · 사업 · 창업 ■
남의 말을 함부로 믿지 말라. 낭패할 수 있다. 일도 성사되기 어려우니 근신하는 것이 좋겠다.

■ 이사 · 매매 · 문서 ■
다른 사람의 말을 믿고 매매를 성사시키지 말라. 사기성이 있다.

■ 취직 · 시험 · 승진 ■
시험운이 매우 좋다. 생각보다 좋은 성적이 나오겠다. 직장인은 승진은 유보하고 인화에 힘쓰라.

■ 애정 · 결혼 · 부부 ■
돈으로 연인을 사귀려고 하다가 뒤늦게 후회할 일이 생긴다.

■ 건강 · 소송 · 소원 ■
사고에 미리 대비하여야 한다. 소송은 지체되나 유리하게 전개된다.

■ 여행 · 사고 · 출산 ■
장거리 출장은 삼가하라. 출산은 평탄하다.

44-1 구지건 姤之乾

蒙被恩德 長大成就 柔順貞利 君臣合好
몽피은덕 장대성취 유순정리 군신합호

은덕(恩德)에 힘입어 크게 성취한다. 유순하게 순리를 다르면 군신(君臣)이 서로 화합한다.

■ 금전 · 사업 · 창업 ■
운세의 흐름은 좋으나 재물은 노력에 의해서 얻는 것이다. 창업, 전업 모두 흐름이 좋다.

■ 이사 · 매매 · 문서 ■
이사는 확장은 어려우나 변동은 무난하다. 매매는 자금난으로 잠시 어려움이 있겠다.

■ 취직 · 시험 · 승진 ■
시험운이 좋은 편이다. 승진도 상하가 밀어주어 성사된다.

■ 애정 · 결혼 · 부부 ■
양가 부모의 반대에 부딪히겠으나 두 사람의 사랑만 있다면 슬기롭게 극복하고 새로운 출발을 하는 기쁨이 있겠다.

■ 건강 · 소송 · 소원 ■
문제가 발생한다면 윗사람에게 도움을 청하여 해결하라. 혼자의 힘으로 풀려고 하다가 일을 확대시킬 수 있다.

■ 여행 · 사고 · 출산 ■
좋고 나쁨이 반반이다. 손재수가 있다. 산모의 건강에 유의해야 한다.

44-2 구지돈 姤之遯

伯去我東 發如飛蓬 寤寐長歎 展轉空牀 內懷惆悵 摧我肝腸
백거아동 발여비봉 오매장탄 전전공상 내회장한 최아간장

나의 남편이 동으로 간 뒤 내 머리는 쑥대처럼 엉클어졌다. 자나깨나 길게 탄식하며 빈 침상에서 뒤척인다. 마음에 슬픔과 한을 품으니 간장(肝腸)이 썩는다.

註) 시경(詩經) 백혜(伯兮) - 부인이 싸움터에 나간지 오래된 남편을 그리며 지은 시이다.
自伯之東 首如飛蓬 나의 남편이 동방으로 출정한 뒤 내 머리는 쑥대같이 엉클어졌다.

■ 금전 · 사업 · 창업 ■
비록 어려우나 서서히 풀려나갈 것이다. 창업, 전업은 심사숙고하라.

■ 이사 · 매매 · 문서 ■
양자간에 양보가 전제되어야 성사된다. 문서 건에 유의하라.

■ 취직 · 시험 · 승진 ■
시험 운은 순조로우나 많은 노력이 필요하다. 하향지원이 안전하다. 직장인의 승진에는 걸림돌이 많다.

■ 애정 · 결혼 · 부부 ■
새로운 인연을 바라보다가 실연의 아픔을 당할 수 있다. 혼사도 순조롭지 못할 것 같다.

■ 건강 · 소송 · 소원 ■
과음을 삼가해야 할 것이다. 소송은 고통받으나 유리하게 진전된다.

■ 여행 · 사고 · 출산 ■
장기간의 출장은 자제하는 것이 좋겠다. 출산은 무난하다.

44-3 구지송 姤之訟

鷄鳴失時 民僑勞苦 尨吠有威 行者留止
계명실시 민교로고 방폐유위 행자류지

닭이 때가 아닌데 울음 우니 백성들이 수고롭다. 개 짖는 소리가 두려워 길가는 자가 머물러 그친다.

僑 : 임시로 살 교　尨 : 삽살개 방　吠 : 개짖을 폐

■ 금전 · 사업 · 창업 ■
지금 그대로를 유지해 나감이 옳고 창업은 불가하다. 금전 지출이 많아지니 자기 분수에 맞게 일을 처리해야 한다.

■ 이사 · 매매 · 문서 ■
변동수는 별로 좋지 않으며 문서에는 작은 이득이 있겠고 매매에는 작은 손해가 따른다.

■ 취직 · 시험 · 승진 ■
시험운은 보통이며 오직 노력만이 최선의 길이다. 취직은 처음은 어렵겠으나 뒤에 성사된다.

■ 애정 · 결혼 · 부부 ■
부부불화가 있겠으니 서로를 존중하라. 혼사는 지체되겠다.

■ 건강 · 소송 · 소원 ■
건강에 약간의 이상 신호가 있다. 소송은 오래 끄나 유리해진다.

■ 여행 · 사고 · 출산 ■
여행 중에 작은 사고가 있을 수 있다. 출산은 순산이다.

44-4 구지손 姤之巽

逐狐東山 水遏我前 深不可涉 失利後便
축호동산 수알아전 심불가섭 실리후편

여우를 동산에서 쫓는데 물이 나의 앞을 막는다. 깊어서 건너지 못하니 이익을 잃고 뒤편으로 밀린다.

狐 : 여우 호 遏 : 막을 알 涉 : 건널 섭

■ 금전 · 사업 · 창업 ■
손재수나 관재수 등의 어려움이 있겠다. 창업, 전업 등은 불가하다. 현상유지에 전념하면서 근신하여야 한다.

■ 이사 · 매매 · 문서 ■
이사할 마음이 있더라도 옮기지 말라. 현재의 위치에 만족하는 것이 현명한 처사이다. 매매는 이루어지기 어렵겠다.

■ 취직 · 시험 · 승진 ■
한단계 낮추면 시험은 가능하다. 승진은 다음 기회를 기다려야 한다.

■ 애정 · 결혼 · 부부 ■
빨리 화해함이 좋겠다. 자칫 서로 갈 길을 가게 되는 수가 있다. 혼사는 성사가 난항이다.

■ 건강 · 소송 · 소원 ■
원하는 소원은 이루어지기 어렵다. 음주나 과로로 인한 질병을 조심해야 한다. 구설수나 관재수 등도 유의하라.

■ 여행 · 사고 · 출산 ■
장기 여행은 삼가하라. 상해의 위험이 있겠다. 출산은 평탄하다.

44-5 구지정 姤之鼎

䷫ → ䷱

武庫軍府　甲兵所聚　非里邑居　不可舍止
무고군부　갑병소취　비리읍거　불가사지

무기고(武器庫)와 군부(軍部)는 무장한 병사가 모여 있는 곳이다. 마을을 이룰 고장이 아니니 거처(居處)는 불가하다.

■ 금전 · 사업 · 창업 ■

창업은 아직 때가 아니니 기다려야 한다. 경영은 현상유지에 힘쓰면서 합리화시켜야 한다.

■ 이사 · 매매 · 문서 ■

성사되는 듯 하나 성사되지 않는다. 성사되어도 이익이 미약하다.

■ 취직 · 시험 · 승진 ■

중소기업의 취업은 가능하다. 승진은 인화에 힘쓰며 좀 더 기다려야 한다.

■ 애정 · 결혼 · 부부 ■

시련을 겪다가 다시 합치게 된다. 부부 간 다툼이 많으니 주의하라.

■ 건강 · 소송 · 소원 ■

호흡기 질환이나 위장 질환에 주의하라. 소송은 가급적 피하고 대화로 풀어나가야 한다.

■ 여행 · 사고 · 출산 ■

큰 사고는 없겠으나 그래도 매사에 주의하라. 출산은 평탄하다.

44-6 구지대과 姤之大過

監諸功玉 無不穿鑿 麟鳳成形 德象君子 三仁翼事 所求必喜
감제공옥 무불천착 인봉성형 덕상군자 삼인익사 소구필희

모든 옥을 다듬는 것을 보니 구멍을 뚫지 않는 것이 없다. 기린과 봉황이 형상을 이루고 덕은 군자를 상징한다. 세 어진이가 일을 도우니 구하는 바에 반드시 기뻐한다.

鑽 : 끌 찬 鑿 : 뚫을 착 翼 : 도울 익

■ 금전 · 사업 · 창업 ■

생각하지 않았던 일이 발생하여 큰돈이 나간다. 손재수나 관재수 등의 어려움이 예상된다.

■ 이사 · 매매 · 문서 ■

옮기지 말라. 현재의 위치에 만족하는 것이 현명한 처사이다. 매매는 이루어지기 어렵겠다.

■ 취직 · 시험 · 승진 ■

때가 아직 이르지 않았으니 고급 시험은 기대하지 마라. 한 단계 낮추어 하위직이나 일반직의 시험을 겨냥하라. 승진은 유보된다.

■ 애정 · 결혼 · 부부 ■

갈등이 있다면 빨리 화해함이 좋겠다. 혼사도 성사가 쉽지 않다.

■ 건강 · 소송 · 소원 ■

소원은 아직 아니다. 소송은 불리하니 빨리 화해하는 것이 좋겠다.

■ 여행 · 사고 · 출산 ■

장기여행은 삼가하라. 상해의 위험이 있겠다. 출산은 무난하다.

45-1 췌지수 萃之隨

䷬ → ䷐

貧鬼守門 日破我盆 毁甖傷缸 空虛無子
빈귀수문 일파아분 훼앵상강 공허무자

가난한 귀신이 문을 지키며 나날이 나의 항아리를 깬다. 술단지와 등잔을 상(傷)하니 모자라고 비어서 씨가 없다.

盆 : 항아리 분 甖 : 항아리 앵 缸 : 등잔 강

■ 금전 · 사업 · 창업 ■
금전적으로 어려움이 많다. 적자가 나지 않도록 유념하라. 창업은 시기가 아니니 근신하라.

■ 취직 · 시험 · 승진 ■
취직은 어려우나 곧 풀리겠다. 시험은 다음 기회가 더 좋다. 승진은 힘만 소모하고 성사되지 않는다.

■ 이사 · 매매 · 문서 ■
이사는 적기가 아니다. 매매는 손해를 본다. 문서 건을 유의하라.

■ 애정 · 결혼 · 부부 ■
작은 오해로 사이가 점점 멀어질 수 있다. 결혼은 주변의 반대가 심해 쉽게 성사되지 않겠다.

■ 건강 · 소송 · 소원 ■
소송은 불리하니 합의하는 것이 좋다. 소원을 위해서는 덕을 쌓아라.

■ 여행 · 사고 · 출산 ■
가급적 여행은 다음으로 미루라. 출산은 순산이다.

45-2 췌지곤 萃之困

九里十山 道迎峻難 牛馬不前 復反來還
구리십산 도영준난 우마불전 복반래환

길이 험준하여 우마(牛馬)가 앞으로 나가지 못하니, 다시 되돌아온다.

■ 금전 · 사업 · 창업 ■
금전운이 신통치 않으니 허욕을 삼가고 꾸준하게 저축하라.

■ 이사 · 매매 · 문서 ■
운세가 좋지 않으나 귀인의 도움이 있으니 매매에 작은 이익이 남는다. 이사는 적기가 아니다.

■ 취직 · 시험 · 승진 ■
안전하게 하향지원하라. 승진은 주변의 도움이 있어 성사된다.

■ 건강 · 소송 · 소원 ■
아직 뜻한 바를 이룰 수 없다. 송사는 불리하니 먼저 화해를 청하라.

■ 애정 · 결혼 · 부부 ■
새로운 인연은 생기지 못한다. 사귀던 연인과는 화촉을 밝히는 기쁨이 있겠다

■ 여행 · 사고 · 출산 ■
장기간 출장은 자제하라. 지체되고 사고가 생길 위험이 있다. 출산은 약간 지체되나 산모와 아기 모두 건강하다.

45-3 췌지함 萃之咸

山水暴怒 壞梁折柱 稽亂行旅 留連愁苦
산수포노 괴량절주 계란행여 유련수고

산수(山水)가 크게 노하여 다리와 기둥을 무너뜨린다. 여행이 어려워 계속 머무니 근심스럽고 괴롭다.

註) 梁 : 들보 량 稽 : 머무를 계

■ 금전 · 사업 · 창업 ■
무리하게 창업을 하면 고생길에 접어들게 되고 사업에서도 금전적인 곤란의 연속이다.

■ 취직 · 시험 · 승진 ■
취직은 아직 힘들겠다. 시험도 운이 좋지 않다. 승진을 위해서는 아래 위의 인화에 힘써야 한다.

■ 이사 · 매매 · 문서 ■
변동은 삼가하라. 매매는 다음 기회로 미루어야 손해가 안 생긴다. 문서로 인한 손해도 우려된다.

■ 애정 · 결혼 · 부부 ■
그동안 사귀던 이성과 문제가 생긴다. 혼사는 지체된다.

■ 건강 · 소송 · 소원 ■
소송은 비용만 많이 들고 복잡하다. 속히 화해하는 것이 좋겠다.

■ 여행 · 사고 · 출산 ■
여행은 가급적 피하고 근신함이 좋겠다. 출산은 평탄하다.

45-4 췌지비 萃之比

德施流行 利之四鄉 雨師灑道 風伯逐殃 巡狩封禪 以告成功
덕시류행 이지사향 우사쇄도 풍백축앙 순수봉선 이고성공

덕을 베풀어 사방을 이롭게 한다. 우사(雨師)가 길에 물을 뿌리고 풍백(風伯)이 재앙을 쫓는다. 임금이 순수(巡狩)하여 제단을 쌓고 성공을 고한다.

註) 순수(巡狩)란 천자(天子)가 제후가 지키는 땅을 순행(巡行)하는 것이다. 봉선(封禪)은 제단이다. 옛날에 제왕이 흥왕(興旺)하여 제위에 오르면 태산(泰山)에 가서 성공을 고했다.

■ 금전 · 사업 · 창업 ■
주변사람들과 상의하고 함께 계획한다면 경영하는 일에 커다란 이익이 있겠다. 항상 덕을 쌓고 주변에 베풀어라.

■ 이사 · 매매 · 문서 ■
돕는 사람이 많아 매매도 성사되고 이익도 크겠다. 이사도 적기이다. 확장해서 가겠다.

■ 취직 · 시험 · 승진 ■
두 배의 노력이 있을 때 일반직이나 일반대 합격을 기대할 수 있다. 직장인은 상사로부터 질책을 받고 좌천의 어려움도 따른다.

■ 건강 · 소송 · 소원 ■
노력이 담보된 소원이라면 이루어진다. 건강이 나빴던 사람도 점차 회복된다. 소송은 유리하다.

■ 애정 · 결혼 · 부부 ■
혼사도 성사되고 결과도 좋다. 부부도 서로 지키니 화목하다.

■ 여행 · 사고 · 출산 ■
장거리 여행으로 구설수에 오르게 된다. 산모와 아기 모두 건강하다.

45-5 췌지예 萃之豫

穿鼻繫株　爲虎所拘　王母祝禱　禍不成災　突然脫來
천비계주　위호소구　왕모축도　화불성재　돌연탈래

코를 뚫어 나무그루에 매어둔 것은 호랑이를 잡기 위함이다. 왕모(王母)가 축도(祝禱)하니 화가 재앙을 이루지 않고 돌연히 벗겨져 빠져 나온다.

註) 왕모(王母)는 1. 할머니　2. 서왕모(西王母)　3. 제왕의 어머니의 세가지 뜻이 있다.

穿 :뚫을 천　繫 : 맬 계　禱 : 빌 도　突 : 갑자기 돌

■ 금전 · 사업 · 창업 ■
무리하게 일을 시작하면 타격이 크겠다. 지출을 줄이고 현상유지에 힘쓰면 사업은 점차 나아진다.

■ 이사 · 매매 · 문서 ■
이사는 무난하며 매매는 약간의 손해를 보겠다.

■ 취직 · 시험 · 승진 ■
하위시험은 가능하나 상위직은 어렵겠다. 승진도 유보된다.

■ 건강 · 소송 · 소원 ■
건강은 비교적 양호하다. 소송은 성과가 없으니 잘 판단하라.

■ 애정 · 결혼 · 부부 ■
혼사는 성사되고 결과도 좋다. 부부간에도 믿음이 제일 중요하니 서로간에 신뢰를 쌓아야 한다.

■ 여행 · 사고 · 출산 ■
여행은 낙상에 위험이 있다. 출산은 순산의 기쁨을 누리겠다.

45-6 췌지비 萃之否

䷬ → ䷋

鹿畏人藏　俱入深谷　命短不長　爲虎所得　死於牙腹
녹외인장　구입심곡　명단불장　위호소득　사어아복

사슴이 사람을 두려워해 모두 깊은 골짜기로 들어갔다. 명이 짧아서 호랑이의 먹이가 되니, 호랑이의 어금니와 배속에서 죽는다.

■ 금전 · 사업 · 창업 ■

금전운이 하락하니 오랜 기간 자금난을 겪겠다. 사업을 축소하고 미래를 대비함이 운을 바꾸는 길이다.

■ 이사 · 매매 · 문서 ■

기존의 일을 고수하는 것이 유리하니 직장 변동, 업종의 변경, 집의 이사 등은 다음 기회로 미루고 매매도 손해보듯 해야 성사된다.

■ 취직 · 시험 · 승진 ■

취직은 쉽지 않으나 주변사람의 도움으로 어렵게 성사된다. 시험은 불리하고 직장인의 승진도 쉽지 않다.

■ 건강 · 소송 · 소원 ■

건강에 이상이 있을 수 있다. 문서 송사가 있을 수 있다. 매사 철저하게 살펴보아야 할 것이다.

■ 애정 · 결혼 · 부부 ■

겉모양만 취하면 뒤늦게 후회한다. 욕심을 버리고 상대해야 한다.

■ 여행 · 사고 · 출산 ■

먼 거리로 가지 마라. 기대한 만큼의 성과를 이루지 못한다.

46-1 승지태 升之泰

公劉之居　太王所業　可以長生　拜受福爵
공류지거　태왕소업　가이장생　배수복작

공유(公劉)의 거처는 태왕의 업적(業績)이다. 오랫동안 살아나가며 복과 벼슬을 절하며 받을 만하다.

註) 공유(公劉)는 후직(后稷)의 증손(曾孫)이고, 태왕(太王)은 공유의 9세 손(孫)이다. 공유가 비록 오랑캐인 융적(戎狄)의 땅에 있었지만, 후직의 업(業)을 닦아서 백성들이 그를 그리워 했다. 주나라의 도(道)는 실로 여기서 일어났다. 태왕에 이르러서, 다시 후직과 공유의 업(業)을 닦고 덕을 쌓으며 의(義)를 행하니, 나라 사람들이 모두 그를 따랐다.

■ 금전 · 사업 · 창업 ■
평소 덕을 쌓은 공으로 주변의 도움이 크다. 창업도 무난하다.

■ 이사 · 매매 · 문서 ■
변동운이 좋으니 자연히 성사된다. 매매는 예상치 않은 이익이 있다.

■ 취직 · 시험 · 승진 ■
시험, 취직 모두 중소기업은 가능하다. 승진의 기쁜 소식도 들려온다.

■ 건강 · 소송 · 소원 ■
내분비질환에 주의하라. 작은 시비가 커져 소송이 되니 미리 방지하라.

■ 애정 · 결혼 · 부부 ■
서로 마음이 통하니 다툼이 없어 결혼도 무난하겠다. 부부간에도 서로 사이가 좋으니 가정이 화목하다.

■ 여행 · 사고 · 출산 ■
여행은 남동쪽 방향이 행운의 방향이 되겠다. 출산도 순산이다.

46-2 승지겸 升之謙

延頸望遠 眛爲目病 不見叔姬 使伯心憂
연경망원 매위목병 불견숙희 사백심우

목을 늘려 멀리 바라보나 눈이 나빠서 흐릿하다. 숙희(叔姬)를 보지 못하니 백(伯)씨의 마음에 근심이 된다.

延 : 끌 연　頸 : 목 경　眛 : 눈 희미할 매

■ 금전 · 사업 · 창업 ■

심각한 어려움은 없겠으나 소득이 있는만치 손해도 있으니 자중하는 것이 좋겠다. 창업은 아직 때가 아니다.

■ 이사 · 매매 · 문서 ■

이사는 하되 확장은 불리하다. 매매는 새로운 전기의 기회로 삼아야 할 것이다.

■ 취직 · 시험 · 승진 ■

더욱 정진하고 다음 기회를 기다려야 한다. 승진은 말만 많고 실속은 떨어진다.

■ 건강 · 소송 · 소원 ■

분수에 맞는 소원이면 이루어진다. 몸은 피로해지겠으니 쉬면서 힘을 비축하라. 소송은 불리하니 다음 기회로 미루어라.

■ 애정 · 결혼 · 부부 ■

가까운 사람에게 중간 역할을 부탁하면 짝사랑도 이루어지고 소원해진 사이도 다시 돌아온다.

■ 여행 · 사고 · 출산 ■

장기 출장은 자제하라. 집안에 일이 있겠다. 출산은 순산이다.

46-3 승지사 升之師

鳶生會稽 稍巨能飛 翺翔桂林 爲衆鳥雄
연생회계 초거능비 고상계림 위중조웅

솔개가 회계(會稽)에서 태어나니 점점 커져 날 수 있게 되었다. 계림(桂林)에 높이 날아 오르니 여러 새의 영웅이 된다.

註) 회계(會稽), 계림(桂林)은 지명이다.
鳶 : 소리개 연　稽 : 머무를 계　稍 : 점점 초

■ 금전 · 사업 · 창업 ■
확신을 가지고 추진하면 만사 순조로울 것이다.

■ 이사 · 매매 · 문서 ■
서로 믿음을 가지고 노력하면 성사된다. 쌍방간에 이익도 크다.

■ 취직 · 시험 · 승진 ■
시험에는 두 배의 노력과 정성이 필요하다. 승진은 우여곡절 끝에 이루어지겠다.

■ 건강 · 소송 · 소원 ■
노력하면서 기원한다면 소원이 이루어진다. 소송은 오래 끈다.

■ 애정 · 결혼 · 부부 ■
혼사는 서로의 애정에 확실한 신뢰가 있어야 한다.

■ 여행 · 사고 · 출산 ■
여행, 출장 모두 순탄하다. 산모와 아기 모두 건강하다.

46-4 승지항 升之恒

假文翰翼 隨風偕北 至虞夏國 與舜相得 年歲大樂 色無盜賊
가문한익 수풍해북 지우하국 여순상득 연세대락 색무도적

종이로 만든 가짜 날개도 바람을 따라 북으로 가서 우(虞)와 하(夏)나라에 이른다. 순(舜) 임금과 더불어 해마다 즐거워하니 도적의 기미가 없다.

假 : 거짓 가　翰 : 날개 한　偕 : 함께 해

■ 금전 · 사업 · 창업 ■
꾸준한 수입도 보장되고 사업도 순조롭다. 움직이는 만큼 소득이 있다. 그러나 과욕은 금물이다.

■ 이사 · 매매 · 문서 ■
더 큰집을 원하는 욕심을 버려라. 매매는 순조롭다.

■ 취직 · 시험 · 승진 ■
혼자만의 노력으로 취직은 불가하고 추천서가 반드시 필요하다. 시험에는 당신의 노력이 있다면 하위직에 가능성이 있다.

■ 건강 · 소송 · 소원 ■
소송은 걱정할 것 없겠다. 유리하게 진행된다.

■ 애정 · 결혼 · 부부 ■
장래를 책임질만한 괜찮은 인연을 만난다. 나이가 찬 남녀는 주변의 축하 속에 결혼에 이르는 경사가 있다.

■ 여행 · 사고 · 출산 ■
동반여행이 길하다. 출산은 무난하다.

46-5 승지정 升之井

刻晝爲飾 嫫母無益 毛嬙西施 求事必得
각주위식 모모무익 모장서시 구사필득

그림을 새겨 장식을 하는데 모모는 무익(無益)하다. 서시의 그림은 구하면 반드시 이로움을 얻는다.

註) 모모는 추악한 부인(婦人)이고, 모장은 곧 서시(西施)로 아름다운 미인이다.
刻 : 새길 각 飾 : 꾸밀 식 嫫 : 못생길 모 嬙 : 궁녀 장

■ 금전 · 사업 · 창업 ■
사업은 순리적으로 풀어가야 한다. 정도를 지키면 문제가 없으리라. 창업은 다음 기회로 미뤄라.

■ 이사 · 매매 · 문서 ■
모든 일에 신중하게 대처해야 할 것이다. 무리하게 일을 꾀하면 생각하지 못한 일이 발생하여 커다란 손실이 따른다.

■ 취직 · 시험 · 승진 ■
아직 실력이 부족하다. 더욱 정진하라. 승진도 아직 때가 아니다.

■ 건강 · 소송 · 소원 ■
소송을 오래 끌면 피차간에 손해다. 합의하고 종결하라.

■ 애정 · 결혼 · 부부 ■
정도를 지켜야 혼인은 성사된다. 부부간에도 지킬것은 지켜야 한다.

■ 여행 · 사고 · 출산 ■
장기간의 출장은 삼가는 것이 좋겠다. 출산은 평탄하다.

46-6 승지고 升之蠱

䷭ → ䷑

盲者張目 跛倚起行 瞻望日月 與主相迎
맹자장목 파의기행 첨망일월 여주상영

맹인이 눈을 부릅뜨고 절뚝거리며 길을 떠난다. 일월(日月)을 바라보면서 주인과 더불어 서로 맞이한다.

盲 : 소경 맹　跛 : 절뚝발이 파　瞻 : 볼 첨

■ 금전 · 사업 · 창업 ■
새로운 일을 시작하면 있는 것마저 잃을 수 있다. 현상유지를 하며 꾸준히 정진하면 목적한 것의 반은 얻을 수 있겠다.

■ 이사 · 매매 · 문서 ■
잡음만 많고 성사되지 않는다. 문서에도 꼼꼼해야 할것이다.

■ 취직 · 시험 · 승진 ■
노력한 만큼 이룰 것이다. 승진은 여건이 불리하니 다음을 기약하라.

■ 건강 · 소송 · 소원 ■
소송은 불리하다. 가급적 화해하는 것이 유리하다.

■ 애정 · 결혼 · 부부 ■
혼사에 욕심이 개입되면 성사가 어렵다. 성사되어도 길하지 않다. 부부사이도 성실함이 있어야 순탄할 것이다.

■ 여행 · 사고 · 출산 ■
가급적 여행, 출장은 자제하는 것이 좋다. 출산은 무난하다.

47-1 곤지태 困之兌

䷮ → ䷹

國將有事　狐嘈向城　三日悲鳴　邑主大驚
국장유사　호조향성　삼일비명　읍주대경

나라에 장차 일이 있으려 하니, 여우가 성을 향해 삼일을 슬피 운다. 읍주(邑主)가 크게 놀란다.

■ 금전 · 사업 · 창업 ■
사업을 벌릴 때가 아니다. 현상유지에 힘써야 한다. 창업도 때가 아니니 유보하고 근신하라.

■ 이사 · 매매 · 문서 ■
일이 복잡하게 얽힐 뿐 도무지 가능성이 없다. 이사나 매매는 어렵게 성사되나 사람을 조심하여야 한다.

■ 취직 · 시험 · 승진 ■
취직도 승진도 현재로서는 어렵다. 시험도 더욱 실력을 쌓아야 한다.

■ 건강 · 소송 · 소원 ■
소송은 주변의 도움을 구함이 좋겠다. 건강에 유의해야 한다,

■ 애정 · 결혼 · 부부 ■
다른 이성에 마음 주지 말라. 관계가 악화된다. 혼사는 적기가 아니다.

■ 여행 · 사고 · 출산 ■
여행, 출장에 작은 사고가 있을 수 있다. 가급적 연기하는 것이 좋겠다. 산모와 아기 모두 건강하다.

47-2 곤지췌 困之萃

被髮獸心 難與比隣 來如飄風 去似絕絃 爲狼所殘
피발수심 난여비린 내여표풍 거사절현 위랑소잔

오랑캐의 풍속과 짐승의 마음이니 이웃과 함께하기 어렵다. 오는 것은 회오리 바람 같고, 가는 것이 팽팽한 줄을 끊은 것 같으니, 낭패(狼狽)만 남는다.

被髮(피발) : 머리를 풀어 늘어뜨림 . 야만의 풍속을 의미한다.

■ 금전 · 사업 · 창업 ■
정상적인 방법으로 맡은 바에 충실하라. 어렵다고 헛된 욕심을 부리게 되면 오히려 손해가 있다.

■ 이사 · 매매 · 문서 ■
과욕하면 낭패한다. 매매는 약간의 어려움을 겪으며 성사된다.

■ 취직 · 시험 · 승진 ■
수험생은 낮추어서 응시하라. 자신의 실력을 발휘하기 힘들다. 직장인은 자리를 지키기에 힘써라.

■ 애정 · 결혼 · 부부 ■
혼사는 잡음만 많고 성사되기 힘들다. 성사되어도 피곤할 것이다.

■ 건강 · 소송 · 소원 ■
무리한 욕심이 치명적인 건강 악화를 부른다. 소송도 불리하다.

■ 여행 · 사고 · 출산 ■
남의 말만 믿고 따라 나섰다가는 망신수가 있으니 주의하라. 출산은 무난하고 산모와 아기 모두 건강하다.

47-3 곤지대과 困之大過

雷行相逐　無有休息　戰於平陸　爲夷所覆
뇌행상축　무유휴식　전어평육　위이소복

우뢰같이 서로 쫓고 쫓으니 휴식조차 없다. 평지에서 싸우다가 오랑캐에게 망한다.

■ 금전 · 사업 · 창업 ■
구하고자 하나 힘만 들고 성사되지 않는다. 분수를 지키고 근신할 때이다. 창업도 다음 기회를 노려라.

■ 이사 · 매매 · 문서 ■
차분하게 기다리고 지혜롭게 대처하라. 매매는 성사되기 어렵다. 성사되어도 말썽이 따를 것이다.

■ 취직 · 시험 · 승진 ■
취직은 찾으려고 애쓰나 좀처럼 나타나지 않는다. 시험은 노력한 만큼만 얻는다. 승진은 어렵고 부서 이동이 예견된다.

■ 애정 · 결혼 · 부부 ■
방해하거나 이간질하는 사람이 나타난다. 주변사람을 너무 믿지 말고 충분히 알아본 다음에 처신하라.

■ 건강 · 소송 · 소원 ■
덕을 쌓고 이웃에게 베푼 사람이라면 작은 소원은 이룬다.

■ 여행 · 사고 · 출산 ■
단거리 여행은 무방하다. 출산은 산모와 아기의 건강에 힘써야 한다.

47-4 곤지감 困之坎

委蛇循河　北至海涯　涉歷要荒　君世無他
위사순하　북지해애　섭력요황　군세무타

의젓하게 황하(黃河)를 돌아 북으로 해안(海岸)에 이른다. 물을 건너고 산을 넘어도 거친 것을 구하니 임금의 세상에는 다른 것이 없다.

註) 시경(詩經) 고구 – 제후를 섬기는 경(卿), 대부(大夫)들의 공명정대함을 찬미한 노래
退食自公 委蛇委蛇 조정에서 물러나 집으로 돌아갈 때, 모습이 의젓하다.

■ 금전 · 사업 · 창업 ■
만사가 순조로우니 금전도 들어온다. 창업도 길하니 추진하라.

■ 이사 · 매매 · 문서 ■
신수가 좋은데다 귀인의 도움까지 받으니 이사, 매매 모두 순조롭고 쌍방간에 이득도 크다.

■ 취직 · 시험 · 승진 ■
웬만한 시험에는 합격하겠다. 승진은 아니나 부서 이동은 있겠다.

■ 애정 · 결혼 · 부부 ■
연인이나 부부사이가 나빠졌다면 가까운 사람에게 도움을 청하라. 쉽게 화해가 되고 오히려 더욱 친밀해질 것이다.

■ 건강 · 소송 · 소원 ■
소송은 승소한다. 소원도 작은 것은 이룰 것이다.

■ 여행 · 사고 · 출산 ■
여행, 출장 모두 무난하다. 출산도 순산이다.

47-5 곤지해 困之解

陰淫寒疾　水流其室　舟楫大作　傷害黍稷　民飢於食　不無病厄
음음한질　수류기실　주즙대작　상해서직　민기어식　불무병액

음(陰)이 넘쳐서 추운 질환이 생긴다. 그 방에 물이 흐른다. 배를 크게 젓느라고 곡식을 상하니, 백성이 먹는데 굶주려 병액이 없지 않다.

楫 : 배저을 즙　　黍稷(서직) : 오곡(五穀)의 하나인 메기장과 차기장을 말함.

■ 금전 · 사업 · 창업 ■
타인과 다투거나 시비에 끼어들지 말라. 무리하게 재물을 구하는 것은 화를 부르는 일이다.

■ 이사 · 매매 · 문서 ■
매매는 성사되기 어렵다. 성사되어도 원래와 다르니 이익이 없다.

■ 취직 · 시험 · 승진 ■
일반직은 가능하다. 승진은 자신의 실력에 달려 있다.

■ 애정 · 결혼 · 부부 ■
고독한 운이니 연인은 있으나 마음이 허전하고 울적하다. 결혼은 날짜를 정한 사람이 아니면 다음 기회로 미루어야겠다.

■ 건강 · 소송 · 소원 ■
몸에 병이 생기거나 다칠 우려가 있으니 주의해야할 것이다. 몸은 고달프고 소원은 이루어지지 않으니 한숨만 나온다.

■ 여행 · 사고 · 출산 ■
먼곳으로의 여행은 자제하라. 출산은 산모와 아기의 건강 모두 좋다.

47-6 곤지송 困之訟

䷮ → ䷅

襄送季女　至於蕩道　齊子旦夕　久留連處
양송계녀　지어탕도　제자단석　구류련처

제양공(齊襄公)이 계녀를 보내와 탕도에 이르렀다. 제자가 조석으로 오래도록 머물고 있다.

註) 계녀(季女)는 제양공(齊襄公)의 누이이며, 노환공(魯桓公)의 부인이다. 환공 18년에 공이 부인 강씨와 더불어 제나라에 갔었다.

■ 금전 · 사업 · 창업 ■
현재의 처지가 매우 어렵다. 인간사 새옹지마라고 당장은 어렵다 해도 꾸준하게 노력하면 반드시 행운이 자신의 몫으로 돌아오겠구나.

■ 이사 · 매매 · 문서 ■
얻음과 잃음이 반반이니 완벽한 계획하에 추진하라. 이사, 매매는 문서에 철저한 준비가 필요하다.

■ 취직 · 시험 · 승진 ■
직장인은 외직으로 나가게 되니 만반의 준비를 하라. 시험은 자신의 능력보다 낮은 곳에 응시하라.

■ 애정 · 결혼 · 부부 ■
과대 포장하고 자신을 너무 과신한다면 뒤늦게 후회한다.

■ 건강 · 소송 · 소원 ■
송사는 화해를 하는 것이 좋겠다.

■ 여행 · 사고 · 출산 ■
목표가 있는 여행은 무난하다. 출산도 별 탈이 없겠다.

48-1 정지수 井之需

䷯ → ䷄

大夫行父　無地不涉　爲吾相土　莫如韓樂　可以居止　長安富有
대부행부　무지불섭　위오상토　막여한락　가이거지　장안부유

대부(大夫)가 여행하며 발길 닿지 않은 곳이 없다. 내가 머물기에 한(韓)나라처럼 즐거운 곳이 없으니 거처(居處)할만 한다. 오래도록 평안하고 부유하다.

註) 시경(詩經) 한혁(韓奕) – 제후가 된 후에 처음으로 조정에 들러 왕을 배알하고 돌아가는 한후를 전송하는 시라고 전해진다.

“궤부(蹶父 : 주불라의 卿士)는 뛰어나게 용감하여 그 발길 이르지 않는 나라가 없네. 딸 시집보낼만한 곳 찾아보니 한(韓)나라 만한 곳이 없도다.”

■ 금전 · 사업 · 창업 ■
도와주는 사람이 있으나 자신의 노력이 반드시 필요하다.

■ 이사 · 매매 · 문서 ■
쌍방이 양보하고 화합해야 성사된다. 고집을 버려야 이익도 크다.

■ 취직 · 시험 · 승진 ■
중위권 시험에는 합격의 영광이 있겠다. 재직자는 주변의 성원으로 좋은 일이 있을 것 같다.

■ 애정 · 결혼 · 부부 ■
혼사도 순조롭고 결과도 좋겠다. 미혼은 새로운 인연을 만난다.

■ 건강 · 소송 · 소원 ■
소송은 불리하니 화해하라. 지인의 도움으로 작은 소원은 이룬다.

■ 여행 · 사고 · 출산 ■
어느 곳이든 큰 문제가 없는 여행이 되겠다. 출산은 무난하다.

48-2 정지건 井之蹇

王子公孫 把絃攝丸 發輒有獲 家室饒足
왕자공손 파현섭환 발첩유획 가실요족

왕자(王子)와 공자(公子)가 그물을 던진다. 던질 때마다 잡으니, 집안 사람이 배부르게 먹는다.

把 : 잡을 파 攝 : 당길 섭 輒 : 문득 첩 饒 : 넉넉할 요

■ 금전 · 사업 · 창업 ■
어려운 일이 있을 때마다 도와주는 사람이 있으니 순조롭다.

■ 이사 · 매매 · 문서 ■
매매에 작은 이득이 있다. 업종 전환에는 심사숙고가 필요하다.

■ 취직 · 시험 · 승진 ■
노력한 만큼의 대가가 따르지 않으나 계속 노력하면 성과가 있다.

■ 애정 · 결혼 · 부부 ■
작은 오해를 사게 되어 어려운 상황이다. 서로 자제하고 양보하라

■ 건강 · 소송 · 소원 ■
오래 앓고 있던 환자도 큰 차도가 있겠다. 소송은 지체되고 소모가 심하니 합의하고 종결하라.

■ 여행 · 사고 · 출산 ■
여행, 출장에서 소기의 목적을 달성한다. 출산도 순산이다.

48-3 정지감 井之坎

炙魚銅斗 張伺夜鼠 不忍香味 機發爲祟 祟在頭頸 窄不得去
자어동두 장사야서 불인향미 기발위수 수재두경 착부득거

생선을 구어 구리로 만든 호로병 속에 넣고 밤에 쥐를 엿본다. 쥐가 향기를 참지 못하여 기미를 엿본 것이 재앙의 빌미가 된다. 머리에 재앙이 내리니 좁은 데 끼여서 빼내지 못한다.

炙 : 고기구을 적　機 : 기미 기　祟 : 빌미 수　窄 : 좁을 착

■ 금전 · 사업 · 창업 ■
주변사람이 이익이 될듯한 일을 권장하겠지만 경솔하게 응하면 안된다. 나가는 돈을 줄이는 데 힘써야 할 것이다.

■ 이사 · 매매 · 문서 ■
과욕하여 서두르면 낭패한다. 이익에 함정이 있다. 순리에 따르라.

■ 취직 · 시험 · 승진 ■
분수에 맞으면 합격도 가능하다. 직장인은 주변의 구설수를 조심하라.

■ 애정 · 결혼 · 부부 ■
과거의 인연을 다시 만날 수 있다. 주변환경에 유혹되지 말라.

■ 건강 · 소송 · 소원 ■
명예는 성취되나 금전적 소원은 어렵다. 소송은 빨리 화해하라.

■ 여행 · 사고 · 출산 ■
급격한 변화는 어려움을 부르니 자제함이 좋겠다. 출산은 약간의 어려움이 있으나 순산하겠다.

48-4 정지대과 井之大過

羿張烏號 彀射驚狼 鐘鼓夜鳴 將軍壯心 趙國雄勇 鬪死滎陽
예장오호 구사경랑 종고야명 장군장심 조국웅용 투사영양

예가 오호(烏號)를 당기니 천랑성(天狼星)이 동요한다. 밤에 북과 종을 울리며 장군의 씩씩한 마음으로 조나라의 용사(勇士)들이 영양(滎陽)에서 싸우다 전사했다.

註) 예는 옛날의 명궁이고, 오호(烏號)는 활의 이름이다. 狼은 천랑성(天狼星)을 말한다.
彀 : 활쏠 구　壯 : 씩씩할 장　鬪 : 사울 투

■ 금전 · 사업 · 창업 ■
욕심이 넘쳐서 타인의 돈을 빌려 사업을 확장하면 뒤늦게 어려움에 빠질 수 있다. 근신할 때이다.

■ 이사 · 매매 · 문서 ■
문서상의 하자가 없는가 잘 살펴보아야 한다. 소송이나 구설수에 오르내릴 것이다.

■ 취직 · 시험 · 승진 ■
하위직과 같은 시험은 가능하나 노력이 필요하다. 승진은 유보된다.

■ 애정 · 결혼 · 부부 ■
새로운 인연을 만나기는 어렵다. 다툼이 있으니 냉각기를 가져야 한다.

■ 건강 · 소송 · 소원 ■
약간의 이상이 있어도 병원을 찾아야 할 것이다. 소송은 불리하다.

■ 여행 · 사고 · 출산 ■
여행은 좋은 일은 없고 언짢은 일이 생긴다. 출산은 별 탈 없다.

48-5 정지승 井之升

營城洛邑　周公所作　世逮三十　年歷七百　福祐封實　堅固不落
영성락읍　주공소작　세체삼십　연력칠백　복우봉실　견고불락

낙양에 성을 쌓고 도읍(都邑)을 삼은 것은 주공이 지은 바이다. 세대(世代)로 삼십대에 미치고, 칠백년동안 복을 받아 봉토(封土)가 튼튼하니, 견고하여 몰락하지 않을 것이다.

註) 주공이 낙양에 도읍을 정하고, 겹욕이란 곳에 보정(寶鼎)을 정했다. 그리고 점을 쳤는데 점에서 말하기를 '세대로 삼십대에 미치고 700년을 갈 것이다.' 고 했다.
보정(寶鼎) : 고대(古代)에는 솥을 전하는 것으로 왕위를 전했기 때문에 , 솥을 보배라고 칭하게 되었다.

■ 금전 · 사업 · 창업 ■
사업도 순조롭고 창업도 유리하다. 이럴 때 덕을 쌓고 베풀어야 한다.

■ 이사 · 매매 · 문서 ■
토지나 가옥을 확장하게 된다. 매매도 순조롭다.

■ 취직 · 시험 · 승진 ■
지방직이나 일반직은 유리하다. 직장인은 승진의 가능성이 높다.

■ 애정 · 결혼 · 부부 ■
부부간의 금술도 좋아진다. 청춘남녀의 결혼도 기대할만하다.

■ 건강 · 소송 · 소원 ■
바라는 것 이상으로 성취된다. 소송도 유리하다.

■ 여행 · 사고 · 출산 ■
여행, 출장 모두 소기의 목적을 달성한다. 산모와 아기의 건강도 좋다.

48-6 정지손 井之巽

䷯ → ䷸

春陽生草 夏長條枝 萬物蕃滋 充實益有
춘양생초 하장조지 만물번자 충실익유

봄 볕에 풀이 나오고 여름에 가지가 자란다. 만물이 번식하니 충실하고 유익함이 있다.

■ 금전 · 사업 · 창업 ■
완벽한 계획과 행동으로 경영을 꾀하면 크게 성공한다. 창업도 유리하고 전업은 불필요하다.

■ 이사 · 매매 · 문서 ■
이사는 새롭게 확장하여 가게 된다. 매매도 성사되고 쌍방간에 이익을 남기는 거래를 하게 된다.

■ 취직 · 시험 · 승진 ■
웬만한 시험에는 합격하겠다. 승진은 아직 때가 아니다.

■ 애정 · 결혼 · 부부 ■
소개로 새로운 인연을 만나는 것이 좋다. 혼사는 양보로 성사된다.

■ 건강 · 소송 · 소원 ■
소송은 처음에는 어려우나 종래에는 승소한다. 건강은 무난하다.

■ 여행 · 사고 · 출산 ■
여행, 출장 모두 무난하다. 산모와 아기 모두 건강하다.

49-1 혁지함 革之咸

䷰ → ䷞

無足斷跟　居處不安　凶惡爲殘
무족단근　거처불안　흉악위잔

발 뒤꿈치를 잘라 없애니 거처에 편안하지 않다. 흉악함이 잔악(殘惡)하게 된다.

■ 금전 · 사업 · 창업 ■
욕심이 지나쳐 닥치는 대로 일을 벌이니 힘과 돈 모두 소비하고 뒤늦게 후회한다. 분수를 지키고 근신하여야 한다.

■ 이사 · 매매 · 문서 ■
옛것을 버리지 말고 현재의 일을 계속해 나가라. 단, 오랜 기간 손해만 있어 다시 일어서기 힘든 곳은 매매하라.

■ 취직 · 시험 · 승진 ■
하위직 시험은 가능하나 노력이 필요하다. 승진은 다음 기회를 노려라.

■ 건강 · 소송 · 소원 ■
사소한 일이 크게 벌어져 소송으로 확대될 수 있다.

■ 애정 · 결혼 · 부부 ■
연인과 잠시 헤어지는 아픔이 있으나 곧 회복되어 결혼까지는 문제가 없다. 부부간에도 도리를 지켜야 할 것이다.

■ 여행 · 사고 · 출산 ■
여행 중 다툴 일이 발생하니 장기간 여행은 삼가는게 좋겠다. 출산은 식구의 증가로 기쁨이 크다.

49-2 혁지쾌 革之夬

麒麟綠耳 章明造父 伯夙奉獻 襄續厥緖 佐文成霸 爲晉元輔
기린록이 장명조부 백숙봉헌 양속궐서 좌문성패 위진원보

기린녹이(麒麟綠耳천리마)를 장명조부(章明造父)가 주목왕(周穆王)에게 바쳤다. 그 계통을 이어서 진문공(晉文公)을 도와 패업을 이루니, 진(晉)나라의 원훈공신이 되었다.

註) 조부(趙父)가 화류녹이라는 천리마를 얻어서 , 그것을 주나라 목왕(穆王)에게 바쳤다. 목왕이 조성(趙城)을 내려주니 그 후예가 조숙(趙夙)을 낳았다. 진헌공(晉獻公)을 보좌하여 곽을 정벌하였다. 조숙의 후손이 조쇠(趙衰)를 낳으니, 진문공(晉文公)을 섬겨서 마침내 제후들의 패자(霸者)가 되었다.

夙 : 일찍 숙　獻 : 바칠 헌　襄 : 도울 양　厥 : 그 궐　緖 : 실마리 서　霸: 으뜸 패

■ 금전 · 사업 · 창업 ■
불경기를 타도 당신은 수입이 좋고 금전의 융통도 원활하다.

■ 이사 · 매매 · 문서 ■
확장하여 이사하겠다. 매매는 쉽게 이루어진다.

■ 취직 · 시험 · 승진 ■
노력한 만큼의 성과에는 떨어지지만 웬만한 곳은 합격이 가능하다.

■ 애정 · 결혼 · 부부 ■
좋은 짝을 만나 좋은 시간을 가지는 기쁨이 있다.

■ 건강 · 소송 · 소원 ■
분수에 맞으면 이루어진다. 소송은 지체되나 결국 승소한다.

■ 여행 · 사고 · 출산 ■
여행 중 마음이 통하는 사람을 만난다. 출산은 무난하다.

49-3 혁지수 革之隨

目瞤足動 喜如其願 擧家蒙寵
목순족동 희여기원 거가몽총

눈을 깜박이며 발을 움직인다. 기쁨이 그 원하는 것과 같아 온 집안이 은총을 입는다. 움직이는 모양이다.

■ 금전 · 사업 · 창업 ■
자신감이 넘치니 얻는 것이 많을 것이요, 사업의 번창을 기대할 수 있을 것이다. 창업하면 금전운도 따른다.

■ 이사 · 매매 · 문서 ■
이사할 때 문서로 인한 사고가 생기지 않도록 철저히 해 두어라. 이사, 매매와 같은 변화는 매우 유리한 운이다.

■ 취직 · 시험 · 승진 ■
시험에 합격의 경사가 있겠다. 승진은 영전의 기쁨이 있다.

■ 건강 · 소송 · 소원 ■
작은 소원은 대부분 원만하게 해결된다. 소송도 유리하게 진행된다.

■ 애정 · 결혼 · 부부 ■
직장 동료나 가깝게 있던 사람으로부터 프로포즈를 받게 된다. 부부는 금슬이 좋아지지만 방해에 부딪칠 가능성이 높다.

■ 여행 · 사고 · 출산 ■
여행, 출장은 순조롭게 이루어진다. 출산은 순산이다.

49-4 혁지기제 革之旣濟

孤獨特攄 莫依爲輔 心勞志苦
고독특터 막의위보 심로지고

고독한 수컷의 거처에 의지할 곳조차 없다. 마음은 노고롭고 뜻도 괴롭다.

■ 금전 · 사업 · 창업 ■
다른 사람의 말만 믿고 쉽게 금전거래를 하게 되면 손재수가 있다. 말을 가려서 듣거나 아예 듣지 않음이 좋겠다.

■ 이사 · 매매 · 문서 ■
너무 커다란 욕심만 없다면 이사도 순조롭고 매매에도 작은 이익이 있겠다.

■ 취직 · 시험 · 승진 ■
시험은 노력한 바에 미치지 못하니 더욱 정진하라. 승진은 소모만 심하고 이루기 어렵다. 평소에 덕을 쌓아야 한다.

■ 건강 · 소송 · 소원 ■
소송도 불리하게 전개되니 속히 화해하고 종결하라.

■ 애정 · 결혼 · 부부 ■
불화가 생겨 헤어지기 쉽겠다. 신의를 지켜야 할 것이다. 혼사도 성사가 지연되기 쉽다.

■ 여행 · 사고 · 출산 ■
장기간의 출장은 자제하는 것이 좋겠다. 출산은 무난하다.

49-5 혁지풍 革之豊

牡飛門啓 憂患大解 不爲身禍
두비문계 우환대해 불위신화

숫컷이 날아오르니 문이 열려 우환이 크게 풀린다. 몸에 재앙이 되지 않는다.

■ 금전 · 사업 · 창업 ■
계획을 세워 치밀하게 경영을 해나간다면 재산이 꾸준히 모인다. 지나치게 조급해하지 않는다면 좋은 운은 당신의 것이 될 것이다.

■ 이사 · 매매 · 문서 ■
이사하는데 너무 욕심을 부리게 되면 오히려 해가 될 수 있다. 매매도 늦어지거나 이루어지기 어렵다.

■ 건강 · 소송 · 소원 ■
사주의 원명이 좋지 않은 사람은 건강에 유의하라. 소송은 처음에는 불리하게 전개되나 뒤늦게 귀인의 도움으로 해결될 것이다.

■ 취직 · 시험 · 승진 ■
하위직이나 일반직에는 노력만 했다면 가능하겠다. 재직자는 윗사람에게는 질책을, 아랫사람들 사이에선 구설수에 오르내린다.

■ 애정 · 결혼 · 부부 ■
혼사는 집안의 반대에 부딪치기 쉽다. 부부사이는 원만하다.

■ 여행 · 사고 · 출산 ■
여행, 출장 모두 큰 무리는 없다. 출산은 조금 지체되겠다.

49-6 혁지동인 革之同人

疾貧望幸 使伯行販 開牢擇羊 多得大牂
질빈망행 사백행판 개뇌택양 다득대장

가난이 싫어 요행을 바라니 맏이로 하여금 팔기를 행하게 한다. 가축의 우리를 열고 팔 만한 양을 가려보니 큰 암양을 많이 얻는다.

■ 금전 · 사업 · 창업 ■
현재하고 있는 사업이 꾸준히 번창하고 수입도 많아지니 새로운 일을 시작할 자금의 여유가 있겠다. 창업도 가능하다.

■ 이사 · 매매 · 문서 ■
이사는 현재의 위치를 고수함이 유리하다. 매매는 양보로 성사된다.

■ 취직 · 시험 · 승진 ■
노력이 전제되면 웬만한 시험에는 합격하겠다. 직장인은 상하에 덕을 쌓고 승진을 기다려야 한다.

■ 건강 · 소송 · 소원 ■
소원은 근면과 노력으로 이룬다. 소송은 소모가 심하니 화해하라.

■ 애정 · 결혼 · 부부 ■
과거의 일들이 문제되어 다투거나 삼각관계로 어려움을 겪게 되니 신중하게 처신하라. 도와주는 사람이 전혀 없다.

■ 여행 · 사고 · 출산 ■
음주운전이나 과로한 운행을 삼가라. 산모와 아기의 건강에도 신경을 많이 써야 한다.

50-1 정지대유 鼎之大有 ䷱ → ䷍

羔裘豹袪　高易我字　君子維好
고구표거　고이아자　군자유호

염소 갑옷에 표범 소매는 나에게는 비싸지만 군자(君子)가 좋아한다.

註) 시경(詩經) 고구 – 충성을 다하는 강직한 사대부의 모습을 칭찬한 시이다.
염소 가죽옷의 소매끝을 표피(豹皮)로 장식하니 늠름하고 씩씩하도다.

■ 금전 · 사업 · 창업 ■
최선의 노력을 다한다면 경영하는 일은 분명히 성공한다. 창업도 유리하니 적극적으로 추진하라.

■ 이사 · 매매 · 문서 ■
이사는 적당한 시기이니 적극적으로 추진하라. 매매도 순조롭다.

■ 취직 · 시험 · 승진 ■
노력이 따르면 중위권 시험에는 합격한다. 승진도 덕을 쌓아 이룬다.

■ 건강 · 소송 · 소원 ■
소송은 처음은 불리하나 후에는 승소한다. 웬만한 소원도 가능하다.

■ 애정 · 결혼 · 부부 ■
자신감 있게 자신의 마음을 표현하는 사람이 사랑을 차지한다. 머뭇거리지 말고 과감하게 사랑의 메시지를 보내라. 혼사도 순조롭다.

■ 여행 · 사고 · 출산 ■
먼 거리나 가까운 곳을 가리지 않고 즐거운 여행이 되겠으니 가족과 함께 떠나라. 출산도 순산이다.

50-2 정지려 鼎之旅

灼火泉原 釣魴山巓 魚不可得 炭不可燃
작화천원 조방산전 어불가득 탄불가연

불을 샘에다 피고 방어를 산마루서 낚는다. 물고기를 얻지 못하고 숯도 타지 않는다.

鯉 : 잉어 이　巓 : 산꼭대기 전　燃 : 불사를 연

■ 금전 · 사업 · 창업 ■
허황된 마음 때문에 낭패하기 쉽다. 자중하고 근신하면 해가 없을 것이다. 사업에는 훼방꾼을 유념하여야 한다.

■ 이사 · 매매 · 문서 ■
주위에 도와주는 사람이 전혀 없으니 혼자서 모든 일을 책임져야 할 것이다. 이사, 매매 모두 손해가 있겠다.

■ 취직 · 시험 · 승진 ■
운이 도와주지 않으니 자신의 실력에 맞추어서 응시함이 좋겠다. 직장인은 승진의 여건이 성숙하지 않았다.

■ 애정 · 결혼 · 부부 ■
상대방이 결혼을 미룬다. 부부의 갈등도 심각해지니 자신을 낮추는 것이 좋겠다.

■ 건강 · 소송 · 소원 ■
소송은 금전적 손해가 심하니 속히 종결하라.

■ 여행 · 사고 · 출산 ■
여행은 가급적 피하는 것이 유리하다. 건강한 아이를 출산하겠다.

50-3 정지미제 鼎之未濟

蜈蟲爲賊 害我稼穡 盡禾殫麥 秋無所得
명충위적 해아가색 진화탄맥 추무소득

해충(害蟲)이 도적(盜賊)이 되어 나의 농사를 해친다. 벼와 보리를 다 없애니 가을에 소득이 없다.

螟蟲(명충) : 나방의 유충(幼蟲)으로 농작물을 해치는 해충을 말한다.
稼穡(가색) : 곡식을 심고 가꾸는 일 즉 농사를 말한다.
殫 : 다할 탄　麥 : 보리 맥

■ 금전 · 사업 · 창업 ■
현재는 어려우니 근신하고 미래를 대비하여야 한다.

■ 이사 · 매매 · 문서 ■
이사나 매매는 쉽게 이루어지지 않아 금전적 어려움이 크겠다.

■ 취직 · 시험 · 승진 ■
시험은 불리하나 하위직과 같은 부분은 성과가 있다.

■ 애정 · 결혼 · 부부 ■
마음을 조급하게 먹지말고 여유를 가져라. 쉽게 성사되지 않는다.

■ 건강 · 소송 · 소원 ■
가족이나 친족의 건강악화가 예상되니 미리 신경을 써주는 것이 좋겠다. 소송은 어려움없이 해결된다.

■ 여행 · 사고 · 출산 ■
한 차례 먼 곳으로 여행할 일이 생기지만 별로 신통한 결과가 없다. 출산은 순산이겠다.

50-4 정지고 鼎之蠱

商人行旅 資無所有 貪貝逐利 留連玉帛 駁轅內安 公子何咎
상인행여 자무소유 탐패축리 유련옥백 박원내안 공자하구

상인이 여행을 하는데 자본이 없다. 재물을 탐내 이득을 좇으니 옥과 비단에 머문다. 말을 끌고 관내에 들어와 편안하니 공자(公子)가 어찌 허물하리오.

註) 환원은 관명(關名).

■ 금전 · 사업 · 창업 ■

분수를 지키고 바르게 행하면 사업도 순탄하고 이익도 생긴다. 창업도 자중하여 시행하면 무리가 없다.

■ 이사 · 매매 · 문서 ■

매매도 전반적으로 순조롭다. 쌍방간에 이익도 클 것이다.

■ 취직 · 시험 · 승진 ■

시험은 실력만치 발휘된다. 승진은 아래 위가 밀어주니 순조롭다.

■ 애정 · 결혼 · 부부 ■

윗사람의 도움으로 좋은 짝을 만난다. 오래 사귄 연인과 결혼도 가능할 것이다.

■ 건강 · 소송 · 소원 ■

작은 소원은 이루어진다. 소송은 불리하니 화해하고 정리하라.

■ 여행 · 사고 · 출산 ■

장거리의 여행에서 성과가 매우 크니 상사로부터 신임을 얻는다. 기쁨이 매우 크다. 출산도 순산이다.

50-5 정지구 鼎之姤

砥德礪材 果當成周 拜受大命 封爲齊侯
지덕려재 과당성주 배수대명 봉위제후

덕을 닦고 재목을 갈아 과연 주나라를 이룩하였다. 절하고 대명을 받으니 제후(齊侯)에 봉함을 받았다.

註) 강태공(姜太公) 여망(呂望)은 세월을 낚다가 문왕(文王)을 위해 출사(出仕)하였다. 문왕을 보좌하여 천하(天下)를 평정하니, 그 공으로써 제(齊)나라 제후가 되었다.
砥 : 숫돌 지 , 갈 지　礪 : 숫돌 려　齊 : 제나라 제

■ 금전 · 사업 · 창업 ■
금전운이 매우 좋다. 적극적으로 자신의 일을 경영해나가라. 창업도 유리하니 적극적으로 추진하라.

■ 이사 · 매매 · 문서 ■
운이 왕성하니 확장이사도 길하다. 매매도 순조롭게 성사된다.

■ 취직 · 시험 · 승진 ■
중간직, 일반직은 노력의 성과가 분명 있겠다. 승진 소식도 있다.

■ 건강 · 소송 · 소원 ■
복록이 따르니 생각지 않던 일도 이루어진다. 건강은 전혀 문제가 될 것이 없고 송사도 문제될 것이 없다.

■ 애정 · 결혼 · 부부 ■
떨어져 있던 사람도 다시 만난다. 혼사도 순조롭다.

■ 여행 · 사고 · 출산 ■
여행, 출장 모두 무리없이 진행된다. 출산도 무난하다.

50-6 정지항 鼎之恒

詭言譯語　仇禍相得　冰入炭室　消滅不息
해언역어　구화상득　빙입탄실　소멸불식

거짓으로 말을 바꾸면 원수와 재앙을 서로 얻는다. 얼음이 숯불을 땐 방에 들어가면 쉬지않고 소멸한다.

詭言(궤언) : 속이는 말.
四府備要 에는 '該言' 으로 되어있으나 문맥(文脈)에 맞지 않으므로 四庫全書를 따랐다.

■ 금전 · 사업 · 창업 ■
요행수를 바라다가는 크게 손해 본다. 창업도 때가 아니니 자중하라.

■ 이사 · 매매 · 문서 ■
변화를 꿈꾸나 이사는 불리하다. 매매도 합당치 않으니 미루라.

■ 취직 · 시험 · 승진 ■
실력도 부족하고 운도 따르지 않으니 더욱 정진하라. 재직자는 명예퇴직이나 전출을 주의하라.

■ 건강 · 소송 · 소원 ■
무리하게 자신을 혹사시키면 급격한 건강의 악화가 우려된다. 소송은 계속 몰아가면 모두를 잃으니 일찍 화해함이 유리하다.

■ 애정 · 결혼 · 부부 ■
다른 곳에 마음을 두면 모두 잃는다. 혼사는 성사가 어렵겠다. 부부간에도 도리를 지켜야 할 것이다.

■ 여행 · 사고 · 출산 ■
객지에 나가면 손재수가 있거나 건강에 이상이 발생할 수 있다. 출산은 커다란 이상은 없겠다.

51-1 진지예 震之豫 ䷲ → ䷏

金精曜怒 帶劍通午 徘徊高庫 宿於木下 兩虎相拒 弓弩滿野
금정요노 대검통오 배회고고 숙어목하 양호상거 궁노만야

금성(金星)이 번쩍거리며 칼을 차고 낮이 지나도록 고고(高庫)를 배회한다. 나무 아래서 잠자니 두 호랑이가 서로 닥치는데 활과 쇠뇌가 들판에 가득하다.

배회(徘徊) : 천천히 이리저리 왔다 갔다 함. 弩 : 쇠뇌 노 曜 : 빛날 요

■ 금전 · 사업 · 창업 ■
헛된 욕심이 발동했다가는 큰 해를 면하기 어렵다. 분수를 지키고 정도를 행하는 것만이 자신을 지키는 지름길이다.

■ 이사 · 매매 · 문서 ■
과도한 욕심이 아니면 매매는 성사될 것이다. 이사는 때가 아니다.

■ 취직 · 시험 · 승진 ■
자신의 실력을 제대로 발휘하기 어려우니 시험은 목표를 한단계 낮추어라. 직장인은 내직으로 들어가는 기쁨이 있다.

■ 애정 · 결혼 · 부부 ■
상대방 부모의 반대로 어려움이 있겠다. 자신을 낮추고 순리를 따르라.

■ 건강 · 소송 · 소원 ■
사소한 다툼이 소송까지 이른다. 매사 조심하고 근신하라.

■ 여행 · 사고 · 출산 ■
음주운전이나 과로한 여행을 삼가라. 출산은 평탄하다.

51-2 진지귀매 震之歸妹

火雖熾　在吾後　寇雖衆　在吾右　身安吉　不危殆
화수치　재오후　구수중　재오우　신안길　불위태

불이 비록 맹렬히 타오르나 나의 뒤에 있다. 도적이 비록 많으나 나의 오른쪽에 있다. 몸이 편안하고 길하니 위태하지 않다.

■ 금전 · 사업 · 창업 ■

과욕을 자제하는 것이 마음을 편안하게 하는 것이다. 분수를 지키고도 근신할 때이다.

■ 이사 · 매매 · 문서 ■

매매는 쌍방간에 과욕이니 성사되기 힘들다. 잡음만 많고 실속이 없다.

■ 취직 · 시험 · 승진 ■

타향, 객지로 지원하는 사람은 유리하나 자신의 출생지는 불리하다. 재직자는 본부나 내직으로 옮겨지게 될 것이다.

■ 애정 · 결혼 · 부부 ■

혼사는 성사되기 어렵다. 부부 사이도 원만치 못하다.

■ 건강 · 소송 · 소원 ■

소송 비용이 과도하니 심신이 피곤하다. 합의하고 종결하라. 소원은 얼마나 노력했는가에 달려 있다.

■ 여행 · 사고 · 출산 ■

장거리, 장기간의 출장은 자제하라. 출산은 평탄하다.

51-3 진지풍 震之豊

旃裘羶國 文禮不飾 跨馬控弦 伐我都邑
전구전국 문예불식 과마공현 벌아도읍

털옷을 입는 노린내 나는 나라는 글과 예의가 다스려지지 않았다. 말타고 활을 당기며 나의 도읍을 공격한다.

註) 전구는 털옷, 羶國(전국)은 몽고족 또는 목축을 하는 나라.
跨 : 타넘을 과 控 : 당길 공 弦 : 활시위 현

■ 금전 · 사업 · 창업 ■
가면 갈수록 매사에 막힘이 많다. 과도하게 확장하거나 밀어붙이지 말고 여유를 가져야 금전의 손실이 적다.

■ 이사 · 매매 · 문서 ■
주변에 방해꾼이 많아 매매는 성사되기 어렵다. 이사도 때가 아니다.

■ 취직 · 시험 · 승진 ■
취직은 때가 아니니 낮춰서 지원하라. 시험도 하향안전지원하라.

■ 애정 · 결혼 · 부부 ■
사소한 말다툼으로 인한 불화가 있다. 결혼은 미뤄질 가능성이 있다.

■ 건강 · 소송 · 소원 ■
작은 소원은 노력으로 이루어지나 과도한 것은 불가하다. 소송은 불리하니 화해하고 마음을 정리하라.

■ 여행 · 사고 · 출산 ■
백가지 일이 순조롭지 못하니 여행은 자제하라. 출산은 조금 지체되나 무난하겠다.

51-4 진지복 震之復

載金販狗 利棄我走 藏匿淵底 折毀爲咎
재금판구 이기아주 장익연저 절훼위구

돈을 싣고 개를 팔지만 이익이 나를 버리고 달아난다. 연못 도랑에 감추지만 후회가 꺾여 허물이 된다.

販 : 팔 판　匿 : 숨길 닉

■ 금전 · 사업 · 창업 ■
재물이 들어오더라도 손재수가 있으니 허사이다. 분수를 지켜야 한다.

■ 이사 · 매매 · 문서 ■
현재의 위치를 고수함이 유리하다. 이사나 매매를 급히 서두르면 손해가 따르니 조심해야 할 것이다.

■ 취직 · 시험 · 승진 ■
직장인은 이동이 있겠다. 시험은 하위직이나 일반직은 가능하다.

■ 애정 · 결혼 · 부부 ■
현재 사귀고 있는 연인이 있다면 오해가 생기지 않도록 주의하라. 급하게 서둘지 말고 애정을 하나 하나 쌓아가라.

■ 건강 · 소송 · 소원 ■
현재 환자나 노인은 건강에 전념해야 한다. 송사도 불리하니 합의하고 종결시키는 것이 원만하다.

■ 여행 · 사고 · 출산 ■
무리한 여행은 뜻밖의 사고를 부른다. 출산은 지체되나 무난하다.

51-5 진지수 震之隨

江河淮海 天之奧府 衆利所聚 可以富有 好樂喜友
강하회해 천지오부 중리소취 가이부유 호락희우

강하회해(江河淮海)는 하늘이 내린 나라의 중심지이다. 모든 이익이 모이니 부유함이 있어 음악을 좋아하고 벗을 기뻐한다.

■ 금전 · 사업 · 창업 ■
재물을 가히 얻으리라. 사업은 번창하고 하는 일은 순조롭다. 창업도 때를 만났으니 정진하라.

■ 이사 · 매매 · 문서 ■
훼방을 하는 사람을 조심하면 매매도 성사된다. 쌍방간에 이익도 크다. 이사도 무리가 없다.

■ 취직 · 시험 · 승진 ■
학업도 충실하게 쌓았고 기회도 왔으니 웬만한 시험에는 합격하겠다. 승진도 주변의 후원으로 성사의 가능성이 높다.

■ 애정 · 결혼 · 부부 ■
생각 없이 마구잡이로 밀어붙이면 반드시 구설수에 휘말리게 된다. 생각지 않은 반대에 부딪쳐 헤어지는 아픔이 있다.

■ 건강 · 소송 · 소원 ■
뜻밖의 사건, 사고를 주의해야 한다. 소송은 크게 다투고 손해도 입겠으니 화해에 힘써야 한다.

■ 여행 · 사고 · 출산 ■
장거리 여행 도중에 이성을 만난다. 출산은 순산이다.

51-6 진지서합 震之噬嗑

旁行不遠　三里復反　心多畏惡　日中止舍
방행불원　삼리복반　심다외악　일중지사

두루 돌아 다니기를 멀리 하지 않으니 삼리(三里)도 못가서 되돌아 온다. 마음이 두렵고 싫음이 많으니 낮에 집에 머문다.

■ 금전 · 사업 · 창업 ■
타인에게 의지하게 되면 반드시 손해가 따르니 명심하라. 창업은 불가하니 다음 기회로 미루어라.

■ 이사 · 매매 · 문서 ■
매매는 서로 의지가 부족하니 성사되지 않는다. 이사도 때가 아니다.

■ 취직 · 시험 · 승진 ■
노력한 만큼의 결과는 얻겠다. 중위직과 일반직 시험에는 합격하겠다. 직장인의 승진은 불가하다.

■ 애정 · 결혼 · 부부 ■
주변에 방해하는 사람이 너무 많다. 부부간에 오해가 발생하여 다투는 일이 있겠으니 조심하라.

■ 건강 · 소송 · 소원 ■
남의 말에 넘어가지 마라. 말속에 속임수가 있어 관재수나 구설수에 오르내리기 쉽다.

■ 여행 · 사고 · 출산 ■
장기간의 여행, 출장은 자제하는 것이 좋다. 출산은 순산이다.

52-1 간지비 艮之賁

春多膏澤　夏潤優渥　稼穡成熟　畝獲百斛　師行失律　霸功不逐
춘다고택　하윤우악　가색성숙　무획백곡　사행실률　패공불축

봄에는 기름진 땅이 많고 여름에는 윤택(潤澤)하다. 농사가 성숙하여 한 이랑에 백곡(百斛)이나 얻는다. 군사가 규율을 잃으면 패업(覇業)을 이루지 못한다.

註) 주역(周易) 지수사(地水師) 초육(初六)의 상전(象傳) : '師出以律 失律凶也' – 군사를 냄에 규율을 엄하게 하라. 규율을 잃으면 흉하다.
膏 : 기름질 고　畝 : 이랑 묘　獲 : 잡을 획
稼穡(가색) : 곡식을 심고 가꾸는 일 즉 농사를 말한다. 斛 : 되 곡 , 열말(十斗)의 용량을 이른다.

■ 금전 · 사업 · 창업 ■
가까운 사람과 함께 힘을 합치면 어렵던 일도 쉽게 성사된다.

■ 이사 · 매매 · 문서 ■
이사는 길하니 추진해도 무방하다. 매매는 잡음이 많다.

■ 취직 · 시험 · 승진 ■
중위권 시험은 가능하다. 재직자는 한 부서를 관장하게 된다.

■ 애정 · 결혼 · 부부 ■
부부가 화합하니 집안이 화평하다. 혼사는 지체되나 성사된다.

■ 건강 · 소송 · 소원 ■
시작과 마무리에 많은 시간을 할애할 때 소원도 이루어진다.

■ 여행 · 사고 · 출산 ■
무리하게 원거리를 나서면 건강에 이상이 있겠다. 출산은 순산이다.

52-2 간지고 艮之蠱

七竅龍身 遠易八元 法天則地 順時施恩 利以長存
칠규룡신 원이팔원 법천칙지 순시시은 이이장존

복희씨가 팔괘를 만드시니 천지의 법칙에 따른 것이다. 때에 따라 은혜를 베푸니 이익이 오래도록 있으리라.

註) 성인의 심장은 구멍이 일곱(七竅) 개가 있다. 복희씨(伏羲氏)는 뱀의 몸에 사람의 머리를 하고 있다. 우연히 황하(黃河)에서 용마가 등에 그림을 지고 나왔다. 이로써 팔괘를 만들었다.
竅 : 구멍 규 施 : 베풀 시 恩 : 은혜 은

■ 금전 · 사업 · 창업 ■
사업은 작은 규모로는 성사되고 이익도 있다. 그러나 과욕은 금물이다.

■ 이사 · 매매 · 문서 ■
타인의 말을 너무 믿다가 문서상으로 손해가 생길 수 있으니 이사나 매매는 좀 더 신중하라.

■ 취직 · 시험 · 승진 ■
재직자는 현재의 위치를 지켜라. 시험에는 공이 더 필요하다.

■ 애정 · 결혼 · 부부 ■
혼사는 지체되나 성사되고 결과도 길하다. 부부 사이도 원만하다.

■ 건강 · 소송 · 소원 ■
소송은 지체되고 비용이 많이 드나 결국 승소한다.

■ 여행 · 사고 · 출산 ■
이익을 위한 여행은 불리하다. 출산은 무난하다.

52-3 간지박 艮之剝

二女同室 心不聊食 首髮如蓬 憂常在中
이녀동실 심불료식 수발여봉 우상재중

두 여인이 같은 방에 있으며 마음이 불편해 먹지 않는다. 머리가 헝클어져 쑥대처럼 하고 항상 심중에 근심이 있다.
聊 : 귀울 료　髮 : 터럭 발　蓬 : 쑥대 봉

■ 금전 · 사업 · 창업 ■
노력도 없이 요행만 바란다면 손재수나 구설수가 생긴다. 마음이 갈림길에 있으니 창업도 연기하라.

■ 이사 · 매매 · 문서 ■
매매는 속전속결해야 한다. 마음의 망설임을 조심해야 한다.

■ 취직 · 시험 · 승진 ■
승진은 아래 위가 화합하지 못하니 다음을 기약하라. 수험생은 하위권 시험은 가능하나 과욕은 금물이다.

■ 애정 · 결혼 · 부부 ■
욕심이 너무 크면 거짓 사랑이 되기 쉽다. 상대방의 마음을 보지 않고 겉모양만 보았다가는 낭패가 생긴다.

■ 건강 · 소송 · 소원 ■
음주운전, 졸음운전은 절대하지 마라. 내가 잘못이 없더라도 누명을 쓰니 재물의 손실이 크겠다.

■ 여행 · 사고 · 출산 ■
밖으로 나가면 이익이 있으니 여행은 유리하다. 출산은 무난하다.

52-4 간지려 艮之旅

鳥舞國城 邑懼卒驚 仁德不修 爲下所傾
조무국성 읍구졸경 인덕불수 위하소경

새가 국성(國城)에서 춤추니 도읍(都邑) 사람들이 놀라고 두려워한다. 어진 덕을 닦지 않으면 아래로 기울어진다.

■ 금전 · 사업 · 창업 ■
함부로 사업을 확장하지 말라. 때가 아니니 자중하고 작은것 하나라도 저축해 놓는 것이 현명하다.

■ 이사 · 매매 · 문서 ■
맺고 끊음이 분명하지 않아 매매로 인한 뜻밖의 손실이 있겠다. 이사도 때가 아니다.

■ 취직 · 시험 · 승진 ■
시험은 노력이 따르면 중류, 하위직 시험은 가능하다. 재직자는 덕을 쌓고 주변에 베풀어라.

■ 애정 · 결혼 · 부부 ■
남자는 고집을 너무 피우고 여자는 자존심을 내세우니 되는 일이 없다.

■ 건강 · 소송 · 소원 ■
가까운 사람과 다퉈 송사까지 이를 수 있으니 조심하라. 패소의 가능성마저 있으니 신중하게 대처하라.

■ 여행 · 사고 · 출산 ■
길한 면이 없으니 가급적 여행은 자제하라. 출산은 평탄하다.

52-5 간지점 艮之漸

比目四翼　安我邦國　上下無患　爲吾喜福
비목사익　안아방국　상하무환　위오희복

비목어(比目魚)와 비익조(比翼鳥)가 나의 나라를 편안하게 한다. 상하가 환란이 없으니 기쁜 복이 된다.

註) 비목어는 눈이 하나밖에 없는 물고기로, 두 마리가 서로 의지해야만 능히 다닐 수 있다. 비익조는 눈 하나와 날개 하나만 가지고 있는 새로, 두 마리가 서로 나란히 있어야만 비로소 날 수 있다고 한다.

■ 금전 · 사업 · 창업 ■
옛것에 얽매어 망서리지 말고 새로운 것을 찾아 시작하면 길하다.

■ 이사 · 매매 · 문서 ■
매매는 지체되고 잡음이 있을 수 있으니 속전속결하라. 이사는 무난.

■ 취직 · 시험 · 승진 ■
대체로 불리하니 더욱 실력 배양에 힘써야 하겠다. 승진은 아래 위가 화합하니 기대해볼 만하다.

■ 애정 · 결혼 · 부부 ■
사귀던 연인과 다투기 쉬우니 싸움에 휘말리지 말아야 하겠다. 결혼은 될 듯 하면서도 시간이 지체되기 쉽다.

■ 건강 · 소송 · 소원 ■
자칫 작은 실수로 상해를 당할 수 있으니 주의하라. 송사는 확대 불가.

■ 여행 · 사고 · 출산 ■
여행 중에 뜻이 맞는 사람을 만난다. 출산은 무난하다.

52-6 간지겸 艮之謙

黍稷醇醴 敬奉山宗 神嗜飮食 甘雨嘉降 庶物蕃茂 時無災咎
서직순예 경봉산종 신기음식 감우가강 서물번무 시무재구

기장으로 단술을 담가 공손히 산신에게 받들어 바친다. 신이 음식을 즐거워해 단비를 잘 내려준다. 모든 생물(生物)이 번성하니 재앙이 없다.

註) 시경(詩經) 보전(甫田) – 풍성한 수확을 기뻐하는 노래
以御田祖 以祈甘雨 以介我稷黍 以穀我士女
밭농사 주재하는 신을 맞이하여 단비를 내리도록 치성드리네.
메기장 차기장 잘 되게 하여 우리 식구 배불리 먹이세
醇 : 술 순 醴 : 단술 례 黍稷(서직) : 오곡(五穀)의 하나인 메기장과 차기장을 말함.

■ 금전 · 사업 · 창업 ■
쥐가 가을걷이가 끝난 창고에 들어간 형상이니 이익이 넘친다.

■ 이사 · 매매 · 문서 ■
매매는 순조롭게 성사되고 쌍방간에 이익도 크다.

■ 취직 · 시험 · 승진 ■
고시와 같은 큰 시험이 아니라면 좋은 소식이 있겠다.

■ 애정 · 결혼 · 부부 ■
미혼 남녀는 결혼이 성사되어 즐거운 시간을 보낸다.

■ 건강 · 소송 · 소원 ■
송사는 여유로운 가운데 해결된다. 주변의 도움을 받아 작은 소망도 이룬다. 건강도 별 문제 없을 것이다.

■ 여행 · 사고 · 출산 ■
여행, 출장 모두 소기의 목적을 달성한다. 출산도 무난하다.

53-1 점지가인 漸之家人

䷴ → ䷤

大根不固　華葉落去　更爲孤嫗
대근불고　화엽락거　갱위고구

큰 뿌리가 견고(堅固)하지 않으면 꽃과 잎이 시들어 떨어져서, 다시 외로운 늙은이가 된다.

■ 금전 · 사업 · 창업 ■
기반이 든든하지 못하니 재물을 구하려고 해도 힘이 딸린다. 먼저 토대에 신경 쓰고 재물은 나중에 구하라.

■ 이사 · 매매 · 문서 ■
확장하기보다는 현재를 지키는 것이 낫겠다. 이사나 매매를 강행하면 손해가 따르겠다.

■ 취직 · 시험 · 승진 ■
수많은 경쟁자가 몰려드니 당신의 실력으로는 역부족이구나. 직장인의 승진은 불가하나 부서의 이동은 가능하다.

■ 애정 · 결혼 · 부부 ■
새로운 인연을 만나게 된다. 재혼이 성사되는 기쁨이 있겠다.

■ 건강 · 소송 · 소원 ■
급한 마음으로 서둘지 마라. 건강악화가 예상된다. 사주원명이 나쁜 사람은 송사와 건강 모두 좋지 않다.

■ 여행 · 사고 · 출산 ■
가슴속에 있는 말까지 주고받을 수 있는 친구와 떠나는 여행이 유익할 것이다. 출산은 순산이다.

53-2 점지손 漸之巽

䷴ → ䷸

跛躓未起　失利後市　不得鹿子
파지미기　실리후시　불득록자

절름발이가 넘어져서 일어나지 못해 뒤늦게 시장에 간다. 사슴 새끼를 얻지 못한다.

跛 : 절름발이 파　躓 : 넘어질 지　鹿 : 사슴 록

■ 금전 · 사업 · 창업 ■
허황된 욕심을 억제하면 득도 해도 없다. 때가 아니니 근신하고 실력을 키우는 것이 정도이다.

■ 이사 · 매매 · 문서 ■
이사 매매는 성사되기 어렵고 차라리 성사되지 않는 것이 피차 편하다.

■ 취직 · 시험 · 승진 ■
화합되는 것이 없으니 시험은 미루어라. 취직, 승진도 쉽지 않으니 실력을 더 쌓아야 한다.

■ 애정 · 결혼 · 부부 ■
주변의 소문에 귀를 기울이다가는 연인과 헤어지기 쉽다. 부부간의 다툼도 예상되니 소문에 휘말리지 말라.

■ 건강 · 소송 · 소원 ■
자신의 잘못도 없이 구설수에 오를 수 있다. 소송은 가급적 피하라.

■ 여행 · 사고 · 출산 ■
함께 하는 여행은 문제가 없다. 산모와 아기의 건강은 매우 좋다.

53-3 점지관 漸之觀

春鴻歸東　以馬貿金　利得十倍　重載歸鄉
춘홍귀동　이마무금　이득십배　중재귀향

봄에 기러기는 동으로 돌아가고 말로써 금을 무역한다. 십배의 이익을 얻어 수레에 무겁게 싣고 고향으로 돌아간다.

■ 금전 · 사업 · 창업 ■
경영하는 데 있어 좋은 결과를 얻는다. 문서상의 이익도 있으니 부동산 등의 투자에 적격이다.

■ 이사 · 매매 · 문서 ■
이사나 매매는 믿었던 사람에게 해를 당할 수 있으니 주의해야겠다.

■ 취직 · 시험 · 승진 ■
노력이 타인의 배가 되지 않으면 하위직 시험도 불가하다. 재직자는 외직으로 파견되거나 별직으로 파견되는 변화가 있겠다.

■ 애정 · 결혼 · 부부 ■
여행 중에 애인이 생기거나 친한 사람의 소개로 만나 결혼에까지 이르겠다. 부부관계는 약간의 서먹함이 존재한다.

■ 건강 · 소송 · 소원 ■
송사는 우연히 도와주는 사람이 있으니 뒤늦게 해결된다. 소원은 천천히 이루어진다. 건강은 몸과 마음 모두 편안하다.

■ 여행 · 사고 · 출산 ■
가족과 함께 하지 않는 여행은 관재수나 구설수에 휘말리게 되니 자제하라. 출산은 무난하다.

53-4 점지돈 漸之遯

子長忠直 李陵爲賊 禍及無嗣 司馬失福
자장충직 이릉위적 화급무사 사마실복

자장(子長:사마천)은 충직하지만 이릉(李陵)이 해친다. 재앙이 미쳐서 후사가 없으니 사마천은 복을 잃는다.

註) 자장(子長)은 사마천(司馬遷)이다. 이릉(李陵)의 일을 간언(諫言)하다가 마침내 궁형(宮刑)을 받고 잠실(蠶室)에 갇혔다.

■ 금전 · 사업 · 창업 ■
선불리 움직이다가는 낭패를 당한다. 자중하라. 창업도 때가 아니다.

■ 이사 · 매매 · 문서 ■
이사는 급하지만 않다면 다음 기회로 연기하고 매매는 손해를 감수하면 성사가 된다.

■ 취직 · 시험 · 승진 ■
시험은 노력한 만큼의 결과가 없으니 불리하다. 한 단계 낮추어라.

■ 애정 · 결혼 · 부부 ■
오직 정직과 성실로써 마음을 열어야 한다. 부부간에도 불화가 있다.

■ 건강 · 소송 · 소원 ■
소송은 불리하다. 패소할 우려가 있다. 신중하게 대처하고 자중해야 하겠다. 소원을 바랄 때가 아니다.

■ 여행 · 사고 · 출산 ■
장기간의 여행이나 해외로의 출장은 자제하는 것이 좋다. 산모와 아기의 건강도 유의하여야 한다.

53-5 점지간 漸之艮

䷴ → ䷳

虎豹熊羆 遊戲山谷 仁賢君子 得其所欲
호표웅비 유희산곡 인현군자 득기소욕

호랑이와 곰이 산속 골짜기에서 노닌다. 어진 군자는 그 하고자 하는 바를 얻는다.

■ 금전 · 사업 · 창업 ■
실익은 없고 심신만 고달프다. 과욕을 버리고 정도로써 행하면 기회는 반드시 온다.

■ 이사 · 매매 · 문서 ■
작은 것은 성사되나 과욕하여 무리한 일을 추진하면 손해를 보겠다. 순리에 따르는 것이 군자의 도리이다.

■ 취직 · 시험 · 승진 ■
큰 시험은 어려우나 낮은 시험에는 합격의 가능성이 있다. 직장인은 자리이동이나 승진의 기쁨이 크겠다.

■ 애정 · 결혼 · 부부 ■
자칫 이성을 가까이 하다가는 구설을 면하지 못하겠으니 정당한 짝이 아니라면 미리 포기하는 것이 현명한 방법이다.

■ 건강 · 소송 · 소원 ■
구설이 아니면 관재수가 있을 수 있으니 시비에 끼어들지 않도록 조심하는 것이 좋겠다. 건강은 양호한 편이다.

■ 여행 · 사고 · 출산 ■
여행으로 인하여 좋은 일이 생기겠고 집안에 경사가 겹칠 듯 하다.

53-6 점지건 漸之蹇

敏捷極疾　如猿集木　彤弓雖調　終不能獲
민첩극질　여원집목　동궁수조　종불능획

민첩하기가 극히 빨라 원숭이같이 나무에 이른다. 붉은 활로 비록 조준해 보지만 마침내 능히 얻지 못한다.

捷 : 이길 첩　猿 : 원숭이 원　彤 : 붉은 칠 동　調 : 고를 조

■ 금전 · 사업 · 창업 ■

한가지 일도 제대로 마무리 짓지 못하고 새 일을 도모하면 금전적인 낭비가 많아진다.

■ 이사 · 매매 · 문서 ■

집에 있으면서 일을 꾀하면 도저히 성사되는 것이 없을 것이니 밖으로 나가 변화를 도모하는 것이 좋겠다.

■ 취직 · 시험 · 승진 ■

현재의 직장을 귀중하게 생각하고 함부로 전직을 생각하지 말라. 시험은 매우 불리하니 두 배의 노력이 필요한 때이다.

■ 애정 · 결혼 · 부부 ■

자신이 가지고 있는 모습만 보여 주어라. 과대포장하지 말라.

■ 건강 · 소송 · 소원 ■

곧바로 해결될 일도 너무 자신감이 넘쳐 오히려 일을 꼬이게 만든다. 시간을 지체하지 않는 것이 유리하다.

■ 여행 · 사고 · 출산 ■

여행 중에 새로운 사람을 사귀지 말라. 출산은 무난하다.

54-1 귀매지진 歸妹之解

三羖五羝 相隨俱行 迷入空澤 循谷直北 往涉六駁 爲所傷賊
삼고오저 상수구행 미입공택 순곡직북 왕섭육박 위소상적

암양 세 마리와 숫양 다섯이 서로 따르며 함께 간다. 잘못해서 빈 연못에 들어가서 골짜기를 돌아 북으로 곧장 간다. 여섯 마리 말 사이를 지나다 도적에게 상한다.

羖 : 검은 암양 고 羝 : 숫양 저 循 : 좇을 순 駁 : 얼룩말 박

■ 금전 · 사업 · 창업 ■
자신의 능력만으로는 현재의 운을 극복하기 힘드니 주변의 조언을 듣고 힘을 빌려서 일을 도모하라.

■ 이사 · 매매 · 문서 ■
오랜 기간 이루어지지 않던 이사, 매매가 생각지 않던 사람의 도움으로 해결될 수 있으니 힘껏 노력하라.

■ 취직 · 시험 · 승진 ■
시험운이 좋지는 않지만 일반직은 가능하다. 승진, 진급은 주선하는 사람이 있으니 더욱더 밀어 붙여라.

■ 애정 · 결혼 · 부부 ■
사귀고 있는 애인이나 배우자와의 사소한 시비가 다툼으로까지 발전하니 심해지면 송사에까지 이르게 된다.

■ 건강 · 소송 · 소원 ■
사건, 사고에 휩쓸리기 쉬우니 매사가 불리하다. 타인과 다투지 말라.

■ 여행 · 사고 · 출산 ■
위험한 등산이나 험한 곳으로 출행하지 말라. 몸을 다칠 염려가 있다.

54-2 귀매지진歸妹之震

火隨熾 在吾後 寇雖多 在吾右 身安吉 不危殆
화수치 재오후 구수다 재오우 신안길 불위태

불이 비록 맹렬히 타오르나 나의 뒤에 있다. 도적이 비록 많으나 나의 오른쪽에 있다. 몸이 편안하고 길하니 위태하지 않다.

■ 금전 · 사업 · 창업 ■
지출이 커지니 이익이 있는지 분간하기 어렵다. 자중할 때이다.

■ 이사 · 매매 · 문서 ■
이사나 매매는 현재 수준보다 큰것은 절대 불가하다.

■ 취직 · 시험 · 승진 ■
힘쓴 만큼 결실은 있으니 하위직이나 일반직에는 유리하다. 직장인은 구설수를 조심해야 현재의 위치를 보전할 수 있다.

■ 애정 · 결혼 · 부부 ■
약혼한 사람이라도 오해가 생겨 헤어지기 쉽다. 과음하거나 실수를 범하지 말고 다른 이성에게 한 눈 팔지 말라.

■ 건강 · 소송 · 소원 ■
자신의 일을 열심히 하는 사람은 건강도 좋아지고 소원도 이루어지나 향락에 빠진 자는 건강에 어려움이 닥치겠다.

■ 여행 · 사고 · 출산 ■
해외로 나가거나 장기간 집을 떠날 일이 생긴다. 만반의 준비를 하고 떠나야 탈이 없다. 출산은 순산이다.

54-3 귀매지대장 歸妹之大壯 ䷵ → ䷡

太公避紂 七十隱處 卒受聖文 爲王室輔
태공피주 칠십은처 졸수성문 위왕실보

강태공이 주왕(紂王)을 피해 칠십년동안 은거(隱居)한다. 마침내 성인(聖人)인 문왕(文王)을 만나 왕실을 보좌한다.

註) 강태공(姜太公)은 은거하여 고기를 낚았지만, 우연히 문왕을 만나 마침내 주나라를 일으켰다.
紂 : 주임금 주. 잔인무도하여 천하(天下)를 잃은 은(殷)나라 최후의 왕

■ 금전 · 사업 · 창업 ■
사업은 활발하게 전개되고 부산하나 매사에 철저해야 이익이 있겠다.

■ 이사 · 매매 · 문서 ■
운이 길할 때는 구하지 않아도 자연히 이루어진다. 그 동안 노력한 대가를 보상받을 만큼의 장소로 이사를 가겠다.

■ 취직 · 시험 · 승진 ■
높은 시험을 제외하고는 모두 가능하겠다. 직장인은 상사의 도움으로 승진되고 천거되는 기쁨이 있다.

■ 애정 · 결혼 · 부부 ■
자칫 오해가 생겨 어려움이 있겠다. 진실한 마음으로 대해야 한다.

■ 건강 · 소송 · 소원 ■
소원은 노력 여하에 달려 있다. 소송은 유리하나 정신적, 물질적 소모가 너무 심하다.

■ 여행 · 사고 · 출산 ■
가족과 함께 떠나는 여행에는 좋은 일이 생긴다. 출산도 순산이다.

54-4 귀매지림 歸妹之臨

伯夷叔齊　貞廉之師　以德防患　憂禍不存
백이숙제　정렴지사　이덕방환　우화불존

백이 숙제는 정직하고 청렴한 스승이다. 덕으로 우환(憂患)을 방지하니 재앙이 있지 않다.

註) 백이(伯夷)와 숙제(叔齊)는 고죽국(孤竹國) 임금의 두 아들이다. 무왕(武王)이 주(紂)를 정벌하러 갈 때, 고삐를 잡고 의(義)로써 간언했다. 주나라 음식을 먹을 수 없다며 수양산에서 굶어 죽었다.

■ 금전 · 사업 · 창업 ■
처음에는 어려우나 신의를 지키고 순리대로 풀어나가면 늦게 성사된다. 창업은 신중하라.

■ 이사 · 매매 · 문서 ■
지금 수준으로의 이사와 변동은 가능하나 무리한 확장이나 매매는 뜻밖의 손실을 볼 수 있음을 명심하라.

■ 취직 · 시험 · 승진 ■
한단계 낮추면 하위직이나 일반직은 가능하다.

■ 애정 · 결혼 · 부부 ■
그 동안 사귀는 사이는 화촉을 밝히고 애인이 없던 사람은 좋은 애인을 만난다. 부부는 새로운 기쁨으로 시간가는 줄 모른다.

■ 건강 · 소송 · 소원 ■
건강이 매우 좋다. 오래된 병도 치료될 수 있으니 노력하라.

■ 여행 · 사고 · 출산 ■
무리하게 여행을 강행하면 뜻밖의 변고가 생길 수 있다.

54-5 귀매지태 歸妹之兌

延頸望酒 不入我口 深目自苦 利得無有 幽人悅喜
연경망주 불입아구 심목자고 이득무유 유인열희

목을 빼고 술을 바라지만 나의 입으로 들어가지 않는다. 움푹 패인 눈으로 스스로 괴로워하니 이득이 없다. 세상을 피한 은자(隱者)는 기뻐한다.

註) 심목(深目)은 움푹 패인 눈을 말한다. 延 : 끌 연 頸 : 목 경 幽 : 아득할 유

■ 금전 · 사업 · 창업 ■
경영하고 있는 일의 내용을 함부로 발설했다가 가까운 사람에게 재물을 잃을 위험이 있겠다. 창업은 불가하다.

■ 이사 · 매매 · 문서 ■
생각한 만큼의 성과가 있지 못하니 이사나 매매로 인한 손실도 있겠다.

■ 취직 · 시험 · 승진 ■
일반직과 하위직은 큰 탈은 없으니 노력한 만큼의 대가가 있겠다. 직장인은 구설수를 조심하라.

■ 애정 · 결혼 · 부부 ■
구관이 명관이니 함부로 다른 이성을 만나지 말라. 둘 다 놓친다.

■ 건강 · 소송 · 소원 ■
작은 외상이라도 병원을 찾는 것이 좋겠다. 소원을 이루기는 이르다.

■ 여행 · 사고 · 출산 ■
조심스럽게 계획하고 철저하게 준비해서 여행을 한다면 이상은 없겠다. 출산도 무난하다.

54-6 귀매지규 歸妹之睽

刲羊不當 女執空筐 兎跛鹿踦 祿山墜墮 讒佞亂作
규양불당 여집공광 토파록기 녹산추타 참녕란작

양을 베는 것은 부당하니 여인이 빈 광주리를 잡는다. 토끼와 사슴이 절뚝거리다 푸른 산에 떨어진다. 참소와 아첨으로 어지러움이 일어난다.

註)역경(易經) 귀매(歸妹) 上六 女承筐无實. 士刲羊无血. 無攸利.
'여자가 광주리를 받았는데 속이 비었다. 사(士)가 양을 베었는데 피가 없다. 좋은 일이 없다.'
여자가 혼약때 광주리를 받았는데, 속이 비었으므로 신에게 제사할 수 없다. 사(士젊은 남자를 말함)가 양을 베었는데 피가 없으므로 또한 제사 지낼 수 없음을 말한 것이다.

■ 금전 · 사업 · 창업 ■
행하고자 하나 뜻대로 이루어지지 않으니 공연히 수고한다.

■ 이사 · 매매 · 문서 ■
변화의 욕구가 강하나 여의치 않다. 매사 신중하게 처신하라.

■ 취직 · 시험 · 승진 ■
타향, 객지로 지원하는 시험이 유리하고 자신의 출생지는 불리하다. 재직자는 본부나 내직으로 옮기게 될 것이다.

■ 애정 · 결혼 · 부부 ■
음주나 향락으로 인하여 배우자나 애인과 다툴 일이 생기겠으니 절제하는 것이 군자의 도리이다.

■ 건강 · 소송 · 소원 ■
비록 고난이 심하나 성심껏 노력하면 송사 문제는 해결된다.

■ 여행 · 사고 · 출산 ■
여행으로 심신의 피로를 없애는 것도 좋다. 출산은 평온하다.

55-1 풍지소과 豊之小過

罟密綱縮 動益蹶急 困不得息
고밀강축 동익궐급 곤불득식

빽빽한 그물이 수축(收縮)하니 움직일수록 더욱 넘어진다. 곤궁(困窮)하여 쉬지 못한다.

罟 : 그물 고 蹶 : 넘어질 궐

■ 금전 · 사업 · 창업 ■

남의 것을 탐하지 말라. 검소하게 생활하지 않으면 구설수에 오르내리고 손재를 당하기 쉽다. 가까운 사람을 조심하고 참고 인내해야 한다.

■ 이사 · 매매 · 문서 ■

너무 욕심부리지 말고 능력에 맞추어 추진하라. 과욕은 낭패를 부른다. 이사도 다음 기회로 미루라.

■ 취직 · 시험 · 승진 ■

시험은 평소의 실력대로 나타나니 노력한 보답은 받을 것이다. 직장인은 작은 변화는 가능하나 승진은 어렵다.

■ 애정 · 결혼 · 부부 ■

기다리던 사람이 나타나지 않아 오랜 기간 마음이 허전하다. 부부간에도 불화가 있으니 성심을 다해야 한다.

■ 건강 · 소송 · 소원 ■

재난이 내 몸에 침범하니 뜻은 있으나 기력이 없어 일을 꾀하지 못한다. 소송은 불리하니 빨리 화해하라.

■ 여행 · 사고 · 출산 ■

계획했던 여행에 뜻밖의 어려움이 닥친다. 산모와 아기 모두 건강하다.

55-2 풍지대장 豊之大壯

刲羊不當　血少無羹　女執空筐　不得採桑
규양불당　혈소무갱　여집공광　부득채상

양을 베는 것은 부당하니, 피가 적어 국을 만들 수 없다. 여인이 빈 광주리를 잡으니 길쌈하는 것을 얻지 못한다.

註) 역경(易經) 귀매(歸妹) 上六.
'여자가 광주리를 받았는데 속이 비었다. 사(士)가 양을 베었는데 피가 없다. 좋은 일이 없다.'
여자가 혼약때 광주리를 받았는데, 속이 비었으므로 신에게 제사할 수 없다. 사(士 : 젊은 남자를 말함)가 양을 베었는데 피가 없으므로 또한 제사지낼 수 없음을 말한 것이다.

刲 : 뻐갤 규　羹 : 국 갱　筐 : 광주리 광　採 : 캘 채

■ 금전 · 사업 · 창업 ■
마음은 각각이고 서로가 불평하니 먼저 화합에 힘써야 한다.

■ 이사 · 매매 · 문서 ■
매매는 서로간에 의심만 많으니 성사되지 않는다. 이사도 때가 아니다.

■ 취직 · 시험 · 승진 ■
노력만치 결과가 따르지 않는다. 하향지원하라. 승진은 지금은 아니다.

■ 애정 · 결혼 · 부부 ■
내가 아는 사람과는 인연이 되지 못하리라.

■ 건강 · 소송 · 소원 ■
남과 다투어 송사를 벌이면 구설로 불리해진다. 덕을 쌓아야 한다.

■ 여행 · 사고 · 출산 ■
움직일 때가 아니니 자제하라. 산모와 아기의 건강에 유의하라.

55-3 풍지진 豊之震

䷶ → ䷲

衛候東遊 惑於少姬 亡我考妣 久迷不來
위후동유 혹어소희 망아고비 구미불래

위후(衛侯)가 동으로 가서 소희(少姬)에게 유혹된다. 나의 죽은 어머니를 잊어버리고, 오랫동안 미혹되어 오지 않는다.

■ 금전 · 사업 · 창업 ■
창업보다는 수성에 힘써야 한다. 벌려보았자 실익이 없다. 근신하라.

■ 이사 · 매매 · 문서 ■
이사는 잠시 보류하고 더 좋은 때를 기다려라. 매매는 가까운 사람과 이루어 진다. 문서로 인한 사고에 주의하라.

■ 취직 · 시험 · 승진 ■
시험은 크게 이루지 못한다. 승진은 다음 기회를 기다려야 한다.

■ 건강 · 소송 · 소원 ■
소송은 고집을 부리면 손해만 보게 되니 화해하고 정리하라. 소원은 노력에 달렸으니 더욱 정진하라.

■ 애정 · 결혼 · 부부 ■
윗사람의 반대가 심하여 곤란을 겪게 된다. 부부는 서로 화합하여 불화를 막아야 하겠다.

■ 여행 · 사고 · 출산 ■
여행중에 새로운 사람을 만나게 되며 그 사람과 즐거운 여행을 한다. 가족이 늘어나 기쁘나 산모의 건강에 유의해야 한다.

55-4 풍지명이 豊之明夷

兩足四翼 飛入嘉國 寧我伯姊 與母相得
양족사익 비입가국 영아백제 여모상득

두 발에 네 날개로 가국(嘉國)에 날아든다. 나의 큰 누이를 편안하게 하니 어머니와 함께 얻는다.

■ 금전 · 사업 · 창업 ■
사람 사귐에 주의해야 한다. 밖에 나가 힘써 일하면 이익은 얻으리라.

■ 이사 · 매매 · 문서 ■
허황되게 목표를 설정해서 새로운 변화를 꿈꾸다가는 그림의 떡이 될 수 있음을 명심하고 신중히 처리하라.

■ 취직 · 시험 · 승진 ■
운이 미치지 아니하니 오직 노력 여하에 달려있다. 요행은 없다. 승진은 아래 위가 도우니 길한 소식이 있다.

■ 애정 · 결혼 · 부부 ■
부부가 화합하여 가정이 화목하다. 혼사도 순조롭고 결과도 길하다.

■ 건강 · 소송 · 소원 ■
소송은 이로움이 없으니 화해하라. 노력이 미치면 소원은 이룬다.

■ 여행 · 사고 · 출산 ■
철저하게 계획하고 준비한 다음에 여행을 떠나라. 산모와 아기의 건강은 양호하다.

55-5 풍지혁 豊之革

魂孤無室 銜指不食 盜張民餌 見敵失福
혼고무실 함지불식 도장민이 견적실복

외로운 혼이 집이 없어 먹지못하니 손가락만 빤다. 백성의 먹이를 도둑질해서 베풀다가 적을 만나 복을 잃는다.

魂 : 넋 혼　　銜 : 재갈 함, 머금을 함

■ 금전 · 사업 · 창업 ■
급격하게 지출이 많아지고 사업도 운영이 어렵게 된다. 좌절하지 말고 현상 유지에 힘써라.

■ 이사 · 매매 · 문서 ■
본인이 원하는 바를 이루지 못하게 되니 금전적 어려움이 크다. 이사 매매 또한 쉽게 이루어지지 않아 힘들다.

■ 취직 · 시험 · 승진 ■
시험은 불리하나 하위직 등의 부분에는 성과가 있다. 취직도 아직 어렵고, 직장인은 자리 지키기에 힘써라.

■ 애정 · 결혼 · 부부 ■
젊은 남녀는 삼각관계로 시비가 생길지도 모른다.

■ 건강 · 소송 · 소원 ■
사소한 시비가 확대되어 송사로 발전한다. 빨리 화해하는 것이 좋다.

■ 여행 · 사고 · 출산 ■
한 차례 정도 먼 곳으로 여행할 일이 생기지만 별로 신통한 결과가 없다. 산모는 순산하겠다.

55-6 풍지리 豊之離

䷶ → ䷝

早霜晩雪 傷害禾麦 損功棄力 飢無可食
조상만설 상해화유 손공기력 기무가식

이른 서리와 늦은 눈이 벼와 보리를 상하게 한다. 공들이고 힘쓴 것을 버리게 되니 먹을 것이 없어 굶주린다.

■ 금전 · 사업 · 창업 ■
시작에 있어서 일이 꼬이고 허황되다가 뒤늦게 서서히 풀린다. 사업은 현상유지에 힘써야 한다.

■ 이사 · 매매 · 문서 ■
여러가지 어려움이 겹치게 되니 이사나 매매 모두 순조롭게 이루어지지 않겠구나.

■ 취직 · 시험 · 승진 ■
취직은 더욱 노력하며 다음을 기약하라. 하향지원하라. 승진은 아직 기대할 때가 아니다.

■ 애정 · 결혼 · 부부 ■
혼사는 다시 원점으로 돌아갈 가능성이 있다. 유혹에 주의하라.

■ 건강 · 소송 · 소원 ■
시비나 구설이 있겠다. 소송은 불리하니 빨리 화해하라.

■ 여행 · 사고 · 출산 ■
가족과 함께 떠나는 즐거움이 있을 것이다. 출산은 무난하다.

56-1 려지리 旅之離

既痴且狂　兩目又盲　踑踞嗜啞　名爲無用
기치차광　양목우맹　기거기아　명위무용

이미 백치(白痴)인데 또한 미치고 양눈마저 먼다. 다리를 뻗고 앉은 벙어리이니, 이름하여 무용(無用)이라 한다.

踑踞(기거) : 다리를 쭉 뻗고 기대어 앉은 모양　　啞 : 벙어리 아

■ 금전 · 사업 · 창업 ■
소탐대실이다. 창업도 불가하다. 분수를 지키고 근신하라.

■ 이사 · 매매 · 문서 ■
확장과 변동의 기운이 없다. 이사, 매매는 다음 기회로 미루는 것이 좋다. 변화는 좀 더 기다려야 한다.

■ 취직 · 시험 · 승진 ■
외직에 근무하는 사람은 유리하나 내직에 근무하는 사람은 불리하다. 노력이 있다면 하위직은 가능하겠다.

■ 애정 · 결혼 · 부부 ■
자신의 인연이 아닌 것을 알면서도 사람을 사귀기 쉽다. 부부 사이에도 정도를 지켜야 한다.

■ 건강 · 소송 · 소원 ■
소원은 이루어지기 어렵다. 건강도 합병증이 생길 우려가 있구나. 구설수나 손재수를 조심하라.

■ 여행 · 사고 · 출산 ■
장거리 여행은 사건, 사고의 아픔이 있겠으니 삼가하는 것이 좋겠다. 산모는 건강에 주의하라.

56-2 려지정 旅之鼎

躬履孔德 以待束帶 文君燎獵 呂尙獲福 號稱太師 封建齊候
궁이공덕 이대속대 문군료렵 여상획복 호칭태사 봉건제후

큰 덕을 몸소 실천하며 의관(衣冠)을 갖추게 되기를 기다린다. 문왕(文王)이 사냥하니 여상(呂尙:강태공)이 복을 얻는다. 태사(太師)라 칭함을 받고 제나라를 봉해 제후로 삼는다.

註) 서백(西伯 : 文王)이 사냥을 나갔다가, 위수(渭水)에서 고기잡이 하던 여망(呂望 : 강태공의 이름)을 만났다. 데리고 돌아와 태공(太公)이라 존대(尊待)했다. 무왕(武王)이 주(紂)를 정벌한 뒤 제(齊)나라에 봉했다.

燎 : 밝을 료 獵 : 사냥 렵 獲 : 얻을 획

■ 금전 · 사업 · 창업 ■

혼자서 하지 말고 조력자를 구하라. 주변의 도움이 있으면 순조롭다.

■ 이사 · 매매 · 문서 ■

모르는 사람을 가까이 하지 말아야 이사, 매매로 인한 손실이 없겠다.

■ 취직 · 시험 · 승진 ■

노력을 전제로 웬만한 시험에는 합격한다. 승진은 호응도에 달렸다.

■ 애정 · 결혼 · 부부 ■

혼사는 성사되나 조금 늦게 이루어진다.

■ 건강 · 소송 · 소원 ■

소송은 지체되나 유리하다. 소원은 도와 주는 사람이 있을 것이다.

■ 여행 · 사고 · 출산 ■

여행, 출장 모두 소기의 목적을 달성한다. 출산도 순산이다.

56-3 려지진 旅之晉

鷦鷯脂巢 巢於小枝 動搖不安 爲風所吹 心寒慄慄 常憂危殆
초료지소 소어소지 동요불안 위풍소취 심한율률 상우위태

뱁새와 콩새가 작은 가지에 둥지를 튼다. 바람이 불면 동요되어 불안하다. 마음이 써늘하고 떨려 항상 위태함을 근심한다.

鷦 : 뱁새 초 鷯 : 굴뚝새 료 慄慄 (율률) : 두려워 떠는 모양, 혹은 추워서 떠는 모양

■ 금전 · 사업 · 창업 ■
모든 업무에 빈틈 없이 철저해야 낭패가 없으리라. 창업은 연기하라.

■ 이사 · 매매 · 문서 ■
이사는 아직 때가 좋지 않으니 다음으로 미루고 매매는 급히 서둘면 손해가 생기니 신중히 처리하라.

■ 취직 · 시험 · 승진 ■
자신의 능력을 십분의 일도 발휘하지 못하니 시험운이 매우 불리하다. 직장인은 회사내에서 구설수가 있으니 조심하라.

■ 애정 · 결혼 · 부부 ■
혼사는 오래 끌며 우여곡절 끝에 성사된다. 결과는 길하다. 부부 사이의 불화를 경계하라.

■ 건강 · 소송 · 소원 ■
소송에 강하게 대처한다면 문제는 금방 해결된다. 소원은 노력 여하에 달려 있다.

■ 여행 · 사고 · 출산 ■
먼길을 떠나는 여행은 자제하는 것이 좋다. 출산은 무난하다.

56-4 려지간 旅之艮

良夫淑女 配合相保 多孫衆子 懽樂長久
양부숙녀 배합상보 다손중자 환락장구

어진 지아비와 숙녀가 짝을 이루어 서로 돕는다. 후손을 많이 얻으니 기쁘고 즐거움이 장구(長久)하다.

■ 금전 · 사업 · 창업 ■
매사 지체하지 말고 과감성을 가지고 추진하면 공이 있으리라.

■ 이사 · 매매 · 문서 ■
쉽게 이루어질 것 같지 않던 이사나 매매가 주변사람의 도움으로 매듭지어지니 이득이 있다.

■ 취직 · 시험 · 승진 ■
가까운 사람의 도움이 크니 무리한 것만 아니라면 시험, 합격, 승진이 가능하겠다. 인간관계에 힘써라.

■ 애정 · 결혼 · 부부 ■
짝이 없는 사람이라도 좋은 이성을 소개받으니 미혼남녀는 화촉을 밝혀 많은 사람들의 축하를 받게 될 것이다.

■ 건강 · 소송 · 소원 ■
송사는 유리하게 진행되나 비용이 많이 들 것이다. 노력을 전제로 웬만한 소원은 성사된다.

■ 여행 · 사고 · 출산 ■
이익을 위해 떠나는 무리한 여행은 삼가하는 것이 좋겠다. 산모와 아기의 건강 모두 양호하다.

56-5 려지돈 旅之遯

彭名爲妖 暴龍作災 盜堯衣裳 聚跖荷兵 靑禽照夜 三旦夷亡
팽명위요 포룡작재 도요의상 취척하병 청금조야 삼단이망

팽조(彭祖)가 요물이 되어 사나운 용으로 재앙을 만든다. 요임금의 의상(衣裳)을 도적질하고, 도척(盜跖)과 병사를 모았다. 파랑새가 밤에 비친 지 삼일째 아침에 망했다.

註) 팽(彭)은 팽조(彭祖)를 말한다. 팽조는 요임금의 신하로 은(殷)나라 말년까지 800세를 살았다고 한다. 도척은 고대(古代)의 큰 도둑이다.

■ 금전 · 사업 · 창업 ■

이 사업, 저 사업 벌려 놓다 보면 한가지 일도 제대로 이루어지지 않으니 한가지 일에 몰두하는 것이 좋겠다.

■ 이사 · 매매 · 문서 ■

매매는 질질 끌지 말고 빠르게 성사시켜야 할 것이다.

■ 취직 · 시험 · 승진 ■

고위직은 불리하지만 지방직이나 일반직은 매우 유리하다.

■ 애정 · 결혼 · 부부 ■

애정은 삼각관계가 되기 쉬우니 다툼이 잦아지겠다.

■ 건강 · 소송 · 소원 ■

작은 것이 크게 확대되어 소송까지 갈 수 있으니 유의하라.

■ 여행 · 사고 · 출산 ■

장거리 여행은 반드시 철저한 사전 준비가 있어야 한다. 출산은 산모와 아기의 건강 모두 양호하다.

56-6 려지소과 旅之小過

依宵夜遊　與大君俱　除解煩惑　使我無憂
의소야유　여대군구　제해번혹　사아무우

밤을 의지하여 대군(大君)과 더불어 같이 노닌다. 번뇌와 의혹을 해소하니 나로 하여금 근심이 없게 한다.

依 : 의지할 의　宵 : 밤 소　惑 : 미혹할 혹

■ 금전 · 사업 · 창업 ■
작은것을 큰것으로 바꾸는 형상이다. 거래에 신중하고 매사 빈틈이 없어야 한다. 창업도 신중해야 한다.

■ 이사 · 매매 · 문서 ■
서두르다가 자칫 손해를 볼 수 있으니 문서상으로 철저히 하고 이사나 매매에 신중해야 한다.

■ 취직 · 시험 · 승진 ■
오랜 기간 노력을 했다면 일반직이나 하위직의 시험은 가능하다. 직장인은 자리를 지키기에 온힘을 다하라.

■ 애정 · 결혼 · 부부 ■
벌과 나비가 찾아들지 않으니 홀로 외로이 지내는 형상이다.

■ 건강 · 소송 · 소원 ■
심신이 피곤하지만 건강에는 아무 이상이 없다. 송사는 오래 끌지 않으면 당신에게 유리하다.

■ 여행 · 사고 · 출산 ■
소비지향적인 여행은 반드시 피해야 할 것이다. 순산이다.

57-1 손지소축 巽之小畜 ䷸ → ䷈

闇目失明　耳闕不聽　陷入深淵　滅頂　憂凶
암목실명　이알불청　함입심연　멸정　우흉

눈이 어두워 밝음을 잃고 귀가 막혀서 들리지 않는다. 깊은 못에 빠져 들어가니 정수리를 멸한다. 흉하고 근심된다.

註) 역경(易經) 대과(大過) 上六 : 過涉滅頂. 凶. 無咎. 강을 신중히 건너지 않아 정수리를 멸한다. 흉하다. 허물이 없다.

■ 금전 · 사업 · 창업 ■

겁없이 남의 돈을 끌어다 쓰면 심각한 금전적 어려움에 빠지고 궁지에서 헤어나기 힘들다. 지출을 줄이는 것이 현명하다.

■ 이사 · 매매 · 문서 ■

아직은 운기가 좋지 않으니 모든 일들은 다음 기회로 미루는 것이 안전하다. 분수를 지키고 근신해야 한다.

■ 취직 · 시험 · 승진 ■

학생은 대비만 철저히 했다면 반드시 시험에 합격한다. 웬만한 시험은 노력의 댓가를 받는다. 승진은 어려우나 변경은 가능하다.

■ 애정 · 결혼 · 부부 ■

새로운 인연을 만나지만 서두르면 구설수만 겪는다.

■ 건강 · 소송 · 소원 ■

소송은 피차간에 소모전이다. 양보하고 화해하라.

■ 여행 · 사고 · 출산 ■

가족과 함께 떠나는 여행은 매우 행복하다. 출산은 산모와 아이 모두 건강하다.

57-2 손지점 巽之漸

戴盆望天　不見星辰　顧小失大　福逃牆外
재분망천　불견성진　고소실대　복도장외

항아리를 머리에 이고 하늘을 보니 별을 보지 못한다. 작은 것을 돌아보다 큰 것을 잃으니 복이 담 밖으로 도망간다.

盆 : 항아리 분　顧 : 돌아볼 고　牆 : 담장 장

■ 금전 · 사업 · 창업 ■
타인의 재물을 탐하지 말라. 현상유지는 한다. 욕심을 버려야 한다.

■ 이사 · 매매 · 문서 ■
혼자서 처리하려다가 망신만 당하게 된다. 서로 상의하여 일을 처리하면 매매, 이사 등에 문제가 없다.

■ 취직 · 시험 · 승진 ■
평소에 학업을 닦았다면 일반직, 하위직은 가능하다. 승진은 상하가 화합하여야 한다.

■ 애정 · 결혼 · 부부 ■
혼사는 서로의 애정으로 이룬다. 부부간의 다툼을 조심하라.

■ 건강 · 소송 · 소원 ■
소송은 잡음이 많다가 후반에는 유리하게 전개되고 화해하게 될 것이다. 소원을 이루기에는 공이 부족하다.

■ 여행 · 사고 · 출산 ■
동쪽과 남쪽이 유리하다. 출산은 무난하다.

57-3 손지환 巽之渙

畵龍頭頸 文章未成 甘言美語 詭辭無名
화룡두경 문장미성 감언미어 궤사무명

용의 머리와 목을 그리는데 무늬와 채색이 이루어지지 않는다. 달콤하고 아름다운 말은 기만하는 말로 이름이 없다.

■ 금전 · 사업 · 창업 ■
현재에 만족하고 재물에 욕심만 부리지 않으면 현상유지는 가능하겠으나 지나친 욕심은 화를 자초한다.

■ 이사 · 매매 · 문서 ■
이사는 확장은 불가하다. 매매는 잠시 어려움을 겪게된다.

■ 취직 · 시험 · 승진 ■
실력이 전제되지 않으니 시험에는 별 성과가 없겠다. 승진은 생각할 때가 아니다. 근신하고 탈나지 않도록 해야 한다.

■ 애정 · 결혼 · 부부 ■
자신이 가지고 있는 모습만 보여 주어라. 과대포장하여 과시하다가 뒤늦게 본래의 모습이 적나라하게 들어나 망신만 당하고 만다.

■ 건강 · 소송 · 소원 ■
쉽게 해결될 수 있는 일마저 당신의 과욕 때문에 오히려 그르쳐 버리는 어려움이 있다. 시간을 끌지 말고 빨리 마무리를 함이 유리하다.

■ 여행 · 사고 · 출산 ■
여행, 출장에서 별 소득이 없다. 산모와 아기 모두 건강하다.

57-4 손지구 巽之姤

隨風乘龍　與利相逢　田獲三倍　商旅有功　憧憧之邑　長安無他
수풍승룡　여리상봉　전획삼배　상여유공　동동지읍　장안무타

바람 따라 용을 타고 이익(利益)과 더불어 서로 만난다. 밭에서 3배의 이익을 얻고 장사길에 공이 있다. 끊임없이 왕래하는 곳은 장안(長安) 외에 다른 곳이 없다.
憧憧(동동) : 마음이 정하여지지 않은 모양

■ 금전 · 사업 · 창업 ■
복록이 따르니 먹고 쓰는데 여유가 생기겠구나. 재운이 좋아 경영이 순조롭고 구하는 바를 모두 얻을 수 있겠다.

■ 이사 · 매매 · 문서 ■
기운이 왕성하니 액운이 모두 사라지고 큰 이익을 얻으리라.

■ 취직 · 시험 · 승진 ■
신수가 태평하니 국가고시에 합격하는 영광이 따른다. 승진은 자연스럽게 이루어지고 실업자는 취직의 기쁨이 넘쳐난다.

■ 애정 · 결혼 · 부부 ■
올바른 짝이 아닌 사람과 이성교제를 하기 쉽다. 자칫 실수하면 망신수가 있겠으니 짝을 잘 찾아라.

■ 건강 · 소송 · 소원 ■
정당하고 욕심없는 소원이라면 이루어진다. 건강은 잔병은 있겠으나 중병은 아니다. 송사는 승소한다.

■ 여행 · 사고 · 출산 ■
여행, 출장 모두 길하다. 출산도 순산이다.

57-5 손지고 巽之蠱

平國不君　憂氏作亂　烏號竊發　靈公殞命
평국불군　우씨작란　오호절발　영공운명

평국(平國)이 임금노릇을 못하니 하씨가 난을 일으켰다. 활을 몰래 쏘니 영공이 운명하였다.

註) 평국(平國)은 진령공(陳靈公)의 이름이다. 진령공은 하희(夏姬)와 간통했는데, 그 아들 징서(徵舒)가 싫어 했다. 마굿간에서 징서가 활로 진령공을 쏘아 죽였다.

■ 금전 · 사업 · 창업 ■
재산이 늘어나는 기쁨이 있으나 식구가 늘어 새어나가는 것도 만만치 않다. 현실에 만족하고 남의 재물은 탐하지 마라.

■ 이사 · 매매 · 문서 ■
문서로 인한 심각한 타격이 예상되니 보증, 매매에 철저하라. 꼼꼼하게 읽어 보고 챙겨서 함부로 사람의 말에 현혹되지 말라.

■ 취직 · 시험 · 승진 ■
시험, 취직, 승진에는 늦게 운이 도래하니 몇 번의 실패가 있은 후 결과를 얻겠다. 소원은 바라지 말라. 이루기 어렵다.

■ 애정 · 결혼 · 부부 ■
과대포장하고 자신을 너무 과신한다면 뒤늦게 후회할 것이다.

■ 건강 · 소송 · 소원 ■
곧바로 해결될 일도 너무 자신감을 가지면 오히려 꼬이게 된다.

■ 여행 · 사고 · 출산 ■
사방을 둘러보아도 갈곳이 전혀 없다. 산모는 건강이 약해지나 아기는 큰 탈이 없겠다.

57-6 손지정 巽之井

䷸ → ䷯

山水暴怒 壞梁折柱 稽難行旅 留連愁苦
산수포노 괴량절주 계난행여 유련수고

산수(山水)가 크게 노하여 다리와 기둥을 무너뜨린다. 여행이 어려워 계속 머무니 근심스럽고 괴롭다.

梁 : 들보 량 稽 : 머무를 계

■ 금전 · 사업 · 창업 ■
극단적인 자금난으로 고생하게될 것이다. 재운이 신통치 않으니 이익을 꾀하려하지 않음이 좋겠다.

■ 이사 · 매매 · 문서 ■
직장을 옮겨도 안되고 새로운 업종의 개업도 불가하다. 현상유지하라.

■ 취직 · 시험 · 승진 ■
시험은 불리하니 두 배의 노력이 필요하다. 취직은 어려운 가운데도 오랜 기간 노력한 사람은 가능하다. 승진은 다음 기회로 넘겨라.

■ 애정 · 결혼 · 부부 ■
사귀던 사람이 결별을 선언하거나 주변의 방해가 심각해지는 형상이다. 오해가 발생하지 않도록 각별히 신경써라.

■ 건강 · 소송 · 소원 ■
소원을 성취하기에는 적당한 시기가 아니다. 다른 곳에 시선을 돌리지 말고 현재의 상황을 수습하는 데 힘써라.

■ 여행 · 사고 · 출산 ■
장기간의 여행이나 출장은 삼가해야 사고로 인한 상해의 위험을 막을 수 있다. 산모는 건강에 주의하라.

58-1 태지곤 兌之困

隱隱塡塡　火燒山根　不潤我鄰　獨不蒙恩
은은전전　화소산근　불윤아린　독부몽은

북소리를 계속해서 크게 울리며 산밑을 불태운다. 나의 이웃을 윤택하게 하지 못하니 홀로 은혜를 입지 못했다.

註) 진문공(晉文公)이 귀국한 뒤, 피신할 때 고락을 같이하던 사람들이 시기하고 공을 다투는 것을 싫어해 개자추(介子推)가 산중으로 숨었다. 불을 놓아 나오도록 했는데 나오지 않고 타죽었다.
隱隱(은은) : 큰 소리를 말함　塡塡(전전) : 계속 울리는 북소리

■ 금전 · 사업 · 창업 ■
순리를 따르면 결실이 있으리라. 창업도 적기이다.

■ 이사 · 매매 · 문서 ■
많은 사람들에게 의견을 듣고 변화를 꾀한다면 이득도 있고 길하다.

■ 취직 · 시험 · 승진 ■
높은 시험을 제외하고는 웬만한 곳은 쉽게 이루어진다.

■ 애정 · 결혼 · 부부 ■
혼사는 성사된다. 부부 사이에 외도를 조심하라.

■ 건강 · 소송 · 소원 ■
승소한다. 웬만한 소원은 노력으로 이루니 근면하라.

■ 여행 · 사고 · 출산 ■
단독으로 떠나는 여행만 아니라면 어느 곳, 어느 장소 가릴 것 없이 무난하다. 순산이다.

58-2 태지수 兌之隨

䷹ → ䷐

瞻白引弦 駕孱恐怯 任力墮劣 如猬見鵲 偃視恐伏 不敢拒格
첨백인현 가잔공겁 임력타열 여위견작 언시공복 불감거격

흰 것을 보고 시위를 당기나, 나약한 말이 두려움과 겁에 떤다. 힘이 용렬해서 고슴도치가 까치 보는 듯하다. 넘어져서 두렵게 쳐다보니 감히 막아 대적하지 못한다.

註) 고슴도치는 호랑이를 제어하나 까치를 보면 하늘을 쳐다 보듯이 땅에 엎드린다.
瞻 : 볼 첨　孱 : 나약할 잔　偃 : 쓰러질 언

■ 금전 · 사업 · 창업 ■
과도한 욕심은 뜻밖의 화를 부를 수 있으니 경계해야 한다. 근신하라.

■ 이사 · 매매 · 문서 ■
매우 불리하다. 새로운 사무실이나 집을 장만하다가 상당한 자금의 어려움을 호소하거나 문서로 인한 손재수가 있겠다.

■ 취직 · 시험 · 승진 ■
기대함은 불가하다. 자신의 실력을 발휘하지 못하고 안절부절 못하는 형국이다. 직장인도 한직으로 옮겨질까 두렵다.

■ 애정 · 결혼 · 부부 ■
이성 문제로 관재, 구설수에 오르내릴 수 있으니 조심해야 할 것이다.

■ 건강 · 소송 · 소원 ■
송사는 심각한 상태로 진전될 수 있으니 속히 종결하라.

■ 여행 · 사고 · 출산 ■
가족과 집에서 시간을 보내라. 먼길을 나섰다가 망신만 당할까 두렵다. 출산은 조금 지체되나 순산이다.

58-3 태지쾌 兌之夬

叔迎兄弟　遇恭在陽　君子季姬　並坐鼓簧
숙영형제　우공재양　군자계희　병좌고황

막내가 형들을 맞이하는데 양지쪽에서 공손히 만난다. 군자와 어린 소녀가 나란히 앉아 생황을 연주한다.

■ 금전 · 사업 · 창업 ■
소규모로 합리적으로 경영해 나가면 결실이 있을 것이다. 크게 벌리면 이익될 것이 없으니 자중하라.

■ 이사 · 매매 · 문서 ■
매매는 서로간에 신뢰가 있으면 성사되고 쌍방간에 이익도 있다. 이사는 신중하게 생각해야 한다.

■ 취직 · 시험 · 승진 ■
노력이 전제되면 하위직이나 이류대 시험은 가능하다. 승진은 주변의 도움으로 좋은 일이 있을 것이다.

■ 애정 · 결혼 · 부부 ■
그 동안 사귀던 사이는 결실을 맺는다. 부부불화의 조짐이 있다.

■ 건강 · 소송 · 소원 ■
오랜 기간 무리하지만 않는다면 건강은 좋다. 송사는 발생되었더라도 문제없이 해결된다.

■ 여행 · 사고 · 출산 ■
장거리 여행은 자제하라. 출산은 무난하다.

58-4 태지절 兌之節

命夭不遂　死多鬼수　妻子啼瘖　早失其雄
명요불수　사다귀수　처자제음　조실기웅

명(命)이 짧아 이르지 못하니 귀신이 빌미가 되어 죽은 사람이 많다. 처자(妻子)가 울부짖으니 그 수컷을 일찍 잃음이다.

■ 금전 · 사업 · 창업 ■
욕심이 앞서는 무리한 일에는 손대지 말라. 수습하기 힘들다.

■ 이사 · 매매 · 문서 ■
마음이 초조해서 안절부절하지 못하고 일이 손에 잡히지 않는다. 이사는 불가능하니 옮기지 않음이 좋겠다.

■ 취직 · 시험 · 승진 ■
수험생은 낮추어서 응시하라. 자신의 실력을 발휘하기 어렵다.

■ 애정 · 결혼 · 부부 ■
연인을 새로 만나기도 어렵고 짝사랑도 이루지 못한다. 결혼을 약속한 사람이라면 화촉을 밝히는 기쁨이 있겠다.

■ 건강 · 소송 · 소원 ■
뚜렷한 목표를 가지고 밀고 나가면 현상유지는 가능하다. 피로나 음주가 과하지 않다면 건강도 유지된다. 송사는 시비를 가려야 할 지경에 이른다.

■ 여행 · 사고 · 출산 ■
먼곳으로 여행을 하지 말아야 한다. 객지에서 손재수나 질병을 만난다. 출산은 무난하다.

58-5 태지귀매 兌之歸妹

養虎畜狼 還自賊傷 年歲息長 疾君拜禱 雖危不凶
양호축랑 환자적상 연세식장 질군배도 수위불흉

호랑이를 기르고 이리를 키워서 도리어 스스로 상해(傷害)가 된다. 해마다 쉬지 않고 자라 임금이 괴로워하며 절하고 기도한다. 비록 위태하나 흉하지 않다.

■ 금전 · 사업 · 창업 ■
주변에 방해자가 있다. 함부로 일을 벌리지 말고 신중하게 처신하라. 창업도 매우 조심스럽다.

■ 이사 · 매매 · 문서 ■
매매도 서로간에 불신이 커서 성사되기 힘들다. 성사되어도 손해만 크다. 이사도 때가 아니다.

■ 취직 · 시험 · 승진 ■
안정적으로 하향지원하는 것이 좋다. 승진은 때가 아니니 근신하라.

■ 애정 · 결혼 · 부부 ■
부적절한 이성관계에 빠질 우려가 있다. 각별히 조심해야 한다.

■ 건강 · 소송 · 소원 ■
소송에서 이로울 것이 없다. 도와주는 사람도 믿을 수 없다. 화해하고 마음을 정리하는 것이 순리이다.

■ 여행 · 사고 · 출산 ■
여행, 출장 중에 사람을 조심하라. 해되는 사람이 있을 수 있다. 출산은 조금 지체되나 무난하다.

58-6 태지리 兌之履

下田陸黍 萬華生齒 大雨霖集 波病潰腐
하전육서 만화생치 대우림집 파병궤부

아래 밭의 뭍 기장이 꽃피고 싹이 난다. 큰비가 장마로 모여 습기가 많으니 병들고 썩어 뭉그러진다.

陸 : 뭍 육　黍 : 기장 서　霖 : 장마 림　潰 : 무너질 궤

■ 금전 · 사업 · 창업 ■
토대가 부실하니 결실이 미약하겠다. 근신함이 이롭다.

■ 이사 · 매매 · 문서 ■
무리하게 변화를 꿈꾸지 말라. 매매는 성사되어도 손해가 난다. 이사도 때가 아니니 자중하라.

■ 취직 · 시험 · 승진 ■
노력한 만큼의 성과를 기대할 수 없다. 더욱 학업에 정진하라. 직장인의 승진은 때가 이르다.

■ 애정 · 결혼 · 부부 ■
연인과의 다툼, 부부싸움 등이 있겠다. 사소한 일이니 참으면 덕이 된다. 반드시 인내함이 극한 대립을 피할 수 있다.

■ 건강 · 소송 · 소원 ■
아주 작은 소원이면 이루어진다. 정신적인 안정이 흐트러질 우려가 있으니 냉정을 찾는 것이 좋겠다.

■ 여행 · 사고 · 출산 ■
여행은 가까운 곳은 좋으나 원거리 여행은 절대 불가하다.

59-1 환지중부 渙之中孚

牽羊不前 與心戾旋 聞言不信 誤紿大人
견양불전 여심려선 문언불신 오태대인

양을 끌어도 앞으로 가지않고 마음과 더불어 어그러진다. 말을 들어도 믿지 않으니 잘못해서 대인(大人)을 속인다.

戾 : 어지러질 려　旋 : 회전할 선

■ 금전 · 사업 · 창업 ■
너무 사업을 벌이면 자금난에 처할 우려가 있다. 만사 순리대로 따르는 것이 정도이다.

■ 이사 · 매매 · 문서 ■
타인의 말에 너무 현혹되지 말라. 문서로 인한 금전적 손실이 크다.

■ 취직 · 시험 · 승진 ■
시험은 반드시 노력한 보람을 얻게 된다. 승진은 때가 아니다. 더욱 덕을 쌓고 마음을 비워라.

■ 애정 · 결혼 · 부부 ■
약혼이나 결혼은 성사된다. 부부사이는 서로를 신뢰하는지 점검하라.

■ 건강 · 소송 · 소원 ■
소원이 정당한 것인지 의문이다. 분수를 지킴이 마음을 편하게 한다. 소송은 복잡하나 유리하다.

■ 여행 · 사고 · 출산 ■
가급적 장거리 여행은 자제하는 것이 좋다. 출산은 무난하다.

59-2 환지관 渙之觀

鳥飛無翼　兎走折足　雖欲會同　未得醫功
조비무익　토주절족　수욕회동　미득의공

새가 날고자 하나 날개가 없고 토끼가 달아나려 하나 발이 부러졌다. 비록 만나고자 하지만 치료를 받지 못한다.

■ 금전 · 사업 · 창업 ■
많은 수입은 없어도 작은 이익은 있다. 절약하고 예비하는 것만이 최선의 방법이다.

■ 이사 · 매매 · 문서 ■
이사는 변동을 삼가하라. 매매는 다음 기회로 미루는 것이 소모를 피하고 손해를 방지하는 길이다.

■ 취직 · 시험 · 승진 ■
하위직이나 일반직은 가능하나 다른 사람보다 두 배 이상의 노력이 필요하다. 승진은 때가 아니니 다음 기회를 기다려라.

■ 애정 · 결혼 · 부부 ■
사소한 실수로 오해를 사서 결별상황까지 이르게 될 수 있다. 사소한 실수라도 미연에 방지하라.

■ 건강 · 소송 · 소원 ■
주색을 멀리 하라. 소송에 재정과 정신을 소모하지 말라. 득될 것 없다.

■ 여행 · 사고 · 출산 ■
무리하게 움직이면 사고가 발생한다. 산모는 지체되나 순산이다.

59-3 환지손 渙之巽

南國少子 材略美好 求我長女 賤薄不與 反得醜惡 後乃大悔
남국소자 재략미호 구아장녀 천박불여 반득추악 후내대회

남국(南國)의 어린 아이가 재주와 지략이 아름답고 좋다. 나의 장녀(長女)를 구하지만 천박(淺薄)하여 주지 않는다. 도리어 추악함을 얻으니 뒤에 크게 뉘우친다.

略 : 다스릴 략　薄 : 엷을 박　醜 : 추할 추

■ 금전 · 사업 · 창업 ■
주변 여건도 좋지 않고 능력도 미치지 않는다. 애써 구하려 하지 말고 근신하라. 창업, 전업도 아직 때가 아니다.

■ 이사 · 매매 · 문서 ■
이사, 매매도 때가 아니다. 근신하며 능력을 키울 때이다.

■ 취직 · 시험 · 승진 ■
시험은 하향지원이 안전하다. 취직도 만족할만한 곳은 어렵다. 직장인의 승진도 아직 때가 아니다.

■ 애정 · 결혼 · 부부 ■
혼사는 성사되기 어렵다. 성사되어도 좋은 면이 없다. 부부 사이도 불화가 예상되니 정도를 지켜라.

■ 건강 · 소송 · 소원 ■
소송은 재정적으로 소모가 심하고 잡음이 많다. 화해하고 본업에 전념하는 것이 정도이다.

■ 여행 · 사고 · 출산 ■
여행, 출장은 자제하는 것이 좋다. 출산은 보통이다.

59-4 환지송 渙之訟

二牛生狗　以戌爲母　荊夷上侵　姬伯出走
이우생구　이술위모　형이상침　희백출주

두마리 소가 개를 낳으니 개로써 어미를 삼는다. 형이(荊夷)가 침범해 오니 희백(姬伯)이 달아난다.

■ 금전 · 사업 · 창업 ■
여러 사람과 함께 일을 추진해 나가면 잘 풀리고 독단적으로 시행하는 일은 손해가 막심하다.

■ 이사 · 매매 · 문서 ■
망령되이 움직이지 말고 현재의 장소에서 축소시켜 나감이 유리하다. 이사나 매매를 강행하면 손해가 따를 수 있다.

■ 취직 · 시험 · 승진 ■
취직은 쉽지 않으나 주변사람의 도움으로 어렵게 성사된다. 시험은 불가하고 직장인의 승진도 쉽지 않다.

■ 애정 · 결혼 · 부부 ■
새로운 인연을 만나기도 어려우니 다음 기회를 기다려라. 부부사이도 불화의 가능성이 있으니 서로간에 조심하여야 한다.

■ 건강 · 소송 · 소원 ■
뼈나 관절에 관련된 질병을 조심해야 한다. 소송은 도와주는 사람이 있어 유리할 것이다.

■ 여행 · 사고 · 출산 ■
가까운 친구나 연인과의 여행은 문제될 것이 전혀 없다. 순산이다.

59-5 환지몽 渙之蒙

因禍受福　喜盈其室　求事皆得
인화수복　희영기실　구사개득

재앙으로 인해 복을 받으니 기쁨이 집에 가득하다. 구하는 일을 다 얻는다.

■ 금전 · 사업 · 창업 ■
처음에는 어렵다가 자신의 노력으로 일어서니 더불어 도와주는 사람까지 나타난다. 더욱 분발하면 순조롭다.

■ 이사 · 매매 · 문서 ■
토지나 가옥에 투자할 수 있는 적기이다. 매매도 성사되고 쌍방 간에 이익도 크다.

■ 취직 · 시험 · 승진 ■
취직은 된다. 승진도 이루어지고 아래, 위로 호응을 받는다. 시험도 유리하나 안전 지원하라.

■ 애정 · 결혼 · 부부 ■
연애나 결혼 모두 좋은 인연을 만난다. 부부사이도 원만하다.

■ 건강 · 소송 · 소원 ■
도와주는 사람이 있어 소송은 유리하다. 건강 또한 양호한 편이다.

■ 여행 · 사고 · 출산 ■
여행 중에 좋은 인연을 만나게 되니 즐거운 마음가짐으로 여행을 떠나보는 것도 좋겠다. 출산도 원만하다.

59-6 환지감 渙之坎

子畏於匡　困在陳蔡　明德不危　竟免危害
자외어광　곤재진채　명덕불위　경면위해

공자(孔子)는 광(匡)땅에서 위험을 당했고, 진채(陳蔡)에 있을 때 곤궁함에 처했다. 밝은 덕은 위태하지 않으니 반드시 위험을 면한다.

註) 공자께서 광(匡)땅을 지날 때 , 광(匡)땅의 사람들이 양호(陽虎)로 착각하고 죽이려고 했었다. 진채(陳蔡)에 있을 때는 양식이 떨어져 곤궁했다.

■ 금전 · 사업 · 창업 ■
주변 여건도 좋지 않고 스스로도 자신이 없다. 무리하게 일을 벌이지 말고 근신하는 것이 좋겠다.

■ 이사 · 매매 · 문서 ■
매매는 성사되지 않는다. 억지로 성사시켜도 이익이 없다.

■ 취직 · 시험 · 승진 ■
직장인은 승진을 기대하기보다는 회사 내에서의 다툼을 조심하라. 시험은 실력을 쌓았어도 안전하게 지원해야 한다.

■ 애정 · 결혼 · 부부 ■
부부는 작은 일이라도 함께 풀어나가야 한다. 혼사는 성사되기 어렵다.

■ 건강 · 소송 · 소원 ■
큰 이상은 없지만 잔병치레를 하겠다. 송사할 일이 생겼다면 가까운 사람의 조언을 구하라.

■ 여행 · 사고 · 출산 ■
무리하게 움직이면 사고의 위험이 있으니 신중하라. 출산은 무난하다.

60-1 절지감 節之坎

䷻ → ䷜

群隊虎狼 囓彼牛羊 道路不通 妨農害商
군대호랑 설피우양 도로불통 방농해상

호랑이 떼가 저 소와 양을 씹어 먹는다. 도로가 통하지 않아 농사를 방해하고 장사에도 해가 된다.

隊 : 무리 대　囓 : 씹을 설　妨 : 방해할 방　農 : 농사 농

■ 금전 · 사업 · 창업 ■
막히는 곳이 많아 사업이 부진하겠다. 이익을 애써 구하려 하지 말고 근신하는 것이 좋겠다. 매사 신중해야 한다.

■ 이사 · 매매 · 문서 ■
가까운 사람과 상의하고 많은 사람에게 조언을 구하라. 이사나 매매 등도 혼자 처리하지 말라. 성사가 힘들다.

■ 취직 · 시험 · 승진 ■
시험은 때가 불리하니 하향 안전 지원하라. 승진은 아직 아니다.

■ 애정 · 결혼 · 부부 ■
혼사는 지체되고 막힌다. 부부 사이도 원만치 못하니 서로 도리를 지켜야 한다.

■ 건강 · 소송 · 소원 ■
소송도 지체되고 막히니 빨라 화해함이 좋다. 소원을 이루기에는 때도 아니고 노력도 부족하다.

■ 여행 · 사고 · 출산 ■
장기 출장은 자제하는 것이 좋겠다. 출산은 지체되나 무난하다.

60-2 절지둔 節之屯

日望一食 常恐不足 祿命寡薄
일망일식 상공불족 녹명과박

날마다 한끼 식사를 바라지만 항상 부족을 두려워한다. 복록(福祿)과 수명이 적고 박하다.

■ 금전 · 사업 · 창업 ■
소규모 경영은 가능하나 과욕은 금물이다. 창업도 분수를 지키고 소규모로 시작해야 한다.

■ 이사 · 매매 · 문서 ■
매매는 이루어질듯 하면서 이루어지지 않으니 다음 기회를 기다리는 것이 좋겠다. 이사는 무리하게 확장만 하지 않으면 좋다.

■ 취직 · 시험 · 승진 ■
실력도 떨어지고 시기도 좋지 않으니 하향지원하는 것이 분수를 지키는 것이다. 직장에서 변동이 있다.

■ 애정 · 결혼 · 부부 ■
우여곡절 끝에 오래 끌던 혼사가 성사된다. 부부사이는 원만치 못하다.

■ 건강 · 소송 · 소원 ■
끝까지 포기하지 않고 밀고 나가면 유리해진다. 소원은 때가 아니니 더욱 노력하고 덕을 쌓아라.

■ 여행 · 사고 · 출산 ■
복의 양이 작은데 함부로 움직이지 말라. 산모의 산후조리에 신경 써야 한다.

60-3 절지수 節之需

䷻ → ䷄

鵲巢鳩成 上下不親 外內乖畔 子走失願
작소구성 상하불친 외내괴반 자주실원

까치 둥지를 비둘기가 이루니 상하가 친하지 않다. 바깥과 안의 경계가 어그러지니 자식은 달아나고 원하는 바를 잃는다.

乖 : 어그러질 괴 畔 : 경계 반

■ 금전 · 사업 · 창업 ■
앞뒤가 순리대로 이루어지지 않으니 사업은 지지부진하다. 애써 삼가고 분수를 지켜야 하겠다. 창업은 때가 아니다.

■ 이사 · 매매 · 문서 ■
이사는 확장은 불가하고 축소하는 것은 가하다. 매매는 당분간 성사되지 못하고 어려움을 겪는다.

■ 취직 · 시험 · 승진 ■
실력도 미미하고 사방이 막혀 있으니 하향 지원해야 한다. 승진도 열려 있는 부분이 없다.

■ 애정 · 결혼 · 부부 ■
혼사는 잡음이 많고 통하는 바가 없다. 정직한 마음과 성실로서 임해야 낭패가 없을 것이다.

■ 건강 · 소송 · 소원 ■
환자는 합병증이 우려된다. 송사는 화해하고 마음을 정리하라.

■ 여행 · 사고 · 출산 ■
자금이 부족하다. 안정을 취하는 것이 유리하다. 출산은 평탄하다.

60-4 절지태 節之兌

傳說王良 驂御四龍 周徑萬里 無有危凶
전설왕량 참어사룡 주경만리 무유위흉

전설에 왕량이 네마리 용이 끄는 수레를 몰고 두루 만리를 갔다고 한다. 위험하고 흉함이 없다.

註) 왕량(王良)은 말을 다루는 사람이다.
驂 : 수레 참 御 : 말몰 어 徑 : 길 경

■ 금전 · 사업 · 창업 ■
조심스럽게 추진하면 차차 나아질 것이다. 과욕하지 말고 앞날을 위해 근면하라. 창업, 전업도 꼼꼼하게 추진하라.

■ 이사 · 매매 · 문서 ■
매매는 안전하게 성사된다. 쌍방간에 이익도 있으나 과욕은 금물이다.

■ 취직 · 시험 · 승진 ■
시험은 노력한만치 대가가 따를 것이다. 취직도 분수를 넘지 않는다면 성사된다. 직장인은 앞날이 열려있다.

■ 애정 · 결혼 · 부부 ■
혼사가 이루어져 새가정을 꾸리겠다. 부부 사이도 원만하다.

■ 건강 · 소송 · 소원 ■
병이 있던 사람은 회복세가 완연하게 나타난다. 소송은 오래 지체되나 유리하게 전개되겠다.

■ 여행 · 사고 · 출산 ■
가까운 사람과의 여행이 길하다. 출산도 무난하고 산모, 아기 모두 건강하다.

60-5 절지림 節之臨

䷻ → ䷒

奢淫吝嗇 神所不福 靈祇憑怒 鬼瞰其室
사음린색 신소불복 영지빙노 귀감기실

사치하고 음란하며 인색하면 신이 복을 주지 않는다. 신령이 몹시 노여워하며 귀신이 그 집을 굽어본다.

奢 : 사치할 사 祇 : 공경할 지 憑 : 기댈 빙 瞰 : 볼 감

■ 금전 · 사업 · 창업 ■
과욕하지 말고 주변에 베풀어 덕을 쌓아라. 사업에 금전적 어려움이 있을 것이니 미리 대비하라.

■ 이사 · 매매 · 문서 ■
매매를 성사시키려면 양보하고 이득을 작게 취하라. 탈이 없을 것이다. 이사도 과욕하지 말라.

■ 취직 · 시험 · 승진 ■
실력이 웬만하니 더욱 정진하면 합격이 가능하다. 직장인의 승진은 아래, 위에 쌓은 덕에 달려 있다.

■ 건강 · 소송 · 소원 ■
소원은 근면과 노력으로 이루어질 것이다. 건강에 이상이 올 수 있으니 유념하라. 송사는 어렵고 꼬이겠다.

■ 애정 · 결혼 · 부부 ■
삼각관계에 빠지거나, 사귀지 말아야 할 사람을 사귀어 구설수에 휘말리게 되니 함부로 자신의 감정을 내보이지 마라.

■ 여행 · 사고 · 출산 ■
여행, 출장에 큰 무리는 없다. 출산은 무난하다.

60-6 절지중부 節之中孚

江有寶珠 海多大魚 亟行疾至 可以得財
강유보주 해다대어 극행질지 가이득재

강에는 보배와 구슬이 있고 바다에는 큰 고기가 많다. 빨리 가서, 빨리 이르면 가히 재물을 얻을 것이다.

■ 금전 · 사업 · 창업 ■
속전속결하라. 머뭇거리고 지체하면 얻지 못한다. 결단력이 필요하다.

■ 이사 · 매매 · 문서 ■
거래관계에서 이것저것 재지 말고 신속하게 추진하라. 머뭇거리면 성사되기 어렵다.

■ 취직 · 시험 · 승진 ■
시험은 꾸준한 노력이 따라주어야 한다. 직장인은 구설수를 조심하라.

■ 애정 · 결혼 · 부부 ■
혼사는 지체되고 잡음만 많으니 스스로 결단하라.

■ 건강 · 소송 · 소원 ■
송사는 오래 끌고 비용이 과도하게 소모되겠다. 화해하고 빨리 끝내는 것이 모두를 위하는 것이다.

■ 여행 · 사고 · 출산 ■
금전적, 시간적 여유가 없이 무리하게 강행하면 건강과 재물의 손실이 크다. 산모와 아기 모두 건강하다.

61-1 중부지환 中孚之渙

生不逢時　困且多憂　年衰老極　中心悲愁
생불봉시　곤차다우　연쇠로극　중심비수

살아서 때를 만나지 못하니 곤궁하고 또한 근심이 많다. 노쇠(老衰)함이 극에 달하니 마음속으로 슬퍼하고 근심한다.

■ 금전 · 사업 · 창업 ■
때를 만나지 못했으니 이익을 구하는 것은 불가하다. 분수를 지키고 근신할 때이다. 창업도 때가 아니다.

■ 이사 · 매매 · 문서 ■
이익은 커녕 구설수에 오르내릴 수 있으니 애초에 매매를 자제해야 한다. 이사도 때가 아니다.

■ 취직 · 시험 · 승진 ■
항상 노력하고 정진하면 하위 시험은 가능하다. 취직은 하위직이나 일반직은 가능하나 상위직은 불가능하다.

■ 애정 · 결혼 · 부부 ■
시간을 끌면 결혼은 불리하다. 부부 사이도 원만하지 못하니 각별히 신경 써야 하겠다.

■ 건강 · 소송 · 소원 ■
뜻을 품고 노력하는 사람은 작은 소원은 이룬다. 소송은 종결하라.

■ 여행 · 사고 · 출산 ■
장기간, 장거리 여행은 자제함이 좋겠다. 출산은 무난하다.

61-2 중부지익 中孚之益

久鰥無偶 思配織女 求其非望 自令寡居
구환무우 사배직녀 구기비망 자령과거

홀애비가 오래도록 짝이 없으니, 차라리 직녀(織女)의 배필이 되고자 생각한다. 그 바랄 수 없는 것을 구하니 스스로 외롭게 산다.

鰥 : 홀아비 환 偶 : 짝 우 寡 : 적을 과

■ 금전 · 사업 · 창업 ■
생각대로 일이 풀리지 않아 금전적 어려움이 크니 일을 추진하기보다는 지켜보는 자세가 현명하겠다.

■ 이사 · 매매 · 문서 ■
이사는 다음 기회로 미루어라. 매매도 성사되기 힘들다.

■ 취직 · 시험 · 승진 ■
시험은 노력한 만큼의 결과가 없으니 불리하다. 취직은 노력하면 하위직은 가능하겠다. 승진은 다음을 기약하라.

■ 애정 · 결혼 · 부부 ■
연인과의 만남은 시간이 흐를수록 즐거움이 넘쳐흐른다. 짝이 없던 사람도 새로운 짝을 만나게 되고 부부의 금슬도 돈독해진다.

■ 건강 · 소송 · 소원 ■
건강이 염려된다. 각별히 주의하라. 소송은 쌍방간에 득될 것이 없으니 화해하라. 노력이 있으면 작은 소원은 가능하다.

■ 여행 · 사고 · 출산 ■
장기간의 여행이나 해외 출장은 가지 않는 것이 좋겠다. 산모의 건강을 조심해야 할 것이다.

61-3 중부지소축 中孚之小畜

烏升鵲擧 照臨東海 尨降庭堅 爲陶叔後 封於英六 福履綏厚
오승작거 조임동해 방강정견 위도숙후 봉어영육 복이수후

까마귀와 까치가 오르고 들어 동해에 임하여 비친다. 방강(尨降)과 정견(庭堅)은 도숙(陶叔)으로 뒤에 영(英)과 육(六)에 봉해지니 복록이 넉넉하고 후하다.

註) 옛날 고양(高陽)씨는 여덟명의 뛰어난 아들이 있었는데, 방강과 정견은 그 중에 두 아들이다. 정견의 이름은 고도(皐陶)이다. 영(英)과 육(六)은 춘추시대 두 개의 작은 나라이며, 고도의 후손들이 세운 나라이다.

■ 금전 · 사업 · 창업 ■
그 동안의 노력이 이제야 결실을 맺게 된다. 과욕하지 않고 합리적으로 경영하면 얻는 것이 많다.

■ 이사 · 매매 · 문서 ■
이사는 순조롭게 이루어지며 매매도 이익이 매우 크다.

■ 취직 · 시험 · 승진 ■
웬만한 시험에는 합격의 영광이 있겠다. 직장인은 희소식이 있다.

■ 애정 · 결혼 · 부부 ■
지지부진하던 만남도 성사된다. 혼사도 성사되고 결과도 길하다.

■ 건강 · 소송 · 소원 ■
주변에 베푼 것이 많은 사람이라면 소원을 이룬다. 송사도 유리하다.

■ 여행 · 사고 · 출산 ■
가까운 곳이나 먼곳으로의 여행 모두 좋다. 출산도 무난하다.

61-4 중부지리 中孚之履

四目相視 近同軌日 日昳之後 見吾伯妹
사목상시 근동궤일 일질지후 견오백매

네 눈이 서로 바라보고 점점 해의 궤적에 가까워진다. 해 저문 후 나의 큰 누이를 본다.

軌 : 길 궤 昳 : 기울 질 妹 : 누이 매

■ 금전 · 사업 · 창업 ■
합리적으로 경영하고 시기도 적합하니 순조롭게 풀리겠다. 창업도 시기가 적합하니 신중히 추진하라.

■ 이사 · 매매 · 문서 ■
매매는 순조롭게 성사되고 서로간에 이익도 크다. 이사도 순조로울 터이니 추진해도 무방하다.

■ 취직 · 시험 · 승진 ■
시험은 자신의 능력보다는 낮추어서 경쟁이 약한 곳을 선택하라. 합격은 가능하나 승진은 쉽지 않다. 전직, 변경은 가능하다.

■ 애정 · 결혼 · 부부 ■
새로운 인연을 만나겠다. 혼사도 순조롭게 성사되고 결과도 길하다.

■ 건강 · 소송 · 소원 ■
소송은 승소하나 오래 지체되고 비용도 과도하게 소모된다.

■ 여행 · 사고 · 출산 ■
가까운 여행이나 출장은 별탈없다. 아기의 건강은 좋으나 산모의 건강에 주의하라.

61-5 중부지손 中孚之損

雄聖伏名 人匿麟驚 走鳳飛北 亂潰未息
웅성복명 인익린경 주봉비북 난궤미식

뛰어난 성인이 이름을 숨기니 사람은 숨고 기린은 놀란다. 달아나는 봉황은 북으로 나니 어지러움이 쉬지 않는다.

匿 : 숨을 닉 潰 : 무너질 궤

■ 금전 · 사업 · 창업 ■
허황된 욕심이 발동하거나, 향락에 빠지면 낭패한다.

■ 이사 · 매매 · 문서 ■
무리하게 매매를 추진하면 심각한 손해가 발생한다. 다른 사람의 말을 신뢰하지 말고 스스로 결정하라.

■ 취직 · 시험 · 승진 ■
노력도 없이 요행을 바라면 합격이 어렵다. 실력에 맞추어 안전지원하는 것이 순리이다. 직장인은 아래, 위의 화합에 힘쓰라.

■ 애정 · 결혼 · 부부 ■
오해가 생겨 헤어지기 쉽다. 결혼 생활도 안심할 수 없으니 과음을 하거나 실수를 범하지 않도록 주의하라.

■ 건강 · 소송 · 소원 ■
소송은 지지부진하니 화해하거나 포기하라.

■ 여행 · 사고 · 출산 ■
장기간 객지에 머물 일이 생긴다. 출산은 무난하다.

61-6 중부지절 中孚之節

生門蹉跌 着道後旅 買羊逸亡 取物逃走 空手握擧 坐根爲咎
생문차질 착도후여 매양일망 취물도주 공수악거 좌근위구

문을 나서면서 넘어지니 길을 본 후에 여행하라. 양을 사면 달아나고 물건을 취하면 잃어버린다. 빈손으로 주먹을 쥐니 앉은 뿌리가 허물이 된다.

蹉跌(차질) : 발을 헛디뎌 넘어짐 逸 : 달아날 일 握 : 쥘 악

■ 금전 · 사업 · 창업 ■
재물을 구하려 하면 할수록 오히려 손해가 난다. 분수를 지키고 근신하며 다음을 기다리는 것이 순리이다.

■ 이사 · 매매 · 문서 ■
매매는 쌍방간에 신뢰가 없어 지지부진하다. 결단력이 필요하다.

■ 취직 · 시험 · 승진 ■
실력만치는 얻으니 수준에 맞게 지원하라. 순리를 따르라.

■ 애정 · 결혼 · 부부 ■
상대방을 인정하지 않는다면 관계에 금이 간다. 사랑도 합당한 노력이 필요하다.

■ 건강 · 소송 · 소원 ■
가족의 건강에 신경써야 한다. 문서로 인한 송사는 속히 화해하라.

■ 여행 · 사고 · 출산 ■
여행, 출장 중에 소기의 목적을 달성한다. 출산도 무난하다.

62-1 소과지풍 小過之豐 ䷽ → ䷶

反鼻岐頭 二寡獨居
반비기두 이과독거

코가 뒤집힌 산 정상에 두 과부가 홀로 산다.

■ 금전 · 사업 · 창업 ■
심한 금전적 어려움에 시달린다. 가까운 사람마저 도움을 주지 못하니 일이 꼬여간다. 자신을 낮추고 근신하라.

■ 이사 · 매매 · 문서 ■
이사, 매매 모두 쉽게 성사되지 않는다, 성사되어도 손해다.

■ 취직 · 시험 · 승진 ■
운도 요행도 바랄 것이 없다. 오직 노력만이 합격여부를 좌우한다. 승진을 기대하지 말고 자리를 보전하라.

■ 애정 · 결혼 · 부부 ■
결별을 선언하거나 주변의 방해가 있는 형상이다. 오해가 발생하지 않도록 각별히 신경 써야 한다.

■ 건강 · 소송 · 소원 ■
소원을 성취하기에 적합한 시기가 아니다. 현재의 상황을 수습해야 건강도 지키고 송사도 없겠다.

■ 여행 · 사고 · 출산 ■
혼자만의 여행이나 출장은 자제함이 좋겠다. 산모는 건강에 유의해야 할 것이다.

62-2 소과지항 小過之恒

窓牖戶旁 通利光明 賢智輔聖 仁德大行 家給人足 海內殷昌
창유호방 통리광명 현지보성 인덕대행 가급인족 해내은창

창문에는 밝은 빛이 이롭게 통한다. 현숙(賢淑)한 지혜로 임금을 보필(輔弼)하니 어진 덕이 크게 행해진다. 집집마다 사람이 흡족하고 나라 안은 크게 창성한다.

牖 : 창 유 旁 : 두루 방 給 : 넉넉할 급 殷 : 성할 은

■ 금전 · 사업 · 창업 ■
너무 나서지 말라. 중도를 지키면 길하나 일인자를 고집하면 낭패한다.

■ 이사 · 매매 · 문서 ■
매매는 과욕하지 않으면 성사되나 큰 이익은 없겠다. 이사도 무리하게 확장하는 것은 금물이다.

■ 취직 · 시험 · 승진 ■
적당히 한다는 마음가짐으로는 시험 합격을 기대할 수 없다. 승진을 위해서는 인화관계에 힘써야 한다.

■ 애정 · 결혼 · 부부 ■
양보하고 인내할 때 소원해지던 관계도 가까워진다. 혼사는 지체되어 성사된다.

■ 건강 · 소송 · 소원 ■
간절하고 합당하면 소원은 이룬다. 송사는 어렵게 풀려간다.

■ 여행 · 사고 · 출산 ■
멀리 떠나게 될 일이 생기겠으니 미리 준비해 두는 것도 좋겠다. 산모는 순산하여 가족이 기쁘다.

62-3 소과지예 小過之豫 ䷽ → ䷏

低頭竊視 有所畏避 行作不利 酒酸魚餒 衆莫貪嗜
저두절시 유소외피 행작불리 주산어뇌 중막탐기

머리를 숙이고 곁눈질해 봄은 두려워 피하는 바가 있어, 행동이 불리하기 때문이다. 술이 시고 고기가 말랐으니 사람들이 모두 탐내고 즐기지 않는다.

低 : 밑 저 酸 : 실 산 餒: 주릴 뇌 竊視(절시) : 몰래 엿 봄, 혹은 곁눈질

■ 금전 · 사업 · 창업 ■
이익을 구하려 하지 말고 실력을 키워야 할 것이다.

■ 이사 · 매매 · 문서 ■
매매는 서로간에 의심이 많아 성사되기 어렵다. 이사는 약간의 어려움이 따르나 기쁨이 있겠다.

■ 취직 · 시험 · 승진 ■
요행은 기대할 것이 없으니 자신의 실력에 맞게 안전 지원하라.

■ 애정 · 결혼 · 부부 ■
서로간에 믿음이 부족하다. 신뢰가 없으면 혼사는 성사되기 힘들다. 부부간에도 믿음이 소중하다.

■ 건강 · 소송 · 소원 ■
정당하고 욕심이 없는 소원이라면 이루어진다. 소송은 오래 끌고 심신이 고달프다. 속히 화해하는 것이 이로울 것이다.

■ 여행 · 사고 · 출산 ■
멀리 가는 여행은 불리하다. 출산은 약간의 어려움이 있겠으니 평소에 무리하지 말라.

62-4 소과지겸 小過之謙

牛馬聾瞶 不曉齊味 委以鼎俎 治亂憒憒
우마롱귀 불효제미 위이정조 치란궤궤

소와 말이 귀먹고 눈에 정기가 없으니 맛이 가지런하지 않다. 솥과 도마로 어지러운 맛을 다스리는 것이 심란하다.

憒憒 : 마음이 심란한 모양

■ 금전 · 사업 · 창업 ■
자신을 돌아보고 반성해야 할 때이다. 이익과 재물을 구하는 것은 불가하다. 창업도 절대 불가하다.

■ 이사 · 매매 · 문서 ■
매매는 순리대로 진행되지 않으니 성사되기 어렵다. 굳이 꾀하려 하지 말고 근신하라.

■ 취직 · 시험 · 승진 ■
시험과 취직은 많은 노력이 필요하다. 실력을 인정받기 어렵다. 승진은 힘들게 이루어진다. 주변에 베풀어야 한다.

■ 애정 · 결혼 · 부부 ■
부부간에 불화가 예상된다. 신의를 지켜야 할 것이다. 혼사는 지체되나 성사된다. 결과도 길하다.

■ 건강 · 소송 · 소원 ■
소송은 불리하니 속히 화해하라. 소원은 작은것이면 가능하다.

■ 여행 · 사고 · 출산 ■
혼자서 하는 여행은 각별히 신경을 써야 한다. 출산은 순산이다.

62-5 소과지함 小過之咸

倉盈庾億　宜稼黍稷　年歲有息
창영유억　의가서직　연세유식

창고가 차서 노적가리를 쌓으니 기장과 피를 잘 심어 해마다 휴식(休息)함이 있다.

註) 시경(詩經) 초자(楚茨) – 가을에 오곡을 거두어 들인 뒤 일족이 종가의 사당에 모여 제사지내며 부른 노래　我倉旣盈　我庾維億　창고가 가득차고 노적가리도 한없이 쌓여 있다.
庾 : 노적가리 유　稼 : 심을 가　黍稷(서직) : 오곡(五穀)의 하나인 메기장과 차기장을 말함.

■ 금전 · 사업 · 창업 ■
근면하고 때를 만났으니 사업은 번창한다. 합리적으로 경영하니 재물도 풍족하다. 창업도 길하다.

■ 이사 · 매매 · 문서 ■
매매는 서로간에 믿음이 있고 서로 양보하니 성사된다. 쌍방간에 이익도 크다.

■ 취직 · 시험 · 승진 ■
실력도 충분하고 운도 좋으니 웬만한 시험에는 합격한다. 직장인은 평소 덕을 쌓으므로 승진한다.

■ 애정 · 결혼 · 부부 ■
윗사람이나 친구로부터 소개받으니 인연을 새로 만나는 기쁨이 있다.

■ 건강 · 소송 · 소원 ■
송사가 있다면 주변사람의 도움을 얻어 화해하는 것이 좋겠다.

■ 여행 · 사고 · 출산 ■
여행, 출장 모두 길하다. 출산도 순산이고 아기가 훌륭하다.

62-6 소과지여 小過之旅

衣裳轉倒 爲王來呼 成就東周 封受大福
의상전도 위왕래호 성취동주 봉수대복

의상을 바꿔 입으니 왕이 부른 까닭이다. 동주(東周)를 성취하여 큰 복을 받아 봉해졌다.

註) 시경(詩經) 제풍(齊風) - 주나라 무왕(武王)은 은을 평정한 뒤 강태공을 제나라에 봉했다.

■ 금전 · 사업 · 창업 ■
계획대로 이루어진다. 조력자도 나타나니 사업도 번창한다.

■ 이사 · 매매 · 문서 ■
매매도 이루어지고 이익도 크겠다. 새집으로 옮기는 기쁨이 있으니 집안이 화목하다.

■ 취직 · 시험 · 승진 ■
하위직 일반직은 노력에 달려 있으나 상위직은 불가하다. 작장인은 자리보전에 힘써야 하겠다.

■ 애정 · 결혼 · 부부 ■
이성관계에서 실연을 당하기 쉬운 때이다. 되도록 많은 시간을 연인과 함께 하는 것이 좋겠다.

■ 건강 · 소송 · 소원 ■
소원은 작은 것은 가능하나 큰 소원은 불가능하다. 소송은 불리하게 진행되니 화해하라.

■ 여행 · 사고 · 출산 ■
여행은 철저한 계획 하에 출발하라. 출산은 무난하다.

63-1 기제지건 旣濟之蹇

茹芝餌黃　塗飮玉英　與神流通　長無憂凶
여지이황　도음옥영　여신류통　장무우흉

지초(芝草)는 황토수를 먹고 옥영(玉英)을 발라 마신다. 귀신과 더불어 유통하니 오래도록 근심과 흉함이 없다.

茹 : 먹을 여　芝 : 지초 지　憂 : 근심 우

■ 금전 · 사업 · 창업 ■
자신을 낮추고 바른 도리를 지키면 재앙도 실패도 없다. 혹 욕심이 나는 일이 있다 해도 함부로 확장하지 말아야 한다.

■ 이사 · 매매 · 문서 ■
확장하려다가 금전적 어려움만 가중되니 절대로 움직이지 말라. 변화와 변동은 반드시 다음 기회로 미루는 것이 좋다.

■ 취직 · 시험 · 승진 ■
직장인은 한직이나 지방으로 좌천될 조짐이 있다.

■ 애정 · 결혼 · 부부 ■
사소한 시비가 연인 사이의 감정의 골을 깊게 파 놓게 될 우려가 있다. 당신의 양보하고 인내하면 헤어지는 아픔을 막을 수 있겠다.

■ 건강 · 소송 · 소원 ■
작은 소원은 가능하나 과욕은 힘들다. 소송은 불리하게 진행되니 양보하고 화해하라.

■ 여행 · 사고 · 출산 ■
출장에는 얻음이 있으나 뜻밖의 사건을 조심해야 한다. 출산은 순산이며 귀자를 얻는다.

63-2 기제지수 旣濟之需

乘龍吐光　使闇復明　燎獵大得　太師以昌
승룡토광　사암복명　요렵대득　태사이창

용을 타고 빛을 토하니 먼저는 어둡고 다시 밝아진다. 사냥에서 크게 얻으니 태사로 창성(昌盛)한다.

註) 서백(西伯 : 文王)이 사냥을 나갔다가, 위수(渭水)에서 고기잡이 하던 여망(呂望 : 강태공의 이름)을 만났다. 데리고 돌아와 태공(太公)이라 존대(尊待)했다. 무왕(武王)이 주(紂)를 정벌한 뒤 제(齊)나라에 봉했다.

■ 금전 · 사업 · 창업 ■
초반에는 고전하나 거래가 활발해져 사업이 순조롭게 풀리겠다.

■ 이사 · 매매 · 문서 ■
종전 것을 꾸준히 지켜 나가라. 이사와 같은 변화를 주면 실패를 부를 수 있다.

■ 취직 · 시험 · 승진 ■
자신의 능력을 인정받기를 기대하는 것은 불가하다. 자신의 실력을 발휘하지 못하고 안절부절 못하는 형국이다.

■ 애정 · 결혼 · 부부 ■
여자는 자존심을 너무 세우면 안되고, 남자 또한 고집을 피우면 어려움이 닥친다.

■ 건강 · 소송 · 소원 ■
가까운 사람과 다투게 된다. 패소할 우려가 있으니 신중하게 대처하라.

■ 여행 · 사고 · 출산 ■
먼길을 나섰다가 망신 당할 수가 있다. 출산은 평탄하다.

63-3 기제지둔 旣濟之屯

䷾ → ䷂

人無足法 緩除才出 雄走羊驚 不失其家
인무족법 완제재출 웅주양경 불실기가

사람에게 흡족한 법이 없으니 너그럽게 재주 부리는 것을 제어한다. 숫컷이 달아나니 양이 놀래나 그 집을 잃지 않는다.

■ 금전 · 사업 · 창업 ■
사업에서 경거망동을 삼가라. 길한 운이 없으니 분수를 지키고 근신하는 것이 좋겠다.

■ 이사 · 매매 · 문서 ■
이사는 확장은 어렵다. 매매도 쉽게 성사되지 않는다. 성사되어도 이득이 약하다.

■ 취직 · 시험 · 승진 ■
실력발휘가 제대로 되지 않으니 하향 안전지원하라. 승진은 상하가 막혀 있으니 덕을 쌓고 주변에 베풀어야 한다.

■ 애정 · 결혼 · 부부 ■
연인이나 결혼 상대자 사이에 오해가 쌓이지 않도록 주의하라. 작은 실수가 파경에까지 이를 수 있다.

■ 건강 · 소송 · 소원 ■
사고를 당하거나 병에 걸릴 수도 있으니 주의하라. 뜻하지 않은 관재, 구설수에 휘말릴 수 있으니 언행에 주의하라.

■ 여행 · 사고 · 출산 ■
여행, 출장 모두 무난하다. 출산은 순산이고 귀자를 얻는다.

63-4 기제지혁 旣濟之革

甘露醴泉　太平機關　仁德感應　歲樂民安
감로예천　태평기관　인덕감응　세락민안

감로와 예천은 태평의 기미이다. 어진 덕이 감응하여 해마다 즐겁고 백성이 편안하다.

註) 감로(甘露)는 태평의 조짐으로 하늘에서 내린다고 하는데, 이것이 예천(醴泉: 단샘)의 정기(精氣)가 된다.

■ 금전 · 사업 · 창업 ■
애써 이익을 구하지 말고 있는 것을 지켜라. 믿을 사람이 없으니 근신하는 것이 순리이다.

■ 이사 · 매매 · 문서 ■
이사는 원하는 만큼의 규모로 확장시킬 수 있겠다. 매매는 성사되나 이익이 작다.

■ 취직 · 시험 · 승진 ■
실력을 쌓았으니 웬만한 시험에는 합격하겠다. 승진보다는 이름을 구하는 것이 순리이다.

■ 애정 · 결혼 · 부부 ■
연인이나 배우자와 다툼이 심해진다. 항상 삼가야 할 것이다.

■ 건강 · 소송 · 소원 ■
매사가 불리하니 타인과 다투지 말라. 송사는 유리하니 인내하라.

■ 여행 · 사고 · 출산 ■
함께 하는 여행은 무방하다. 출산은 순조롭고 귀자를 얻는다.

63-5 기제지명이 旣濟之明夷 ䷾ → ䷣

魚鼈貪餌　死於網釣　受危國寵　爲身殃咎
어별탐이　사어망조　수위국총　위신앙구

고기와 자라가 미끼를 탐내 그물과 낚시에 죽는다. 나라의 은총을 받으니 위태로우며 몸의 재앙이 된다.

鼈 : 자라 별　網 : 그물 망　釣 : 낚시 조　寵 : 괼 총　殃 : 재앙 앙

■ 금전 · 사업 · 창업 ■
요행이나 행운이 오기를 기다리지 말라. 꾸준한 노력만이 좋은 운을 만든다. 창업도 때가 아니다.

■ 이사 · 매매 · 문서 ■
매매는 성사되지 않는다. 성사되어도 손해다. 분수를 지키고 근신하는 것이 상책이다.

■ 취직 · 시험 · 승진 ■
하위직은 합격이 가능하나 상위직은 불가하다. 승진은 원하는 바를 다 얻기는 어렵다. 잡음이 많을 것이다.

■ 애정 · 결혼 · 부부 ■
혼사는 지체되고 잡음이 많다. 성사되어도 피곤하다. 부부간에도 불화가 예상되니 유념하여야 한다.

■ 건강 · 소송 · 소원 ■
욕심이 없는 작은 소원은 가능하다. 소송은 재정적 소모가 심하고 심신이 고달프다. 속히 화해하는 것이 좋다.

■ 여행 · 사고 · 출산 ■
장기 여행의 운이 있으니 준비에 철저하라. 출산은 순조롭다.

63-6 기제지가인 旣濟之家人 ䷾ → ䷤

金精輝怒　帶劍過午　徘徊高原　宿於山谷　兩虎相拒　弓弩滿野
금정휘노　대검과오　배회고원　숙어산곡　양호상거　궁노만야

금성(金星)이 번쩍거리며 칼을 차고 낮이 지나도록 고고(高庫)를 배회한다. 나무아래서 잠자니 두 호랑이가 서로 닥치는데 활과 쇠뇌가 들판에 가득하다.

■ 금전 · 사업 · 창업 ■
당신의 노력에 비해 이익이 적으니 경영하기가 힘이 든다. 당분간 움직이지 말고 근신하라.

■ 이사 · 매매 · 문서 ■
매매는 서로간에 확신이 없으니 성사가 어렵다. 근신함이 순리이다.

■ 취직 · 시험 · 승진 ■
자신의 실력을 과신하지만 않는다면 합격 통지서를 받을 것이다. 직장인은 승진보다 명예를 얻게 될 것이다.

■ 애정 · 결혼 · 부부 ■
혼사는 우여곡절 끝에 성사되나 서로의 노력이 절실하다.

■ 건강 · 소송 · 소원 ■
소송은 비용이 과도하게 지출되나 탈 없이 모두 해결된다. 합당한 소원이면 가능하다.

■ 여행 · 사고 · 출산 ■
여행, 출장 모두 가급적 삼가하라. 출산은 순산이다.

64-1 미제지규 未濟之睽

獫狁非度 治兵焦穫 伐鎬及方 與周爭疆 元戎其駕 衰及夷王
험윤비도 치병초확 벌호급방 여주쟁강 원융기가 쇠급이왕

험윤이 법도(法度)없이 초호(焦穫)에서 군사를 정비했다. 호(鎬)성과 방(方)성을 쳐서 주나라와 굳셈을 다툰다. 큰 병거(兵車)를 내니 쇠망(衰亡)함이 오랑캐의 왕에게 미친다.

註) 시경(詩經) 유월(六月)-선왕시대의 정벌을 노래한 시
獫狁匪茹 整居焦穫 侵鎬及方 험윤의 무리가 거세게 쳐들어와 초호 지방에 진을 치고 호(鎬)와 방(方)을 침공했다.

■ 금전 · 사업 · 창업 ■
종전의 사업을 개혁하거나 새로운 사업을 시작하면 금전적 어려움이 크겠다. 상하가 불리하니 근신하라.

■ 이사 · 매매 · 문서 ■
매매나 이사는 성사되지 않는다. 분수를 지키고 근신할 때이다.

■ 취직 · 시험 · 승진 ■
경쟁자가 너무 많으나 노력한 만큼의 보람은 있겠다. 직장인은 승진보다 이름 지키기에 힘써야 할 것이다.

■ 애정 · 결혼 · 부부 ■
만족할 만한 상황이 아닐지라도 서먹했던 사이는 좋아질 것이다.

■ 건강 · 소송 · 소원 ■
구하려 하지 말고 휴식을 취하는 것이 좋겠다. 송사는 오래 끌지 않는다면 당신에게 유리하다.

■ 여행 · 사고 · 출산 ■
장거리 여행은 자제하는 것이 좋겠다. 출산은 순산이다.

64-2 미제지진 未濟之晉

鳥鵄搏翼 以避陰賊 盜伺二女 賴厥生福 旱災爲疾 君無黍稷
조치박익 이피음적 도사이녀 뇌궐생복 한재위질 군무서직

솔개가 날개를 치니 숨어 적을 피한다. 도적은 두 여인을 엿보며, 그에 힘입어 복을 생한다. 가뭄이 병 되어 임금은 곡식이 없다.

鵄 : 솔개 치　搏 : 칠 박　賴 : 힘입을 뢰　厥 : 그 궐　黍稷(서직) : 오곡(五穀)의 하나인 메기장과 차기장을 말함.

■ 금전 · 사업 · 창업 ■
맡은일에 최선을 다한다면 차츰 이익이 생긴다. 오직 정당한 이익을 구하고 근면해야 한다.

■ 이사 · 매매 · 문서 ■
급하지 않다면 이사는 다음 기회로 미루고 매매도 신중하게 해야 문제가 발생하지 않는다.

■ 취직 · 시험 · 승진 ■
수험생은 한단계 낮추어 응시해야 가능하다. 직장인은 수신하라.

■ 애정 · 결혼 · 부부 ■
믿을 만한 사람에게 소개를 받게 된다. 혼사는 지체되어 성사된다.

■ 건강 · 소송 · 소원 ■
가까운 사람의 건강에 어려움이 닥치기 쉬우니 유념하라. 관재수가 있을 수 있으니 신중히 처신하라.

■ 여행 · 사고 · 출산 ■
객지에서 손재수나 관재수가 있기 쉬우니 먼 곳으로의 여행은 삼가하는 것이 좋겠다. 출산은 무난하다.

64-3 미제지정 未濟之鼎

龍渴求飮 黑雲景從 河伯捧醴 跪進酒漿 流潦滂滂
용갈구음 흑운경종 하백봉예 궤진주장 유료방방

용이 목이 말라 마실 것을 구하니 먹구름이 햇볕을 막는다. 하백(河伯)이 단술을 받들고 무릎 꿇고 술과 미음을 내 오니 큰비가 퍼부어 내린다.

註) 하백(河伯)은 물의 신이다.
景 : 볕 경 捧 : 받들 봉 醴 : 단술 례 跪: 무릎꿇을 궤 漿 : 미음 장 滂 : 비세차게 내릴 방

■ 금전 · 사업 · 창업 ■
원하는 것을 구하나 다른 것을 집어 준다. 지금은 구하려 하지 말고 분수를 지켜야 한다.

■ 이사 · 매매 · 문서 ■
자칫 무리하게 변동을 꾀하다가 문서로 인한 문제가 발생하기 쉬우니 꼼꼼하게 살펴보는 것이 좋겠다.

■ 취직 · 시험 · 승진 ■
작은 시험은 가능하나 큰 시험은 불가하다. 꾸준한 노력이 필요하다. 승진은 상하가 불통이니 불가하다.

■ 애정 · 결혼 · 부부 ■
질투하는 사람의 모함으로 오해가 생길 수 있다. 구설수를 조심하라.

■ 건강 · 소송 · 소원 ■
외상을 조심하여야 한다. 소송은 비용이 과도하나 유리하다.

■ 여행 · 사고 · 출산 ■
기다리던 자녀의 출생이 있으니 가정에 웃음꽃이 활짝 핀다. 출장 여행도 별탈 없이 기쁨이 있다.

64-4 미제지몽 未濟之蒙 ䷿ → ䷃

北陸藏冰　君子心悲　困於粒食　鬼驚我門
북육장빙　군자심비　곤어립식　귀경아문

북녘땅에는 얼음이 감추어져 있으니 군자는 마음으로 슬퍼한다. 낟알조차 곤궁하니 귀신도 나의 문에서 놀란다.

■ 금전 · 사업 · 창업 ■

약간 들어오는 것을 믿고 닥치는대로 써버리면 나중에 금전적 어려움이 크겠다.

■ 이사 · 매매 · 문서 ■

처음에는 쉽게 이루어지지 않으나 뒤늦게 매매가 성사되고 이사도 이루어진다. 과도한 욕심만 아니라면 변화도 좋다.

■ 취직 · 시험 · 승진 ■

분수에 맞추어서 응시해야 취직이나 합격이 가능하다. 승진은 처음에는 지체되나 늦게는 성사된다.

■ 애정 · 결혼 · 부부 ■

될듯 말듯 시간만 끌던 관계가 가까워지는 기쁨이 있겠고, 특히 짝이 없는 사람은 좋은 사람을 만나니 더욱 기쁘다.

■ 건강 · 소송 · 소원 ■

평소에 인정을 베푼 사람이라면 소원이 성사된다. 소송은 소모만 심하니 화해하고 종결하라.

■ 여행 · 사고 · 출산 ■

가급적 움직이지 말고 안정을 취하는 것이 좋겠다. 출산은 순조롭다.

64-5 미제지송 未濟之訟

比目四翼 來安吾國 福喜上堂 與我同牀
비목사익 내안오국 복희상당 여아동상

비목어(比目魚)와 비익조(比翼鳥)가 나의 나라를 편안하게 한다. 웃사람들이 기뻐하니 나와 더불어 함께 잔다.

註)비목어는 눈이 하나밖에 없는 물고기로, 두 마리가 서로 의지해야만 능히 다닐 수 있다. 비익조는 눈 하나와 날개 하나만 가지고 있는 새로, 두 마리가 서로 나란히 있어야만 비로소 날 수 있다고 한다.

■ 금전 · 사업 · 창업 ■
덕을 쌓고 베풀면 이익은 절로 생긴다. 창업도 적기이다.

■ 이사 · 매매 · 문서 ■
변화, 변동이 길한 운이다. 매매도 성사되고 이익도 클 것이다.

■ 취직 · 시험 · 승진 ■
분수에 맞는 학교를 지원해야 안전하고 성과도 있으리라. 승진은 주변에 베풀고 기다려야 한다.

■ 애정 · 결혼 · 부부 ■
사귀지 말아야 할 사람과 사귀기 쉽다. 상대를 잘 살펴 보라.

■ 건강 · 소송 · 소원 ■
향락에 빠져들면 치명적인 아픔을 겪게 되니 근신하라. 소송은 유리하니 걱정할 것이 없다.

■ 여행 · 사고 · 출산 ■
무리한 장거리 여행을 삼가하라. 특히 여행 중 무리한 훈련은 사고를 부르니 조심하라. 출산은 무난하다.

64-6 미제지해 未濟之解

承川決水　爲吾之祟　使我心憒　毋樹麻枲　居止凶殆
승천결수　위오지수　사아심궤　무수마시　거지흉태

개울을 따라 물길을 터놓은 것이 빌미가 되어 나로 하여금 심란하게 한다. 삼과 모시를 심지 말라. 거함에 흉하고 위태롭다.

祟: 빌미 수　憒: 심란할 궤　枲: 모시풀 시　殆 : 위태할 태

■ 금전 · 사업 · 창업 ■
절약하고 예비하는 것만이 미래를 기대할 수 있는 길이다. 분수를 지키고 스스로 만족해야 한다.

■ 이사 · 매매 · 문서 ■
옛것을 버리지 말고 현재의 장소에서 현재의 일을 계속해 나가라.

■ 취직 · 시험 · 승진 ■
시험은 노력 여하에 달려 있다. 승진은 별 소득이 없으니 덕을 쌓아라.

■ 애정 · 결혼 · 부부 ■
부부 사이에도 지킬 것을 지켜야 한다. 혼사는 지체되나 종래는 성사된다. 서로간에 믿음이 필요하다.

■ 건강 · 소송 · 소원 ■
향락에 빠지면 육체적, 정신적으로 위험하다. 근신하여야 한다. 송사는 속전속결로 밀고 나가면 승소한다.

■ 여행 · 사고 · 출산 ■
여행, 출장 중에 목적 이외에 다른 일에 신경 쓰지 말라. 출산도 순산이고 귀자를 얻는다.